PRÉCIS

D'HISTOIRE ANCIENNE.

On trouve à la même librairie :

Cours classique d'Histoire Ancienne, Moderne et Contemporaine, rédigé conformément aux nouveaux programmes officiels de 1874, accompagné de tableaux généalogiques et synoptiques, à l'usage des élèves des lycées, des colléges et des institutions, par *MM. E. Dottain, H. Chevallier, L. Todière* et *E. Maréchal*, professeurs d'histoire des lycées; 7 vol. in-12.— Chaque volume se vend séparément.

Précis d'Histoire Ancienne, conforme au nouveau programme officiel, à l'usage de la classe de Sixième, par *M. E. Dottain*, professeur d'histoire du lycée de Versailles; 1 vol. in-12.

Précis d'Histoire Grecque, conforme au nouveau programme officiel, à l'usage de la classe de Cinquième, par *M. E. Dottain*, professeur d'histoire du lycée de Versailles; 1 vol. in-12.

Précis d'Histoire Romaine, conforme au nouveau programme officiel, à l'usage de la classe de Quatrième, par *M. E. Dottain*, professeur d'histoire du lycée de Versailles; 1 vol. in-12.

Précis d'Histoire de l'Europe, de 395 à 1270, rédigé d'après le nouveau programme officiel, à l'usage de la classe de Troisième, par *M. H. Chevallier*, professeur agrégé d'histoire des lycées; 1 fort vol. in-12.

Précis d'Histoire de l'Europe, de 1270 à 1610, rédigé d'après le nouveau programme officiel, à l'usage de la classe de Seconde, par *MM. H. Chevallier* et *L. Todière*, professeurs agrégés d'histoire des lycées; 1 fort vol. in-12.

Précis d'Histoire de l'Europe, de 1610 à 1789, précédé d'un résumé de l'histoire de France antérieure à 1610, rédigé d'après le programme officiel, à l'usage de la classe de Rhétorique, par *M. L. Todière*, professeur d'histoire du lycée de Dijon; 1 fort vol. in-12.

Précis d'Histoire Contemporaine, de 1789 à 1848, rédigé d'après le nouveau programme officiel de 1874, à l'usage de la classe de Philosophie, par *M. E. Maréchal*, professeur d'histoire du lycée de Rennes; 1 fort vol. in-12.

Atlas de Géographie Contemporaine et de Géographie Historique Ancienne, du Moyen âge et Moderne (Nouvel), *à l'usage des lycées, des colléges, des institutions et des écoles ecclésiastiques*, composé de 40 belles Planches gravées sur acier, coloriées à teintes plates avec liserés, et contenant 66 cartes, par *M. H. Chevallier*, professeur agrégé d'histoire et de géographie; 1 vol. in-folio.

Chaque Planche se vend séparément.

Atlas orographique et hydrographique des Bassins des grands fleuves de la France et de l'Europe qui ont été le théâtre des opérations militaires dans les temps modernes, composé de 10 planches reproduisant 26 bassins, par *M. A. Vuillemin*, géographe, officier d'académie; in-folio oblong, imprimé à plusieurs teintes en chromo-lithographie. Chaque Planche se vend séparément.

PRÉCIS

D'HISTOIRE ANCIENNE

Rédigé
conformément au Programme officiel de 1874
A l'usage de la Classe de Sixième

Par E. DOTTAIN

PROFESSEUR D'HISTOIRE DU LYCÉE DE VERSAILLES,
OFFICIER D'ACADÉMIE.

DEUXIÈME ÉDITION
Revue et augmentée.

PARIS.
IMPRIMERIE ET LIBRAIRIE CLASSIQUES
De J. DELALAIN et FILS
RUE DES ÉCOLES, VIS-A-VIS DE LA SORBONNE.

PROGRAMME OFFICIEL D'HISTOIRE

DE LA CLASSE DE SIXIÈME.

Les chiffres sont ceux des pages où la question est traitée.

Histoire Ancienne.

Première Partie : Histoire de l'Orient.

Géographie sommaire de l'ancien Orient, 18-30.

Histoire primitive du monde, 30-36. — Les Israélites en Égypte et dans la Terre Promise, 36-47. — Les Juges, 47-49. — Les Rois, 49-64. — Schisme des dix tribus, 56-61. — Destruction des deux royaumes, 61-63.

Égypte; le Nil, 65-69. — Principaux rois, 69-81. — Monuments, mœurs et coutumes, 82-102.

Assyriens et Babyloniens, 103-136. — Monuments, mœurs et coutumes, 136-142.

Mèdes et Perses, 142-165. — Cyrus, 148-153; — Cambyse et Darius, 153-160.

Phéniciens, 165-181. — Sidon et Tyr, 166-168; Carthage, 170-181. — Le commerce dans l'antiquité, 182-190.

PRÉCIS

D'HISTOIRE ANCIENNE.

CHAPITRE PREMIER.

Division générale de l'histoire ancienne.

Étendue de l'histoire ancienne. — Division générale de l'histoire ancienne en trois parties : histoire de l'Orient, de la Grèce, de Rome. — Caractères généraux de l'histoire de l'Orient, de l'histoire grecque, de l'histoire romaine. — Divisions particulières de l'histoire de l'Orient. — Divisions particulières de l'histoire grecque. — Divisions particulières de l'histoire romaine.

Étendue de l'histoire ancienne. — L'histoire ancienne s'étend depuis la création du monde jusqu'à la mort de Théodose le Grand, c'est-à-dire de l'an 4963 avant Jésus-Christ, selon la date fixée par l'*Art de vérifier les dates*, jusqu'à l'an 395 après Jésus-Christ. Cette dernière époque est généralement adoptée. Quelques historiens en ont cependant proposé d'autres : celle de 312, qui marque l'avénement de Constantin et le triomphe du christianisme, et celle de 476, qui est la fin de l'empire romain d'Occident. Mais à la première de ces époques, en 312, l'empire romain, raffermi par les victoires des Aurélien et des Probus, réorganisé par Dioclétien, est encore intact, et s'il n'a plus la vigueur des premiers temps, il impose encore par la force de ses armes, par le prestige de son nom, par la vitalité de ses nouvelles institutions. En 476, la dissolution de l'empire est entièrement achevée. Mais déjà les barbares sont solidement établis au milieu du monde romain : ils y ont fondé des royaumes durables. La société ancienne a déjà ressenti les premiers mouvements de cette transformation pénible d'où doivent sortir les nations modernes. C'est plutôt au moment où ce travail de régénération va s'accomplir qu'il convient de fixer les limites de l'histoire ancienne. La grande invasion des barbares commence à la mort de Théodose; Alaric en donne le signal à la tête des Wisigoths, et c'est aussi à cette époque que commencent vraiment les temps du moyen âge.

Division générale de l'histoire ancienne en trois parties: histoire de l'Orient, de la Grèce, de Rome[1]. — L'histoire ancienne, comprise entre ces limites, se divise en trois parties très-distinctes :

1° L'histoire de l'Orient ou de l'Asie, y compris l'Égypte, que les anciens ont toujours regardée comme faisant partie de l'Asie; Carthage s'y rattache aussi par son origine phénicienne, par la parenté de son peuple avec les peuples de l'Asie, par sa langue, ses institutions, sa religion, son génie oriental.

2° L'histoire de la Grèce depuis l'origine des cités grecques jusqu'à la ruine des royaumes formés après la mort d'Alexandre. Les dernières époques de cette histoire voient l'Occident et l'Orient s'unir et se transformer par la civilisation hellénique.

3° L'histoire romaine, depuis l'origine de Rome jusqu'à la mort de Théodose le Grand. Ici, après avoir étudié Rome chez elle, puis en Italie, il faut la suivre de l'Occident en Orient, embrassant le monde entier par les conquêtes de ses armes et de sa politique et unissant tous les peuples anciens pour préparer les voies à une nouvelle civilisation.

Cette division de l'histoire politique dans l'antiquité repose sur la nature même des faits. En étudiant l'Orient, nous étudions, pour ainsi dire, l'humanité à son berceau. La Grèce, qu'est-ce autre chose que l'image et le type lui-même de la jeunesse humaine avec ses qualités brillantes, avec son éclat et sa vigueur, mais dépourvue de ces facultés sérieuses, de ce sentiment de l'unité que l'on trouve dans Rome? Ici, gravité, force, raison, tout est réuni; tout annonce la maturité du genre humain. N'est-ce pas aussi dans le même ordre, en passant à travers les diverses croyances des peuples de l'Orient, de la Grèce et de Rome, que la religion, préparée par des changements successifs, aboutit à un dogme plus pur, au christianisme? Ainsi, à considérer la politique et la religion, il faut suivre cette marche nécessaire qui répond au développement de la pensée et des forces humaines et qui nous conduit, par une pente

1. Afin de suivre les détails historiques de chacune de ces trois grandes divisions, les élèves consulteront utilement les belles cartes de l'Atlas de M. H. Chevallier, auxquelles nous renverrons.

naturelle, de l'origine du monde à l'origine des sociétés modernes.

Caractères généraux de l'histoire de l'Orient, de l'histoire grecque, de l'histoire romaine. — L'histoire de l'Orient, celle de la Grèce, celle de Rome, présentent, d'ailleurs, des caractères différents et opposés qui ne permettent pas d'en confondre l'étude. L'Orient est le monde de la religion, comme la Grèce est le monde de l'art, et Rome, de la politique. Il est vrai que les Phéniciens furent puissants par le commerce, les Perses par la guerre, Carthage par tous les deux à la fois. Mais ce qui domine chez les peuples orientaux, ce sont les systèmes religieux et les castes sacerdotales. Les prêtres de l'Égypte, les mages de la Perse, les Chaldéens de Babylone, ont tenu le premier rang dans les antiques sociétés, et ces corps puissants, maîtres du pouvoir politique et quelquefois aussi maîtres du sol, ont subordonné les sciences, les arts, la politique même, aux idées religieuses. L'étude des cosmogonies de l'Orient est le fondement de toute connaissance sur le génie et sur l'histoire des peuples de l'Asie. Soumises au gouvernement théocratique, ces nations n'ont point connu la liberté. Elles ont vécu, les unes en nomades, partagées en tribus; les autres réunies en grands corps d'État, qui n'eurent d'autre forme de gouvernement que le despotisme. Leur condition morale en ressentit les effets, la polygamie y devint une loi civile, et le harem y remplaça la famille.

La Grèce nous offre un spectacle bien différent. Si la religion de l'Orient a pour caractère général le culte de la nature et des forces naturelles, celui des astres et des éléments, la religion des Grecs se distingue surtout par le culte de l'homme et des facultés humaines, qu'on désigne sous le nom d'anthropomorphisme. En Grèce point de vie nomade ; la vie urbaine y est, au contraire, circonscrite dans d'étroites enceintes, et là même, elle s'y développe en un petit centre, sur la place publique, sur l'*agora,* où les débats politiques et l'intérêt de la communauté retiennent les citoyens. Ces habitudes en nécessitent d'autres : l'influence de la vie publique se retrouve dans la famille, et quoique la Grèce soit encore loin de la pureté et de la sévérité de nos mœurs, le foyer domestique y est déjà divinisé ; le gynécée y remplace le harem. La forme des gouvernements répond à tout cela : tous, en Orient, ils dérivent du despotisme; en Grèce, ils ont tous pour première condition le respect de la liberté humaine. Il est vrai que la morale de la

Grèce étant inséparable de sa religion, l'anthropomorphisme qui fait les dieux à l'image de l'homme altère le caractère auguste de la divinité : mais ce culte élève d'autant l'homme et le fortifie; il est l'âme des beaux-arts ; il enfante ces chefs-d'œuvre de grâce et de beauté qui sont restés des types achevés. Il n'y a qu'à comparer les restes de l'architecture et de la statuaire antiques, le temple de Karnac et le Parthénon, le colosse de Khorsabad et la Minerve de Phidias, pour voir quelle profonde différence sépare la Grèce de l'Orient.

La Grèce éblouit par l'éclat des lettres et des arts ; elle fascine par l'irrésistible attrait de sa brillante civilisation, par la sympathie qu'inspire son peuple vif et intelligent. Rome, patrie du rude Caton, du légionnaire avide, illettré, cruel, force l'admiration par la vigueur de son peuple, par la mâle vertu de ses soldats, par sa science du droit et du gouvernement, par cette majesté enfin qui emplit le monde ancien et domine le nouveau. La religion des Romains perd de bonne heure le caractère du vieux génie italique, pour n'être plus qu'un calque de la religion hellénique ; le Capitole reçoit tous les dieux de l'Olympe et plus tard ceux du monde entier : la littérature romaine est presque toute une littérature d'emprunt, un plagiat de la Grèce. Il semble qu'en passant d'Athènes à Rome le sceptre du monde soit tombé en de moins dignes mains. Quel progrès cependant ! Au lieu de mille cités, une seule ou plutôt deux, l'une patricienne, l'autre plébéienne, qui se combattent pendant plus de quatre siècles et enfin s'unissent. Puis la cité embrasse l'Italie et après l'Italie tous les peuples, toutes les cités. Dans ce travail fécond est le secret de la grandeur de Rome et le cachet de sa supériorité. Rome a fondé l'égalité politique et l'égalité civile. Enfin elle est supérieure par le droit ; c'est par là surtout qu'elle vit encore parmi nous. Le droit romain offre l'ensemble le plus admirablement constitué que présente la législation d'aucun peuple. Aussi Leibnitz déclare-t-il que les jurisconsultes romains lui semblent être, après les géomètres, ceux qui ont le mieux connu l'art du raisonnement.

Divisions particulières de l'histoire de l'Orient. — L'histoire de l'Orient se divise en deux grandes périodes :

La première s'étend depuis le commencement du monde et la formation des premiers empires en Asie, jusqu'à l'époque de Cyrus, roi des Perses; tous les royaumes de l'Orient, l'Égypte exceptée, vont alors se confondre dans la domination des Perses. La deuxième période comprend l'histoire des Perses depuis Cyrus jusqu'à l'origine des guerres médiques, c'est-à-dire jusqu'au commencement de la lutte des Perses contre les Grecs : l'effet de cette lutte, dont le récit appartient à l'histoire grecque, sera de faire passer des Perses aux Grecs et plus tard aux Macédoniens la domination en Orient.

Les principaux peuples dont on considère l'histoire sont les Juifs, dont les livres sacrés ouvrent les annales du monde, les Égyptiens, les Assyriens, les Mèdes et les Perses, les Phéniciens et les Carthaginois.

Divisions particulières de l'histoire grecque. — L'histoire grecque admet un plus grand nombre de divisions. On peut se borner aux époques suivantes :

1° Époque de formation, ou pélasgique, tout hypothétique, de 2000 à 1500 ; 2° époque hellénique : guerres héroïques, luttes intestines, de 1500 à 1100 environ ; 3° époque de l'établissement des constitutions, législations et leurs effets, de 1100 à 500 ; 4° époque des guerres médiques, de 500 à 449 ; 5° époque de déchirements, prépondérance ou hégémonie[1] successive d'Athènes, de Sparte, de Thèbes, de 449 à 360 ; 6° époque macédonienne ou prépondérance de la Macédoine; décadence et ruine de la Grèce, de 360 à 146.

Divisions particulières de l'histoire romaine. — L'histoire romaine se partage très-naturellement en trois périodes :

La première est celle des rois, de 753 à 510 ; la seconde, celle de la république, de 510 à 27[2] ; la troisième est celle de l'empire, de l'an 27 avant J. C. jusqu'à l'an 395 après J. C.

Mais à considérer le fond des événements et le progrès de la société romaine il conviendrait d'adopter une autre division, qui comprend aussi trois grandes époques : la première, depuis la fondation de Rome en 753 jusqu'au partage du consulat entre les deux ordres (366) : c'est l'époque de formation, celle de la lutte entre les patriciens et les plébéiens, terminée par l'égalité des deux ordres, la seconde, de 366 à la bataille d'Actium, en 31 avant Jésus-Christ : c'est le temps des grandes conquêtes et des troubles civils qui se terminent par le triomphe d'Octave ; Rome, après avoir compris et confondu en elle tous les peuples, va se perdre elle-même et s'anéantir en un seul homme ; la troisième époque est celle de l'empire, sous lequel Rome subit une nouvelle et dernière transformation.

1. Ἡγεμονία.
2. C'est l'année où Octave reçut du sénat le titre d'Auguste et le gouvernement de la république.

Le récit des événements et les réflexions que l'étude des faits suggère à l'esprit justifieront ces divisions et en feront mieux ressortir l'importance.

CHAPITRE II.

Géographie générale du monde connu des anciens[1]. Géographie sommaire de l'ancien Orient.

Le monde connu des anciens. — En Asie, au S.-E., le port de Catigara; au N.-E., les confins de la région sérique; au N., l'Iaxarte. En Europe, au N., l'extrémité septentrionale de la presqu'île Cimbrique et de l'île de Bretagne; à l'E., le Rha. — En Afrique, au S.-O., le Daradus; au S.-E., le cap Prasum. — Obscurité des connaissances géographiques sur les pays lointains. — Importance du bassin de la Méditerranée et des vallées de l'Euphrate, du Tigre, de l'Indus, véritable théâtre de l'histoire ancienne.

Les trois anciens continents sont partagés en deux versants par une grande chaîne de montagnes dirigée du nord-est au sud-ouest; elle sépare les eaux de l'océan Indien des eaux des océans Atlantique et Hyperboréen. — Configuration analogue de l'Europe et de l'Asie : au sud et au nord-ouest, beaucoup de péninsules, d'îles et de golfes, des rivages profondément découpés; au centre, des plaines et de vastes plateaux; en Afrique, des rivages unis, peu de golfes et de ports, de grands déserts, des oasis. — Grandes mers : océan Hyperboréen, océan Atlantique, océan Indien; elles entourent l'ancien continent.

Asie. — Limites : au N. le Pont-Euxin, le Caucase, la Caspienne, l'Iaxarte; à l'E., les monts Imaüs et Émodes, le fleuve Sérus; au S., l'océan Indien; à l'O., le golfe Arabique, la Méditerranée. — Montagnes : l'Imaüs, les monts Émodes, le Paropamisus, le Caucase, le Taurus, le Liban. — Fleuves : le Gange, l'Indus, le Tigre, l'Euphrate, l'Oxus, l'Iaxarte, le Jourdain, l'Halys. — Mers : l'océan Indien, le golfe du Gange, la mer Érythrée, les golfes Persique et Arabique, la mer Méditerranée, la mer Égée, le Pont-Euxin, la mer Morte, la mer Caspienne, le lac Oxien. — Quatre grandes régions naturelles : Asie Mineure ou presqu'île jusqu'à l'Euphrate, Asie centrale entre l'Euphrate et le Tigre, Haute Asie entre le Tigre et l'Indus, Transoxiane au nord de l'Oxus.

Europe. — Limites : au N., l'océan Hyperboréen; à l'O., l'océan Atlantique; au S., la Méditerranée, le Pont-Euxin, le Caucase; à l'E., le Rha et les monts Hyperboréens. — Montagnes : l'Hémus, le Pinde, les Carpathes, les Alpes, les Apennins, les Cévennes, les Pyrénées. — Fleuves : le Tanaïs, l'Ister, l'Hèbre, le Pénée, le Pô, le Tibre, le Rhône, l'Èbre, la Vistule, l'Elbe, le Rhin, la Tamise, la Seine, la Loire, la Garonne, le Tage, le Bétis. — Mers : l'océan Sarmatique, l'océan Germanique, l'océan Atlantique; la Méditerranée, divisée en mer des Baléares, de Sicile, mer Tyrrhénienne, Ionienne, Adriatique, mer Égée, Propontide, Pont-Euxin. — Neuf grandes

1. Consulter, dans l'Atlas de M. H. Chevallier, la carte du *Monde connu des Anciens*.

régions naturelles : Sarmatie, Scandinavie, île de Bretagne, Gaule, Germanie, Espagne, Italie, Grèce, région du Danube.

Afrique. — Limites : au N., la Méditerranée; à l'E., le golfe Arabique; au S.-E., le cap Prasum; au S.-O., le Daradus; à l'O., l'océan Atlantique. — Montagnes : l'Atlas, les chaînes Libyque et Arabique, les monts de la Lune. — Fleuves: le Nil, le Bagradas, le Niger. — Mers : l'océan Atlantique, la Méditerranée, le golfe Arabique. — Trois grandes régions naturelles : la vallée du Nil, le désert de Libye, la région entre l'Atlas et la Méditerranée.

Géographie générale du monde connu des anciens.—Les Grecs et les Romains, en qui se résume la science géographique de l'antiquité, n'ont pas connu tout l'ancien continent; à peine peut-on dire qu'ils en aient exploré le quart. Bornées, dans les premiers temps du monde, à une faible partie des pays que baigne la mer Méditerranée ou le golfe Persique, les connaissances géographiques se développent par les voyages et par les établissements des Phéniciens et surtout des Grecs, qui dressent les premières cartes et créent des systèmes complets pour la description de la terre. On peut suivre dans Hérodote, Ératosthène, Strabon et Ptolémée les progrès continus de la science dont la conquête romaine recula encore les limites. Ptolémée, qui vécut au second siècle de l'ère chrétienne, est celui qui nous a transmis les renseignements les plus nombreux et les plus complets ; son ouvrage précieux, malgré des erreurs inévitables, est le meilleur exposé des connaissances acquises pendant toute la durée des temps anciens : il servit pendant plusieurs siècles de guide aux navigateurs, jusqu'à l'époque de la puissance des Arabes, avec lesquels commence l'histoire de la géographie du moyen âge.

D'après Ptolémée, l'Europe était bornée à l'est par le Rha (Volga); les distances en stades[1], sur les bords du *sinus Codanus* ou océan Sarmatique (mer Baltique), n'étaient connues que jusqu'à l'embouchure de la Vistule : là s'arrêtèrent sans doute les explorations des navigateurs grecs ou romains; mais les marchands qui allaient dans ces contrées lointaines chercher l'ambre et les pelleteries avaient appris le nom de quelques lieux plus reculés, tels que le pays des Venèdes ou Vendes (Prusse et Lithuanie), et celui des Estyens (Esthonie) traversé par le Rubo (Duna). Les Romains n'eurent que des notions vagues sur la péninsule scandinave; pour eux, l'Europe se terminait à la presqu'île Cimbrique (Danemark, Jutland), à l'est de laquelle ils plaçaient les *insulæ Scandiæ,* au nombre

1. Un stade olympique valait environ 185 mètres.

de quatre : les trois plus petites représentent les îles de Laaland, Fionie, Seeland ; la quatrième, particulièrement nommée *Scandia,* répond à la Suède, qu'ils connaissaient mal. Enfin, en allant vers l'ouest, les anciens avaient découvert l'île de Thulé, au nord de la Bretagne : c'était ou la plus grande des îles Shetland, ou des îles Fœroé, ou l'Islande. Il faut y ajouter l'Hibernie (Irlande) et la Scotie (Écosse), connues assez anciennement : c'étaient de ce côté les confins du monde [1].

Dans Ptolémée, l'Afrique a d'autres formes que celles que Strabon et Pline l'ancien lui avaient attribuées. Tandis que ces géographes la regardaient comme une île terminée en deçà de la ligne équinoxiale, Ptolémée pensait que le continent africain se prolongeait indéfiniment par ses côtes occidentales, et qu'à l'orient il allait rejoindre la côte d'Asie en se détournant du cap Prasum (Brava) vers le port de Catigara (Mergui), limite extrême des connaissances géographiques des anciens en Asie. Quant aux limites vers l'occident, elles s'étendaient jusqu'au Daradus (Sénégal), au-dessous duquel étaient situés le *sinus Hespericus* (golfe de Guinée) et les *Hesperii Æthiopes,* Éthiopiens Éthéréens de Strabon, race noire qui habitait cette côte. Les anciens ne connaissaient probablement pas le cap de Bonne-Espérance, bien qu'Hérodote parle d'un voyage de circumnavigation de longue durée que les Phéniciens auraient accompli autour de l'Afrique par ordre du roi d'Égypte Néchao.

L'Asie était un peu mieux connue, au moins dans sa partie occidentale. Au delà de l'Indus (Sind) et du Gange, à travers de nombreux et vastes pays mal explorés, confusément décrits, les anciens s'arrêtaient au port de Catigara (Mergui), à l'entrée de la Chersonèse d'or (presqu'île de Malaca). Vers le nord-est était la Sérique ou Scythie au delà de l'Imaüs, située au nord de l'Inde et confondue sans raison avec la Chine. Cette contrée comprenait, comme la description de Ptolémée l'indique assez nettement, le Thibet, la Petite Boukharie et quelques vallées des pays montagneux d'où descendent l'Indus et le Gange : ainsi, c'est près du désert de Cobi et de ces terres vastes et inconnues qui, selon Ptolémée, bornaient la Sérique à l'est, qu'expirent les dernières clartés de la géographie ancienne.

En résumé, les anciens ont connu :

1. Et penitus toto divisos orbe Britannos.
(Virg., *Egl.* 1, 65.)

. . . . . . Tibi serviat ultima Thule.
(Virg., *Georg.* I, 30.)

1° L'*Europe,* jusqu'à la limite septentrionale de la presqu'île Cimbrique (Jutland) et de la Bretagne (îles Britanniques) et jusqu'au cours du Rha (Volga);

2° L'*Afrique* septentrionale et une grande partie de la vallée du Nil; les côtes occidentales jusqu'au Daradus (Sénégal); les côtes orientales jusqu'au cap Prasum (cap Brava);

3° L'*Asie,* vers le sud-est jusqu'au port de Catigara (Mergui), à l'est et au nord-est jusqu'aux limites indécises de la région Sérique (Thibet, Petite Boukharie); au nord jusqu'à l'Iaxarte (Sihoun).

Au delà de ces limites, tout n'est plus qu'obscurité ou fantaisie; les données exactes de la science font place aux fictions de la mythologie : au nord de l'Europe et de l'Asie, les poëtes plaçaient les régions hyperboréennes, que le soleil ne visitait jamais; au sud-est de l'Afrique, la brûlante Éthiopie, retraite des dieux de l'Olympe; à l'ouest, dans l'océan Atlantique, les îles Fortunées, séjour des bienheureux; plus loin encore la fabuleuse Atlantide. L'histoire ancienne proprement dite a un théâtre plus étroit; elle est presque entièrement renfermée dans les pays qui bordent le bassin de la mer Méditerranée ou ceux qu'arrosent le Tigre, l'Euphrate et l'Indus. C'est là qu'ont fleuri les grands empires et les cités renommées.

L'ancien continent, qui comprend les trois continents d'Asie, d'Europe et d'Afrique, est partagé par une immense chaîne de montagnes en deux versants principaux : l'un est incliné vers le nord-ouest, l'autre vers le sud-est; toutes les eaux qui descendent du premier se jettent dans l'océan Hyperboréen (océan Glacial arctique), dans l'océan Atlantique ou dans les mers qui en dépendent; le second envoie les siennes dans le golfe du Gange (golfe du Bengale) et dans la mer Érythrée (golfe d'Oman), qui font partie de l'océan Indien. Cette chaîne de montagnes, dirigée du nord-est au sud-ouest, portait successivement en Asie les noms d'*Imaüs* et d'*Emodes* (Belour et Himalaya), de *Caucase indien*, de *Paropamisus* (Hindoukouch, monts du Khoraçan), de *Taurus,* d'*Amanus,* d'*Anti-Liban;* en Afrique, elle longe les côtes orientales, sous le nom de *monts d'Arabie et d'Abyssinie.* Elle envoie de nombreux et importants rameaux qui pénètrent dans l'intérieur et quelquefois jusqu'aux extrémités des continents : par leur disposition, par leurs formes variées, ces rameaux de la chaîne principale déterminent la configuration et le relief des contrées, l'étendue et la direction des bassins.

Au premier aspect, l'Europe et l'Asie présentent dans leur configuration des ressemblances frappantes. Toutes deux sont terminées au midi par de grandes péninsules, dont les rivages sont presque partout profondément découpés et bordés d'îles nombreuses : en Europe, l'*Espagne*, l'*Italie*, la *Grèce*, avec les îles Baléares, la Corse, la Sardaigne, la Sicile, l'*Eubée* (Négrepont), la *Crète* (Candie) et les *Cyclades* (îles de l'Archipel); en Asie, l'*Arabie*, *l'Inde en deçà du Gange* (Hindoustan), l'*Inde au delà du Gange* (Indo-Chine), avec l'île de *Taprobane* (Ceylan) et celles qui environnent la *Chersonèse d'Or* dans le pays des *Sines* (Siam). Au centre, ces deux continents offrent de vastes plateaux ou de larges plaines quelquefois incultes : en Europe, dans la *Germanie orientale* (Pologne) et dans la *Sarmatie* (plateau de Valdaï, en Russie); en Asie, dans l'*Ariane* (plateau de l'Iran) et la *Sérique* (Boukharie). Enfin le nord-ouest reproduit en partie, pour chaque continent, l'aspect du midi ; on y retrouve de grandes îles, de grandes péninsules : en Europe, l'archipel de la *Grande-Bretagne*, la *presqu'île Cimbrique* (Jutland), la *presqu'île Scandinave* (Suède et Norwége); en Asie, la péninsule d'*Asie Mineure* (Anatolie), avec les îles de *Chypre*, de *Rhodes*, des *Sporades*, de *Samos*, *etc.*, la presqu'île de *Cyzique* et cette région entre le *Pont-Euxin* (mer Noire) et la *mer Caspienne*, fermée par deux mers et par une chaîne de montagnes, et que l'on a quelquefois appelée la presqu'île du Caucase.

L'Afrique ne présente pas les avantages que l'Europe et l'Asie tirent de leur configuration. Elle offre deux zones bien distinctes, séparées par les vastes déserts de *Libye* (Sahara) : à l'est, l'étroite et longue vallée du Nil, ouverte du sud au nord, dans la direction du golfe *Arabique* (mer Rouge); au nord, l'espace resserré entre la *mer Méditerranée* et le mont *Atlas*, parallèle au rivage. Ses côtes sont unies, peu découpées, et, si l'on considère leur étendue, peu garnies de havres et de ports ; les deux seuls golfes qu'on y rencontre, ceux des deux *Syrtes* (golfes de la Sidre et de Gabès), sont agités par de continuelles tempêtes. Elle n'a que deux grands fleuves, le *Nil* et le *Niger :* tous les autres qui descendent de l'Atlas, trop voisins de la mer, ont un cours de peu d'étendue. Le centre du continent est occupé par le grand désert de Libye (Sahara), qui s'étend de l'océan Atlantique aux confins de l'Égypte : c'est un amas de sables arides et brûlants, parsemés çà et là de vallées qui doivent leur fertilité à des sources d'eaux vives; ces oasis offrent une riche végétation et sont fréquentées par de nombreuses caravanes : la plus célèbre était celle d'*Ammon* (Syouah).

Les grandes mers connues en partie des anciens étaient : 1° l'*océan Hyperboréen* (océan Glacial arctique), au nord de l'Europe ; 2° l'*océan Atlantique*, à l'ouest de l'Europe et de l'Afrique ; 3° l'*océan Indien*, à l'est de l'Afrique et au sud de l'Asie (ces deux derniers ont conservé les noms qu'on leur donnait dans l'antiquité).

Asie. — L'Asie ancienne avait pour limites : au nord, le Pont-Euxin (mer Noire), le Caucase, la mer Caspienne, le lac Oxien (mer d'Aral) et l'Iaxarte (Sihoun) ; à l'est, le mont Imaüs (Belour), les monts Émodes (Himalaya) et le fleuve Sérus (Meïnam) ; au sud, le Grand golfe (golfe de Siam), le golfe du Gange (golfe du Bengale) et la mer Érythrée (golfe d'Oman) ; à l'ouest, le golfe Arabique (mer Rouge), le désert, le torrent d'Égypte et la Méditerranée ; au nord-ouest, le Rha (Volga) et les monts Hyperboréens (Ourals).

Les principales montagnes de l'Asie ancienne étaient, en allant de l'est à l'ouest :

Les monts *Émodes* ou *Casiens* (Himalaya), qui ferment au nord les bassins de l'Indus et du Gange ; l'*Imaüs* (Belour), entre la Sérique (Petite Boukharie) et la Transoxiane (Mavar-al-Nahar) ; le *Caucase indien* et le *Paropamisus* (Hindoukouch et monts du Khoraçan), entre la Transoxiane et l'Ariane (Iran) ; les *monts Caspiens* (Elbrouz), au sud de la mer Caspienne, entre l'Hyrcanie (Mazandéran) et la Médie (Irak-Adjemi) ; le *Zagros* (Tagh-Aiaghi) ; les *monts des Carduques* (monts du Kurdistan) ; le *Parachoatras* (monts Elvend), continué par la *montagne royale des Perses* (Baktary) ; les monts *Niphates* et *Masius* (Karadgeh-dagh), en Mésopotamie ; l'*Ararat*, en Arménie ; le *Caucase*, qui touche à la mer Caspienne et à la mer Noire et dont l'étendue est de 116 myriamètres ; les monts *Hyperboréens* (Ourals), entre l'Europe et l'Asie ; le *Taurus*, qui se prolonge à l'ouest dans l'Asie Mineure et y forme le *mont Olympe* ; l'*Amanus*, entre la vallée de l'Euphrate et l'Asie Mineure ; le *Liban*, entre la mer Méditerranée et la vallée du Jourdain, et dont les branches s'étendent en Judée et y forment les monts *Gelboë*, *Carmel* et *Garazim* ; l'*Anti-Liban*, qui lui est parallèle et situé de l'autre côté du Jourdain, et qui se continue par le mont *Hermon*, dont les dernières ramifications aboutissent aux monts *Horeb* et *Sinaï*, entre les deux golfes que forme le golfe Arabique à son extrémité septentrionale.

Les principaux fleuves de l'Asie étaient, en suivant le même ordre :

1° Sur le versant de l'océan Indien : le *Sérus* (Meïnam), qui se jette dans le Grand golfe (golfe de Siam); le *Daona* (Iraouaddy), le *Catabeda* (Brachmane), le *Gange*, qui se jettent dans le golfe du Gange (golfe du Bengale); l'*Indus* (Sind), qui se jette dans la mer Érythrée (golfe d'Oman) : il reçoit à gauche de célèbres affluents : l'*Hyphase* (Setledje), où s'arrêta Alexandre, l'*Hydraote* (Ravy), l'*Acésines* (Tchenab) et l'*Hydaspe* (Djelem); le *Tigre* et l'*Euphrate*, tributaires du golfe Persique : séparés dans la partie supérieure de leur cours par les monts Niphates et Masius (Karadgeh-dagh), ils se rapprochent graduellement en descendant vers la mer et s'y jettent par une seule embouchure : le Tigre reçoit à gauche le *Lycos* (Grand Zab), le *Kapros* (Petit Zab), le *Gyndes* (Kerah) et l'*Eulæus* (Kharoun); l'Euphrate a pour affluents principaux, à gauche le *Chaboras* (Khabour), à droite le *Mélas* (Kormoz).

2° Sur le versant des mers intérieures et de la Méditerranée: l'*Oxus* (Amou-Daria) et l'*Iaxarte* (Sir-Daria), qui se jettent dans le lac Oxien (mer d'Aral); l'*Ochus* (Tedjend), l'*Araxe* (Aras), renommé par l'impétuosité de ses eaux [1], et le *Cyrus* (Kour) : ces deux derniers fleuves confondent leurs eaux un peu avant leur embouchure : tous les trois se jettent dans la mer Caspienne; le *Jourdain* (Ordoun ou Chériat-el-Kébir), seul fleuve digne d'être cité parmi ceux qui se jettent dans la mer Morte : il traverse le lac de Génésareth, et reçoit sur sa gauche l'*Hiéromax* (Iermouk) : le torrent de Cédron, à droite, ceux de Zareth et d'Arnon, à gauche, versent aussi leurs eaux dans cette mer intérieure; l'*Oronte* (Nahr-el-Assi), le *Pyrame* (Djihoun), le *Sarus* (Seihoun), le *Cydnus* (Tarsous) et l'*Eurymédon*, tributaires des mers de Chypre et de Cilicie; le *Méandre* (Meïnder-Buïuk), l'*Hermus* (Sarabat), le *Caïcus* (Girmarti), le *Xanthe* ou *Scamandre* (Kirke-Kenzler), avec le *Simoïs*, son affluent, qui se jettent dans la mer Égée (mer de l'Archipel); le *Granique* (Oustvola), le *Rhyndacus* (Lampadi), qui se jettent dans la Propontide (mer de Marmara); le *Sangarius* (Sakaria), l'*Halys* (Kizil-Ermak), le plus grand fleuve de l'Asie Mineure, le *Thermodon* (Thermek) et le *Phasis* (Fachs), tributaires du Pont-Euxin.

1. . . . . . . Pontem indignatus Araxes.
(Virg., *Æneid.* VIII, 728.)

Les principales mers de l'Asie connues en partie des anciens étaient :

1° L'*océan Indien*, au sud : il formait le *Grand golfe* (golfe de Siam), le *golfe du Gange* (golfe du Bengale), la *mer Érythrée* (golfe d'Oman), le *golfe Persique*, le *golfe Arabique* (mer Rouge) ; ce dernier se terminait lui-même par deux golfes célèbres : à l'est, le *golfe Élanitique* (golfe d'Akaba) ; à l'ouest, le *golfe Héroopolite* (golfe de Suez) ;

2° La *mer Méditerranée* : elle enveloppait de trois côtés la presqu'île d'Asie Mineure et prenait successivement les noms de *mer de Chypre, mer de Cilicie*, au sud ; de *mer Égée* (mer de l'Archipel), à l'ouest ; de *Propontide* (mer de Marmara) et de *Pont-Euxin* (mer Noire), au nord. Elle formait des golfes nombreux ; c'étaient, au sud : ceux d'*Issus* (golfe d'Alexandrette), de *Pamphylie* (golfe de Satalie) ; à l'ouest, ceux de *Smyrne*, de *Cyme* (golfe de Sandali) ; au nord, ceux d'*Astacus* (golfe d'Is-Nikmid), de *Sinope* et d'*Amisus* (golfe de Samsoun).

L'Asie renfermait en outre trois mers intérieures : la *mer Morte* ou lac *Asphaltite*, au sud de la Palestine ; la *mer Caspienne* et le *lac Oxien* (mer d'Aral), au nord-ouest du continent ; et dans l'Arménie, deux lacs importants, ceux d'*Arsissa* (lac de Van) et de *Spauta* (lac d'Ourmia).

Les anciens ne connaissaient pas l'orographie : ils avaient divisé l'Asie en quatre grandes régions naturelles, qu'ils rapportaient aux fleuves principaux plutôt qu'aux montagnes : 1° l'*Asie Mineure* (Anatolie), ou la presqu'île jusqu'à l'Euphrate ; 2° l'*Asie centrale* (Arménie, Diarbekir, Al-Djeziréh, Irak-Arabi), ou les pays entre l'Euphrate et le Tigre ; 3° la *Haute Asie* (Perse, Béloutchistan, Afghanistan, Hérat), entre le Tigre et l'Indus ; 4° la *Transoxiane* (Mavar-al-Nahar, Turkestan, Grande Boukharie), ou pays au delà de l'Oxus. Ils distinguaient encore quelquefois l'*Asie en deçà* et l'*Asie au delà du Taurus* ; mais la première division était plus générale. Quant à l'*Arabie*, à l'*Inde*, à la *Scythie asiatique*, elles formaient trois régions distinctes, imparfaitement connues, et qui ne rentraient pas dans ces divisions que reproduisent tous les écrivains anciens : l'Arabie était située entre le golfe Arabique, la mer Érythrée et le golfe Persique ; l'Inde (Hindoustan, Indo-Chine), entre l'Indus et le Grand golfe ; la Scythie (Tartarie, Dzoungarie, etc.), au nord de l'Iaxarte.

L'Asie Mineure était partagée en un grand nombre de provinces disposées d'une façon assez symétrique : trois au nord, le *Pont* (villes principales : *Amisus, Trapésunte, Cérasunte*), la *Paphlagonie* (v. pr. *Sinope*), la *Bithynie* (v. pr. *Pruse, Nicée, Nicomédie, Héraclée*); — trois à l'ouest, la *Mysie* (v. pr. *Cyzique, Pergame*), la *Lydie* (v. pr. *Sardes*), la *Carie* (v. pr. *Alabande*) : à chacune de ces provinces correspondait un groupe de colonies grecques, qui étaient dans le même ordre : les colonies *Éoliennes* (v. pr. *Cyme*), *Ioniennes* (v. pr. *Milet, Éphèse, Smyrne, etc.*), *Doriennes* (v. pr. *Halicarnasse, Cnide*) ; — trois au sud, la *Lycie* (v. pr. *Patare*), la *Pamphylie* (v. pr. *Side*), la *Cilicie* (v. pr. *Tarse, Issus*), sur les côtes de la mer; — dans l'intérieur, les trois petits pays montagneux d'*Isaurie*, de *Pisidie*, de *Lycaonie*; — au centre, la *Phrygie* (v. pr. *Iconium, Ipsus, Gordium*), qui touchait à presque toutes ces provinces ; — à l'est, la *Cappadoce* (v. pr. *Césarée, Comane*), qui joignait le Pont et la Cilicie et fermait l'entrée de la péninsule. — La *Galatie* (v. pr. *Ancyre, Pessinonte*), province centrale, n'a été formée qu'assez tard (279 av. J C.) ; la *Troade* (v. pr. *Troie*) n'était qu'un district de la Mysie.

L'Asie centrale comprenait : au nord : la *région du Caucase*, la *Colchide*, l'*Ibérie*, l'*Albanie* et l'*Arménie* (v. pr. *Tigranocerte*), entre le Pont-Euxin et la mer Caspienne ; — au centre, la *Mésopotamie* (v. pr. *Nisibe, Édesse*), la *Babylonie* (v. pr. *Babylone, Cunaxa, Séleucie*), la *Chaldée*, entre l'Euphrate et le Tigre ; l'*Assyrie* (v. pr. *Ninive, Arbelles, Ctésiphon*), sur la rive gauche du Tigre ; — à l'ouest, le long de la Méditerranée, la *Syrie* (v. pr. *Antioche, Damas, Palmyre*) ; la *Phénicie* (v. pr. *Tyr, Sidon, Béryte, Tripoli*) ; la *Palestine* (v. pr. *Jérusalem, Samarie*), sur les deux rives du Jourdain ; — au sud, l'*Arabie* (v. pr. *Petra, Iatrippa, Saba*).

La Haute Asie renfermait : entre la mer Caspienne et le golfe Persique, la *Médie* (v. pr. *Ecbatane*) et la *Susiane* (v. pr. *Suse*) ; — le long du golfe Persique, la *Perse* (v. pr. *Persépolis*), la *Carmanie* et la *Gédrosie* ; — au centre, l'*Arie*, la *Drangiane*, l'*Arachosie*, les *Paropamisades* (v. pr. *Alexandrie*), réunies sous la dénomination générale d'*Ariane* ; — au nord, l'*Hyrcanie* (v. pr. *Hécatompylos*), la *Parthiène* (v. pr. *Nisée*), la *Margiane* et la *Bactriane* (v. pr. *Bactres* ;) — à l'est, l'*Inde* (v. pr. *Nisa, Lahore, Palibothra, Catigara*).

La Transoxiane se composait de la *Sogdiane* (v. pr. *Maracande*), entre l'Oxus et l'Iaxarte, et de la *Scythie asiatique*, au delà de ce dernier fleuve.

Europe. — L'Europe ancienne avait pour limites : au nord, l'océan Hyperboréen (océan Glacial arctique); à l'ouest, l'océan Atlantique; au sud, la mer Méditerranée, le Pont-Euxin (mer Noire), le Caucase; à l'est, la mer Caspienne, le Rha (Volga) et les monts Hyperboréens (Ourals).

Les principales montagnes de l'Europe ancienne étaient, en allant de l'est à l'ouest :

Les *monts Hyperboréens* (Ourals), entre l'Europe et l'Asie; l'*Hémus* (Balkans), avec ses rameaux, le *Pangée* et le *Rhodope* (Despoto-dagh), dans la Thrace; le *Pinde*, qui couvre la Grèce de ses branches multiples; les *Carpathes* (Krapacks), entre la Dacie et la Sarmatie; les *Alpes*, qui séparent l'Italie de la Germanie et de la Gaule; les *Apennins*, qui traversent la péninsule italique du nord-ouest au sud-est; le *Jura*, entre l'Helvétie et la Gaule; le *Vogesus* (Vosges), parallèle au cours du Rhin, comme les *Cévennes* au cours du Rhône; les *Pyrénées*, entre la Gaule et l'Espagne; les monts *Idubeda*, *Orospeda*, *Ilipula* (monts Ibériques), qui séparent les bassins de l'Èbre et du Tage : ils se terminent par le promontoire de Calpé (pointe de Gibraltar, une des colonnes d'Hercule), en face d'Abyla, l'autre colonne d'Hercule, sur le continent africain.

Les principaux fleuves de l'Europe étaient, en suivant le même ordre :

1° Sur le versant du sud ou de la Méditerranée : le *Tanaïs* (Don), le *Borysthène* (Dniéper), l'*Hypanis* (Boug), le *Tyras* (Dniester), l'*Ister* (Danube), qui se jettent dans le Pont-Euxin; l'*Hèbre* (Maritza), le *Strymon* (Karasou), l'*Axios* (Vardar) et le *Pénée* (Salembria), qui se jettent dans la mer Égée; l'*Achéloüs* (Aspro-potamo), tributaire de la mer Ionienne; l'*Athesis* (Adige), le *Padus* ou *Eridanus* (Pô), l'*Aufidus* (Ofanto), qui se jettent dans la mer Adriatique; l'*Arnus* (Arno), le *Tibre*, le *Liris* (Garigliano), qui se jettent dans la mer Tyrrhénienne; le *Rhodanus* (Rhône), l'*Iberus* (Èbre), le *Sucro* (Xucar), qui se jettent le premier dans le golfe de Gaule, les deux autres dans la mer des Baléares;

2° Sur le versant du nord ou des océans Hyperboréen et Atlantique : la *Vistule*, le *Viadrus* (Oder), tributaires du *sinus Codanus* (mer Baltique); l'*Albis* (Elbe), le *Visurgis* (Weser), le *Rhenus* (Rhin), la *Mosa* (Meuse), le *Scaldis* (Escaut), qui se jettent dans l'océan Germanique : cette mer reçoit du côté de la Grande-Bretagne la *Tamesis* (Tamise); la *Sequana* (Seine), le *Liger* (Loire), la *Garumna* (Garonne), le *Durius* (Douro), le *Tagus* (Tage), l'*Anas* (Guadiana) et le *Bœtis* (Guadalquivir), qui se jettent dans l'océan Atlantique.

Les principales mers de l'Europe connues des anciens étaient:

Le *sinus Codanus* (mer Baltique), qui communiquait par les *sinus Codani fauces* (détroits de Skager-Rack et Cattégat) avec l'*océan Germanique* (mer du Nord); l'*océan Britannique* (mer de la Manche), uni à l'océan Germanique par le *fretum Gallicum* (détroit du pas de Calais); l'*océan Atlantique*, qui à l'ouest de la Gaule prenait le nom de *golfe Cantabrique* (golfe de Gascogne ou de Biscaye): il communiquait par le détroit d'Hercule ou de Gadès (détroit de Gibraltar) avec la *mer Méditerranée* ou *mer Intérieure*. Cette mer formait un grand nombre de golfes et de détroits et avait reçu plusieurs noms des anciens; les Romains, qui dominèrent sur toutes ses côtes, l'appelaient *mare nostrum* (notre mer). Entre la côte d'Espagne et les îles Baléares, on la nommait *mer des Baléares*. Entre la Corse et la côte de Gaule et de Ligurie, elle formait les golfes de Gaule (golfe du Lion) et de Ligurie (golfe de Gênes). Sur les côtes de l'Étrurie était la mer *Tyrrhénienne* ou *mer Inférieure*, ainsi nommée par opposition à la *mer Adriatique* ou *mer Supérieure*. A la *mer de Sicile* succédait la *mer Ionienne*, qui communiquait avec elle par le détroit de Sicile (détroit de Messine) : elle était située entre l'Italie et la Grèce et formait sur les côtes de l'Italie le golfe de Tarente, sur celles de la Grèce le golfe de Corinthe (golfe de Lépante), au nord entre l'Italie et l'Illyrie le golfe profond de l'Adriatique. Les noms se multiplient à mesure qu'on approche des pays habités par les Grecs : c'est d'abord la *mer de Myrtos* au sud-ouest, la *mer de Crète* au nord de l'île de ce nom, la *mer de Carpathos* au sud-est, la *mer Icarienne* en face des côtes de la Carie; enfin la *mer Égée* (mer de l'Archipel), entre la Grèce proprement dite et l'Asie Mineure. Cette dernière communiquait par l'*Hellespont* (Dardanelles) avec la *Propontide* (mer de Marmara), qui était jointe au *Pont-Euxin* (mer Noire) par le *Bosphore de Thrace* (canal de Constantinople). Le *Bosphore Cimmérien* (détroit d'Iénikalé) joignait le Pont-Euxin au *Palus Mœotis* (mer d'Azof).

L'Europe ancienne contenait neuf grandes régions naturelles : au nord, la *Sarmatie* ou *Scythie d'Europe* (Pologne, Russie), entre la Vistule et le Volga; la *Scandinavie* (Suède, Norwége); l'île de *Bretagne* avec celle d'*Hibernie* (Angleterre, Écosse,

Irlande); — au centre, la *Gaule* (France, Belgique, Hollande, provinces rhénanes, Suisse, Savoie), entre l'océan Atlantique, les Pyrénées, les Alpes et le Rhin ; la *Germanie* (Allemagne, Prusse, Autriche), entre le Rhin et la Vistule ; — au sud, l'*Espagne* ou *Hispanie* (Espagne, Portugal), avec les îles Baléares ; l'*Italie*, avec la Corse, la Sardaigne, la Sicile ; la *Grèce*, avec les îles de Crète (Candie) et d'Eubée (Négrepont) : il faut y rattacher la *Macédoine* et la *Thrace* (Turquie d'Europe) ; — au nord-est, la *région du Danube*, comprenant la *Pannonie*, la *Mœsie*, la *Dacie* (Hongrie, Transylvanie et provinces danubiennes).

Les divisions politiques de l'Europe se confondaient à peu près avec les divisions naturelles ; c'étaient : au nord, la *Sarmatie*, la *Scandinavie*, la *Bretagne* (villes principales : *Londinium*, aujourd'hui *Londres; Eboracum*, aujourd'hui York) ; — au centre, la *Gaule* (v. pr. *Trèves; Lutèce*, aujourd'hui Paris ; *Lugdunum*, aujourd'hui Lyon ; *Tours*, *Toulouse*, *Arles*, *Aix*, *Marseille*) ; la *Germanie* (v. pr. *Idistavisus*) ; — au sud l'*Espagne* ou *Hispanie* (v. pr. *Barcelone*, *Tolède*, *Carthagène*, *Cordoue*, *Gadès*) ; la *Lusitanie* (v. pr. *Olisippo*, aujourd'hui *Lisbonne*) ; l'*Italie* (v. pr. *Mediolanum*, aujourd'hui Milan ; *Rome*, *Naples*, *Syracuse*) ; la *Grèce* (v. pr. *Sparte*, *Corinthe*, *Athènes*, *Thèbes*) ; la *Thessalie* (v. pr. *Phères*, *Pharsale*) ; — en remontant vers le nord pour atteindre le Danube, l'*Épire* (v. pr. *Dyrrachium*, aujourd'hui Durazzo) ; l'*Illyrie* (v. pr. *Scodra*, aujourd'hui Scutari); la *Macédoine* (v. pr. *Pella*, *Olynthe*, *Amphipolis*) ; la *Thrace* (v. pr. *Andrinople*, *Byzance* ou *Constantinople*) ; la *Mœsie* (v. pr. *Viminiacum*), la *Dacie* (v. pr. *Apulum*), la *Pannonie* (v. pr. *Carnuntum* et *Vindobona*, aujourd'hui Vienne), le *Norique* (v. pr. *Lauriacum*), la *Rhétie* (v. pr. *Tridentum* et *Curia*, aujourd'hui Trente et Coire) ; la *Vindélicie* (v. pr. *Augusta Vindelicorum*, aujourd'hui Augsbourg).

L'Afrique ancienne avait pour limites : au nord, le détroit d'Hercule ou de Gadès (détroit de Gibraltar) et la mer Méditerranée ; à l'est, le torrent d'Égypte, le désert et le golfe Arabique (mer Rouge); au sud, le cap Prasum (Brava) ; au sud-ouest, le Daradus (Sénégal) ; à l'ouest, l'océan Atlantique.

Les principales montagnes de l'Afrique ancienne étaient : 1° Le *mont Atlas*, qui parcourt le continent de l'est à l'ouest, sans jamais s'écarter beaucoup de la mer Méditerranée ; il commence au promontoire d'Abyla (cap Ceuta, une des colonnes d'Hercule), en face de celui de Calpé (pointe de Gibraltar), et projette au nord-est deux autres caps, ceux d'Apollon et de Mercure (caps Ras-Sidi et Ras-Addar); 2° les deux *chaînes Libyque* et *Arabique*, qui bornent à l'ouest et à l'est la vallée du Nil ; 3° les *monts de la Lune* (monts Al-Kamar), au sud de l'Éthiopie.

Les principaux fleuves de l'Afrique étaient, de l'est à l'ouest : le *Nil*, qui arrose l'Éthiopie et l'Égypte ; le *Bagradas* (Medjerdah), la *Tusca* (Oued-Zaïna), dans la province de Carthage ; l'*Ampsagas* (Oued-el-Kébir), dans la Numidie ; le *Chinalaph* (Chélif), la *Malva* (Moulouïa), dans la Mauritanie : tous ces fleuves se jettent dans la mer Méditerranée ; le *Daradus* (Sénégal) et le *Niger*, dont le nom seul à peu près était connu, se jettent dans l'océan Atlantique.

Les mers de l'Afrique connues en partie des anciens étaient : 1° l'*océan Atlantique*, qui formait au sud le *sinus Hespericus* (golfe de Guinée); 2° la *Méditerranée*, qui formait au nord les golfes de la Petite Syrte (golfe de Gabès) et de la Grande Syrte (golfe de la Sidre) ; 3° le *golfe Arabique* (mer Rouge).

L'Afrique ancienne comprenait trois grandes régions naturelles : à l'est, la vallée du Nil (Égypte, Éthiopie ou Nubie); au centre, le désert de Libye (Sahara) ; au nord-ouest, la région entre l'Atlas et la mer Méditerranée (États barbaresques, Algérie, Maroc).

Les divisions politiques de l'Afrique étaient : à l'est, le long du golfe Arabique, l'*Éthiopie* (v. pr. *Méroé*), l'*Égypte* (v. pr. *Thèbes, Memphis, Alexandrie*) ; — au nord, le long de la Méditerranée, la *Cyrénaïque* (v. pr. *Cyrène*), la *Libye*, la *Tripolitaine* (v. pr. *Œa, Leptis*), la *province de Carthage* (v. pr. *Adrumète, Zama, Carthage, Tunis, Utique*), la *Numidie* (v. pr. *Cirtha*, aujourd'hui Constantine ; *Hippone*, aujourd'hui Bône) ; la *Mauritanie* (v. pr. *Septa*, aujourd'hui Ceuta ; *Tingis*, aujourd'hui Tanger).

Géographie sommaire de l'ancien Orient. — Après cet aperçu général de la géographie du monde ancien nous allons décrire avec plus de détails l'état géographique des pays de l'ancien Orient, dont nous aurons à retracer l'histoire.

Palestine. — Cette contrée qui était destinée à devenir le séjour du « peuple de Dieu » et à jouer un si grand rôle dans l'histoire, est bornée au nord par le mont Liban, au sud par le désert d'Arabie, à l'ouest par la mer Méditerranée ; à l'est, elle s'étend au delà du désert jusqu'à l'Euphrate. Elle est presque entièrement couverte par les ramifications du mont Liban. Cette montagne se divise en deux chaînes principales, celles du *Liban* et de l'*Anti-Liban,* qui forment le bassin de la Palestine. L'Anti-Liban longe la côte près de la mer, traverse la Palestine dans toute sa longueur du nord au sud et projette plusieurs ramifications remarquables : le mont *Thabor,* au sud-ouest du lac de Génésareth ; du haut de cette montagne la vue s'étend à travers la vaste plaine d'Esdrélon jusqu'à la mer Méditerranée ; le mont *Carmel,* qui se détache de la chaîne principale et borne au sud-ouest la plaine d'Esdrélon : il se termine à la mer par un promontoire très-avancé ; les monts *Gelboé*, les monts *Ebal* et *Garizim,* les *monts d'Éphraïm,* la *montagne des Oliviers* et les *monts de Juda* terminent au sud la chaîne de l'Anti-Liban, qui se continue hors de la Palestine jusqu'à la mer Rouge, après avoir donné naissance aux monts de *Hor,* aux monts de *Seïr*, aux *montagnes Noires*, aux monts *Horeb* et *Sinaï*. La deuxième chaîne du mont Liban, à l'est, porte d'abord le nom de mont *Hermon;* elle se prolonge vers le sud et donne naissance à plusieurs autres petites chaînes, dont les plus connues sont : les *monts de Galaad;* les monts *Abarim*, au sud-ouest de ceux de Galaad, et dans lesquels on distingue entre plusieurs sommets celui du mont *Nébo;* enfin les *monts de Moab*, à l'est du lac Asphaltite.

Au milieu du demi-cercle formé par la double chaîne du Liban coule le *Jourdain*, formé de la réunion de plusieurs sources qui descendent du mont Hermon. Le Jourdain se dirige du nord au sud : il reçoit dans son cours plusieurs affluents, dont les principaux sont, sur sa rive gauche, l'*Hieromax* (Yermouk) et le torrent de *Jabok,* qui descend des montagnes de Galaad ; sur sa rive droite, le *Taphnah,* qui coule des monts d'Éphraïm. Le Jourdain traverse d'abord le marais du *lac Samochonite,* puis celui de *Génésareth ;* il se jette enfin dans la mer Morte. De nombreux torrents vont se jeter aussi dans cette mer, entre autres, à l'ouest, celui de *Cédron ;* à l'est, ceux d'*Arnon* et de *Zared*. La mer Méditerranée reçoit les torrents de *Bosoch* ou *Bésor* au sud ; celui de *Sorek,* qui a son embouchure près d'Ascalon ; celui de *Cana*, qui traverse la vallée des Roseaux ; le *Kison ;* le *torrent de Bélus,* ou *Baal* qui forme le port d'Acco (Saint-Jean-d'Acre), et le *Léontès*, qui a son embouchure entre Tyr et Sidon.

Lydie ; royaume de Crésus. — Un État dominait tous les autres, la Lydie, parvenue au VIe siècle avant notre ère au plus haut point de sa puissance, sous Crésus, dernier roi de la dynastie des Mermnades. Mais les Lydiens avaient été précédés par les Phrygiens dans la domination de l'Asie occidentale.

Dès la plus haute antiquité l'Asie Mineure fut occupée par les Phrygiens, que leur puissance et leurs richesses rendirent fameux. Ils dominèrent sur toute la péninsule : la Troade, la Mysie, la Lydie, n'étaient que des districts de la Phrygie ancienne ; là se trouvaient les grands sanctuaires de la religion pélasgique, Célènes, Colosses, Synnade, Gordium, Ancyre et Cibyre, une des plus puissantes capitales de l'Asie, qui avait cent stades (18 kilomètres et demi) de circuit et pouvait mettre sur pied trente mille hommes. Le culte de Cybèle et des Cabires, adopté par les Grecs, y avait pris naissance ; on les y adorait sur les monts Bérécynthe, Cybèle, Dyndimène et Ida : les Galles, les Curètes et les Corybantes en étaient les ministres. Mais la puissance de cet empire ne se prolongea pas au delà des temps héroïques, et la tradition n'a conservé que le nom de quelques rois, presque tous appelés Midas ou Gordius.

Les Lydiens remplacèrent de bonne heure les Phrygiens dans la domination de l'Asie Mineure ; ils eurent trois dynasties de rois, les Atyades, les Héraclides et les Mermnades[1]. Gygès, meurtrier de Candaule, commença cette troisième famille, dont l'histoire est plus certaine. Les Mermnades soutinrent des luttes continuelles contre les Grecs de la côte et des îles ; d'un autre côté, en étendant leurs conquêtes à l'est jusqu'au fleuve Halys, ils s'exposèrent aux attaques des Mèdes sous Phraorte et sous Cyaxare Ier. Au temps de Crésus, les Lydiens avaient complétement soumis les colonies ioniennes, éoliennes et doriennes, et leur royaume s'étendait de la mer Égée au fleuve Halys et du Pont-Euxin au Taurus. Sardes, leur capitale, était riche et florissante, et la cour de Crésus devint le rendez-vous des savants, des philosophes et des artistes de la Grèce et de l'Asie ; Solon la visita. Mais l'empire de Crésus touchait alors à sa ruine.

Le royaume de Lydie avait pour limites à l'ouest la mer

1. L'époque des Atyades est fabuleuse et incertaine ; les Héraclides régnèrent 505 ans, selon Hérodote (1223-718) ; les Mermnades, 170 ans (718-548) : Gygès (718-680), Ardys (680-631), Sadyatte (631-619), Alyatte (619-562), Crésus (562-548).

Égée, au nord la Propontide et le Pont-Euxin, à l'est le fleuve Halys, au sud la mer Méditerranée. L'Halys formait la limite des royaumes de Médie et de Lydie.

Les principales contrées comprises dans le royaume de Lydie étaient : la *Lydie*, anciennement appelée Mæonia ; elle s'étendait entre l'Hermus et le Méandre ; v. pr. : *Sardes*, capitale du royaume, résidence de Crésus, et, plus tard, des rois et des satrapes perses, sur le Pactole, au pied du mont Tmolus ; *Magnésie* du Méandre, *Tralles ;* la *Carie*, au sud de la Lydie : v. pr. : *Alabanda ;* la *Pamphilie* et la *Pisidie*, à l'est : v. pr. : *Selge*, *Perge*, *Aspende ;* la *Mysie*, qui renfermait la *Troade*, au nord de la Lydie ; v. pr. : *Pergame*, *Ilion* ou *Troie*, en ruines ; la *Phrygie*, qui s'étendait de l'Hellespont au fleuve Halys ; v. pr. : *Gordium*, *Thymbræum*, dont la position est incertaine, *Ancyre*, *Célènes*, *Colosses*, *etc.*; la *Bythinie*, le long de la Propontide et du Pont-Euxin, entre le Rhyndacus et le Sangarius ; v. pr. : *Pruse*, fondée, dit-on, par un roi nommé Prusias et contemporain de Crésus ; la *Paphlagonie*, qui renfermait le pays des *Maryandiniens*. Il faut ajouter à ces pays les colonies grecques établies en Asie Mineure sur les côtes de la mer Égée, les colonies éoliennes en Mysie, ioniennes en Lydie, doriennes en Carie. Elles étaient depuis peu soumises aux Lydiens ; Crésus même en acheva la conquête.

Lycie. — Dans les limites de l'empire des Lydiens, un petit peuple, celui des Lyciens, avait conservé son indépendance. Leurs villes, dont les principales étaient *Telmissus*, *Xanthus* et *Patara*, formaient, dit Strabon, une république confédérée assez semblable à celle des Achéens. « Ils se réunissaient pour délibérer sur les affaires publiques, et ils avaient un chef, le lyciarque, » qui rappelle le stratége de la ligue achéenne ou de la ligue étolienne.

Cilicie. Cappadoce. — La Cilicie, alors indépendante, renfermait les villes de *Tarse* et d'*Anchiale*, fondées par Sardanapale. Soumise jadis au roi de Ninive, elle s'affranchit sans doute dans le courant du septième siècle, où Ninive fut ruinée (625).

La Cappadoce, habitée par les Syriens ou Leuco-Syriens, comme les ont appelés Hérodote et Strabon, renfermait aussi la contrée qui forma plus tard le royaume de Pont, et qu'on a quelquefois désignée sous le nom de Cappadoce pontique. Elle était au pouvoir des Mèdes.

Républiques de Sinope et d'Héraclée. — Les républiques grecques de *Sinope* et d'*Héraclée*, établies au milieu des tribus barbares des Bithyniens, des Marandiniens et des Paphlagoniens, avaient su défendre leur indépendance contre leurs belliqueux voisins et contre les Lydiens eux-mêmes. Elles exerçaient une sorte de suprématie sur les nombreuses colonies que les Grecs d'Asie et surtout les Milésiens avaient fondées sur les côtes du Pont-Euxin, jusqu'en Tauride (Crimée). Les villes grecques de la Pamphylie, de la Cilicie, étaient aussi indépendantes.

Phénicie. — Au delà du Taurus, qui bornait au sud le royaume des Lydiens, s'étendait, jusqu'aux confins de l'Égypte, une contrée longue et étroite, resserrée entre la mer Méditerranée et la chaîne de l'Anti-Liban. Elle était habitée au nord par les Syriens, au sud-est par les Hébreux ; au centre et à l'ouest, toute la côte de l'embouchure de l'Éleuthéros au torrent d'Égypte, portait, dans l'antiquité, le nom de *Phénicie*. La partie méridionale, depuis Raphia jusqu'à Accaron, formait le pays des Philistins : on y remarquait les villes de *Gaza, Ascalon, Azoth* et *Accaron;* le centre appartenait aux Hébreux ; le nord, depuis le Kison (Nahr-Haifa) jusqu'à l'Éleuthéros, formait la *Phénicie* proprement dite.

Cette dernière partie de la côte, depuis Acco jusqu'à Aradus, présentait un aspect fort remarquable. « Elle était semée de baies et de ports, hérissée de hautes montagnes, dont quelques-unes s'avançaient en promontoire dans la mer, et dont les cimes, couvertes de forêts, offraient aux habitants les bois les plus précieux pour la construction de leurs vaisseaux. » Ces montagnes se rattachaient au Liban, qui bornait à l'est la Phénicie. Les principales villes étaient, sur la côte, du sud au nord : *Acco, Tyr, Sarepta, Sidon, Béryte, Byblos, Botrys, Triéris, Tripoli, Antaradus* vis-à-vis d'Aradus, bâtie dans une île voisine ; dans l'intérieur, *Arca, Orthosia, Démétriade.* « Toutes ces villes réunies, dit Heeren, ne formaient, pour ainsi dire, qu'une seule métropole, assise à la fois sur les îles et sur le continent. »

La Phénicie était partagée en plusieurs petits États : chaque ville avait son gouvernement, ses lois, ses magistrats ; ici un roi, là des juges, ailleurs un collége de pontifes. Deux États cependant, *Sidon* et *Tyr*, paraissent s'être élevés, à différentes époques, au-dessus des autres ; mais l'histoire n'a recueilli sur la succession de leurs princes que des faits incertains et interrompus par de grands intervalles. Au temps de Josué (1610), Sidon, qui domina d'abord, était déjà une cité florissante ; l'auteur sacré lui donne le surnom de *grande*, et plusieurs fois les livres de Moïse, de Josué et des Juges rappellent sa puissance Elle fut la métropole de Tyr et d'*Aradus*, et toutes trois fournirent la colonie qui fonda *Tripoli*. La véritable capitale de la Phénicie fut Tyr, qui, vers l'époque de David, y tenait le premier rang par ses richesses et par l'étendue de son commerce.

État de Carthage. — Colonie des Phéniciens, Carthage s'était rapidement développée sur les côtes septentrionales de l'Afrique. Ses possession en 264, au moment où commence la première guerre punique, s'étendaient au dehors de l'Afrique, en Espagne et dans les iles de la Méditerranée; elles comprenaient :

1° En Afrique, l'*Afrique propre*, entre la Grande Syrte à l'est, le fleuve Tusca à l'ouest, la mer Méditerranée au nord et les monts Usaletus et Zuchabarus au sud, qui faisaient partie du mont Atlas. Le lac Tritonis divisait cette contrée en deux parties : 1° la région des deux *Syrtes*, à l'est ; villes principales : *Leptis-Magna* (Lebida), *Œa* ou *Occa* (Tripoli), *Sabrata* (Sabart). Ces trois ports de mer avaient fait donner à cette partie de la côte le nom de Tripolitaine. On remarquait encore *Tacape* (Gabès) et *Charax* (Cara-Caïca), toutes deux sur la mer. Le territoire carthaginois, renommé pour sa fécondité prodigieuse, comprenait la *Byzacène*, au sud, habitée primitivement par la peuplade des Byzantes ; villes principales : sur la côte, *Thænæ* (Taïnéh), *Taphrura* ou *Taphra* (Sfax), *Thapsus* (Demsas), *Leptis-Parva* (Lempta), *Adrumetum ;* dans l'intérieur, *Tysdrus* (El-Jem), *Thala* et *Capsa* (Cafia), forteresses importantes ; *Suffetula*. — La *Zeugitane*, au nord ; villes principales : à l'est, entre le Bagradas et la mer, *Carthage*, *Zama* ou *Zagma* (Zamora), à trois cents milles de Carthage ; *Tunes* ou *Tunetum* (Tunis), *Aspis* ou *Clypea*, *Néphéris*, *Sicca* (Kef), *Utique* (Satcor ou Booshatter); à l'ouest, entre le Bagradas et la Tusca : *Hippo-Zarytus* (Bizerte), *Vacca* ou *Vaga* (Vegia).

Les villes et les comptoirs que Carthage avait fondés sur les côtes de la Méditerranée et de l'océan Atlantique ; les principaux de ces établissements étaient, depuis l'embouchure de la Tusca jusqu'aux colonnes d'Hercule : *Tabraca*, *Rusicada* (Sgigada), *Igilgilis* (Djigelly), *Rusucurru* (Alger), *Jol*, *Rusadir* ou *Rhyssidiron* (Melilla) ; sur les côtes de l'Océan : *Tingis* (Tanger), *Lixus*, ancienne colonie phénicienne, *Banasa* et *Sala*, à l'embouchure du Chrétès ou Sala (*Bucagrag*).

Les peuples tributaires : les *Machlyes*, les *Maxyes* et les *Auses*, au sud ; les *Lotophages*, les *Maces* et les *Nasamons*, à l'est.

2° En Espagne, les colonies phéniciennes que Carthage avait assujetties : *Gadès* (Cadix), *Hispalis* (Séville), *Carteïa* ou *Héraclée*, *Tarsis* ou *Tartessus*, *Malaca* (Malaga), etc.

3° Les îles dans l'océan Atlantique : les *îles Fortunées* (îles Canaries) ; *Cerné*, où Hannon, l'auteur du *Périple*, bâtit un fort : on ignore sa position ; — dans la mer Méditerranée : *Cercine*, vis-à-vis de Taphrura ; *Lopaduse* (Lampédouse) ; *Cothon*, qui composait une partie du port de Carthage ; *Meninx* ou *Gerba* (Zerbi), au sud-est ; *Cosyra* (Pantellaria), en face du cap Hermien ; *Melita* (Malte) ; *Gaulos*, au nord-ouest de Melita ; la *Sardaigne*, ville principale : *Caralis* ou *Calaris* (Cagliari), fondée par les Carthaginois ; la *Corse*, villes principales : *Aleria*, fondée par les Phocéens ; *Nicée*, au sud-ouest ; la *Sicile :* les Carthaginois possédaient toute la partie occidentale de cette île jusqu'au fleuve Acragas ; villes principales : *Lilybée* (Marsala), *Panorme* (Palerme), *Motya* (il Butrone), *Soloïs* ou *Soluntum* (Solanto), colonies phéniciennes ; *Éryx* ou *Élyme*, *Égeste* ou *Ségeste*, *Drépane* (Trapani), colonies troyennes ; *Sélinonte, Agrigente, etc.*, colonies grecques. Les *îles Égates* au nord-ouest, en face de Drépane, et les *îles d'Éole* ou de *Vulcain* (îles Lipari), au nord, appartenaient aussi aux Carthaginois. Quant aux *îles Baléares*, il est probable qu'ils n'en firent la conquête que dans l'intervalle entre la première et la seconde guerre punique, sous la conduite de Magon, frère du grand Annibal.

Assyrie. — Les vallées du Tigre et de l'Euphrate formaient, dans l'antiquité, quatre contrées renommées : l'*Assyrie*, la *Mésopotamie*, la *Babylonie* et la *Chaldée*. Le *Tigre* et l'*Euphrate* prennent leur source dans les montagnes d'Arménie, le premier à l'est, le second à l'ouest. L'Euphrate coule beaucoup plus lentement et roule une masse d'eau assez considérable ; comme son lit est peu encaissé, il déborde souvent dans les plaines de la Mésopotamie, et il y forme des lacs nombreux. C'était pour arrêter ces inondations, et en même temps pour fertiliser le pays, que Sémiramis ou Nitocris avait fait creuser des canaux qui formaient un vaste système d'irrigation. Le Tigre, au contraire, a un cours extrêmement rapide, et son lit est très-encaissé. Son nom, dans la langue sémitique, signifiait flèche, et le nom moderne de Did-ja-Let, par lequel les

Arabes le désignent, a le même sens. Ces deux fleuves se rapprochent dans la partie inférieure de leurs cours ; c'est à cet endroit, où leur distance est la moindre, que s'élevait anciennement un mur qui formait au nord la limite de la Babylonie, et qui, en s'étendant d'un fleuve à l'autre, servait de rempart à cette contrée. Au sud de la Babylonie, les deux fleuves se réunissent en un seul, qui porte le nom de Chat-el-Arab et se jette dans le golfe Persique. Leurs affluents principaux étaient, pour le Tigre, le *Lycos* (Grand Zab), le *Kapros* (Petit Zab), le *Gyndes* (Kerah) et l'*Eulæus* (Kharoun), tous sur la rive gauche; pour l'Euphrate, le *Chaboras* (Khabour), à gauche, et le *Melas* (Koremoz), à droite.

Le pays arrosé par l'Euphrate et par le Tigre présente, dans sa topographie, trois aspects différents : au nord, s'élèvent de grandes montagnes qui s'avancent entre les deux fleuves : ce sont les monts *Niphates* et *Masous* (Karadgehdagh) ; et, au sud de ceux-ci, les monts des *Carduques* (monts du Kurdistan) ; au centre, s'étendaient les plaines de la Mésopotamie, ainsi nommée à cause de sa position entre l'Euphrate et le Tigre ; au sud était la Babylonie, terre moins fertile que la contrée précédente, mais remarquable par son bitume et par ses sources de naphte.

L'Assyrie, dans une acception générale, paraît avoir été le nom commun de toutes les contrées arrosées par le Tigre et par l'Euphrate. En effet, Hérodote l'applique à la Babylonie [1] ; il dit même expressément que Babylone était la ville la plus forte et la plus renommée de l'Assyrie [2]. La Bible fait la même confusion. Ctésias, Diodore et Strabon donnent même le nom de Syrie à toutes les contrées situées entre le Tigre et la mer Méditerranée. Cette incertitude et ces équivoques s'expliquent par l'histoire de ces pays, par les révolutions fréquentes qu'ils ont subies : la confusion des monarchies a causé celle des termes. Il est impossible, dans l'état actuel de la science, de préciser les limites des quatre contrées comprises dans les vallées de l'Euphrate et du Tigre. Voici leur position relative : au nord, se trouvait la Mésopotamie, séparée de l'Arménie par le Taurus ; elle se subdivisait, suivant Ptolémée, en six contrées, qui étaient du nord au sud : l'*Anthémusie*, la *Chacitis*, la *Gauzanitis*, l'*Acabène*, la *Tingène* et l'*Ancobaritis;* villes principales :

1. Hérod., I, 192, 193.
2. Hérod., I, 178.

Ninive, *Circésium*, *Édesse*, *Carrhes*, *Nisibe*. L'Assyrie proprement dite ou Babylonie comprenait l'*Auchanitis*, l'*Amardokée* et la *Chaldée;* cette dernière contrée était située dans le voisinage du golfe Persique ; villes principales : *Babylone*, *Cunaxa, Orché, Borsippa*. A l'est et au nord de l'Assyrie proprement dite, entre le Tigre, le mont Zagros et le lac Arsilla, on trouvait la *Sittacène*, l'*Adiabène*, la *Kalcanique*, le pays des *Garaméens*, l'*Arbélite*, l'*Arrapachitis ;* villes principales : *Gaugamèle*, *Arbèles*, *Sitace*. Tous ces pays portèrent plus tard, au temps des Séleucides et des Arsacides, le nom d'Assyrie, qui, pour les temps les plus anciens, doit être restreint à la Babylonie.

Médie. — On trouve d'abord dans la Genèse le nom d'un fils de Japhet, Madaï, qui rappelle celui de la nation des Mèdes et rattache ainsi cette nation à la race japétique ou caucasique, ce que la science moderne a confirmé. Les descendants de Madaï ou les Mèdes peuplèrent la contrée comprise entre la mer Caspienne et les montagnes d'Arménie au nord, le mont Zagros (Tagaïaghi) à l'ouest, le mont Sarachoatras (Elvend) au sud, le désert de l'Arie (Iran) à l'est et les monts Caspiens (Elbrouz) au nord-est. Cette contrée « ressentait dans un petit espace le froid sur les montagnes, la chaleur dans les plaines, et le produit des terres y variait comme la température, fertiles dans un endroit et stériles dans un autre. » Elle était arrosée au nord par le Mardus, au centre par le Cambyse ; au sud, le Gynse et l'Eulæus, affluents du Tigre, y prenaient leur source. Les montagnes qui l'entouraient, hautes et rudes, étaient, pour la plupart, comme des barrières posées entre la Médie et les pays voisins : elles ne laissaient entre elles que d'étroits passages, dont le plus fameux était celui qui conduisait dans les plaines de l'Hyrcanie et qu'on nommait les Portes caspiennes. Cette disposition favorable rendit les Mèdes presque invincibles, tant qu'ils se tinrent dans leur pays.

La Médie se partageait en plusieurs régions : au nord, la région du *Mardus* (Kizil-Ouzou), qui plus tard reçut le nom de *Médie Atropatène :* elle renfermait le lac Matianes (lac d'Ourmiah) ; au centre, la *Grande Médie* (Irak-Adjémi) : c'est là que se trouvait *Ecbatane ;* au nord-est, le *pays des Tapyres* (Tabarestan) ; au sud, celui des *Cosséens*, des *Paricaniens* ou *Parétacéniens*, des *Orthocorybantes*, des *Uxiens* dans les montagnes qui séparaient la Médie de la Susiane et de la Perse ; à l'ouest, le *Zagrium* ou région du mont Zagros (Kurdistan persan), la *Bagistama* (Baghistan).

Perse. — La Perse proprement dite, petite contrée montagneuse et peu fertile, était limitée au sud par le golfe Persique, au nord par le mont Parachoatras, à l'est par le mont Ochus, à l'ouest par le Pasitigris qui le séparait de la Susiane. C'est la patrie et le séjour primitif des Perses, et son nom se retrouve encore de nos jours dans celui de *Farsistan* ou pays des Farsis, des Perses. Soumis aux Mèdes jusqu'au temps de Cyrus, le faible royaume de Perse devint sous le conquérant un vaste empire, qui s'étendit de la mer Égée à l'Indus. Cambyse y ajouta l'Égypte, Darius la Thrace et peut-être la Macédoine. L'empire perse avait pour limites, en 504, sous ce dernier prince : au nord, l'Iaxarte, la mer Caspienne, le mont Caucase, le Pont-Euxin et le Danube ; à l'ouest, le mont Rhodope, la Méditerranée et le désert de Libye ; au sud, les cataractes de Syène, la mer Rouge, le désert d'Arabie, la mer Érythrée ; à l'est, l'Indus et l'Hyphase.

Darius avait réduit à vingt le nombre des cent vingt satrapies de Cyrus. Ces nouvelles divisions étaient ainsi composées :

1re satrapie. — Colonies éoliennes, ioniennes, doriennes, Carie, Lycie, Pamphylie, Myliens, Magnètes. Villes principales : Cume, Smyrne, Milet, Halicarnasse, Xanthus. Impôt : 400 talents [1].

2e satrapie. — Mysie, Lydie, Lasoniens, Cabaliens, Hygenniens. V. pr. : Pergame, Sardes. Impôt : 500 talents.

3e satrapie. — Hellespont, Phrygie, Paphlagonie, Leuco-Syrie ou Cappadoce, pays des Thraces d'Asie, des Maryandiniens, Bithynie, Pisidie, Lycaonie. V. pr. : Iconium, Cyzique, Lampsaque, Héraclée, Tyane. Impôt : 360 talents.

4e satrapie. — Cilicie, Syrie jusqu'à Posidium. V. pr. : Tarse, Anchiale, Sélinonte, Issus. Impôt : 500 talents et 360 chevaux blancs.

5e satrapie. — Mésopotamie, Syrie proprement dite, Phénicie, Palestine, Cypre. V. pr. : Thapsaque, Zeugma, Tyr, Sidon, Tripoli, Damas, Tadmor, Jérusalem, Citium. Impôt : 350 talents.

6e satrapie. — Égypte, Libye, Cyrénaïque. V. pr. : Memphis, Thèbes, Péluse, Cyrène. Impôt : 700 talents, le revenu de la pêche du lac Mœris et 120,000 mesures de blé.

1. Le talent représentait 5560 francs 90 centimes de notre monnaie.

7e satrapie. — Pays des Sattagydes, Gandariens, Dadices, Aparytes, peuples peu connus, qui habitaient entre l'Oxus et l'Indus : Impôt : 170 talents.

8e satrapie. — Susiane, pays des Cissiens. V. pr. : Suse. Impôt : 300 talents.

9e satrapie. — Assyrie, Babylonie. V. pr. : Babylone, Ampé. Impôt : 1,000 talents, 500 esclaves.

10e satrapie. — Médie, pays des Paricaniens, des Orthocorybantes. V. pr. : Ecbatane. Impôt : 450 talents.

11e satrapie. — Pays des Caspiens, Pausices, Pantimathiens, Darites, peuples peu connus qui habitaient entre l'embouchure du Cyrus et celle de l'Oxus, le long de la mer Caspienne. Impôt : 200 talents.

12e satrapie. — Bactriane. V. pr. : Bactres. Impôt : 360 talents.

13e satrapie. — Arménie, Pactyice, jusqu'au Pont-Euxin. V. pr. : Sémiramocerta. Impôt : 400 talents.

14e satrapie. — Pays des Sagartiens, Sarangiens, Thamaniens, Outiens, Myciens, îles de la mer Érythrée. V. pr. : Agriaspe, Caramana. Impôt : 600 talents.

15e satrapie. — Pays des Saces, des Caspires. Impôt : 250 talents.

16e satrapie. — Parthiène, Sogdiane, Arie, pays des Chorasmiens. V. pr. : Arie, Maracande, Hécatompyle[1]. Impôt : 300 talents.

17e satrapie. — Pays des Éthiopiens asiatiques, des Paricaniens. Impôt : 400 talents.

18e satrapie. — Pays des Matianiens, Sapires, Alarodiens, le long de la mer Caspienne. V. pr. : Gaza, Thabarmaï. Impôt : 200 talents.

19e satrapie. — Pays des Mosches, Tibaréniens, Macrons, Mosynèques, Mares. Impôt : 300 talents.

20e satrapie. — Inde. V. pr. : Sera. Impôt : 360 talents.

Égypte. — L'Égypte ancienne, nommée Chemi par les premiers habitants, et terre de Cham ou Mesra par les Hébreux, avait pour bornes : au nord, la mer Méditerranée ; à l'est, la mer Arabique ou mer Rouge, au sud, l'île de Philœ, limitrophe de

1. Hécatompyle est le nom grec de la capitale des Parthes. Son nom ancien n'est pas connu, quoiqu'elle ait existé longtemps avant Alexandre le Grand.

l'Éthiopie, à l'ouest, la chaîne libyque, qui la séparait des grands déserts de l'Afrique centrale.

Elle était divisée, sous les Pharaons, en Égypte méridionale ou Mâris et Égypte septentrionale ou Tsahêt ou Ptimour. Sesostris la divisa, dit-on, en trente-six nomes, appelés phtosch dans la langue nationale. Il est probable, cependant, que cette division remonte à une plus haute antiquité. L'Égypte méridionale contenait vingt-six nomes, l'Égypte septentrionale n'en contenait que dix. En outre, les pays situés à l'est du Nil, vers l'Arabie, et désignés sous le nom de Tiarabia, formaient cinq nomes. La contrée située à l'ouest, vers la Libye, s'appelait Niphaïat et comprenait aussi plusieurs nomes dont le nombre n'est pas connu.

Ces anciennes divisions furent changées par les Grecs, qui partageaient l'Égypte en Thébaïde ou haute Égypte, avec dix-sept nomes, Heptanomide ou moyenne Égypte avec sept nomes, Delta ou basse Égypte avec seize nomes. Le Tiarabia et le Niphaïat furent encore divisés en nomes, au nombre de treize. Il y eut donc en tout cinquante-trois nomes, administrés par des nomarques et subdivisés en toparchies, dont les chefs portaient le nom de toparques.

Parmi les nomes anciens nous nous bornerons à citer ceux qui appartenaient à la caste militaire ; c'étaient les nomes de Busiris (en égyptien Pousiri), de Saïs (Saï), de Prosopis (Pschati), de Paprœmis (Phapihosem), de Chemnis (Schmnin), et la moitié de celui de Natho (Ptenato), aux Calasiriens ; ceux de Thèbes (Tapé ou Amoun), de Bubaste (Poubasthi), d'Aphthis, de Tanis (Sjani), de Mensès (Schnimoun-an-Erman), de Sébennys (Sjemnouti ou Nuneschouti), d'Athribis (Athribi), de Pharbœthis (Pharbaït), de Thmuis (Thmoui), d'Onuphis (Ounouphi), d'Anysis et de Miecphoris, aux Hermotybiens. A l'exception de ceux de Chemnis et de Thèbes, tous ces nomes étaient situés dans le Tsahêt ou Delta.

Les principales villes de l'Égypte ancienne étaient, en suivant le cours du Nil du sud au nord :

Éléphantine, en face de Syène, Aphroditopolis magna, toutes deux sur la rive gauche ; Thèbes, surnommée par les Grecs Hécatompyle (la ville aux cent portes), sur les deux rives, d'où partait une route vers la grande oasis; Coptos, sur la rive droite, où aboutissaient les routes de Bérénice et de Myos-Ormos, port sur la mer Rouge, Tentyra (Denderah), Abydos, This, Hermopolis magna, Memphis, toutes situées sur la rive gauche. De cette dernière ville partait la route conduisant à l'oasis d'Ammon.

Au-dessous de Memphis, le Nil se partageait en plusieurs branches. On remarquait de l'est à l'ouest, sur la branche pélusiaque On, nommée plus tard Heliopolis magna, Bubaste d'où se détachait le canal de Néchao, Péluse ; entre cette branche et la branche phatnitique ou branche centrale, Tanis et Mendès, qui donnèrent leurs noms aux branches tanitique et mendésienne ; sur la branche phatnitique, Busiris et Sebennytis ; après les branches sebennytique et bolbitine, on rencontrait Saïs, d'où vinrent plusieurs dynasties de Pharaons ; et Naucratis, port ouvert aux Grecs par Amasis, enfin Canope, sur la branche du fleuve qui portait son nom. Au sud-ouest de cette dernière ville se trouvaient le lac Marœotis et les vallées de Natron; à l'ouest, Alexandrie s'éleva plus tard sur l'île de Pharos.

CHAPITRE III.

Histoire primitive du monde. — Création du monde (5774).

Adam et Ève. — Caïn et Abel. — Les premiers patriarches. — Perversité des hommes, Noé, le déluge (3512). — Tour de Babel, dispersion des hommes. — Partage de la terre entre les fils de Noé, les races humaines. — Fondation des premiers empires dans les vallées du Nil, du Tigre et de l'Euphrate.

Note sur la chronologie des temps primitifs jusqu'à Saül. — On ne peut fixer la date des premiers faits dont parle l'histoire. Tous les calculs diffèrent. Celui des Septante, combiné avec les données de Josèphe, ferait remonter la création à l'an 5774, le déluge à l'an 3512, la vocation d'Abraham à l'an 2295. Si l'on suit, à partir de cette époque, les indications de la Bible et de Josèphe, on trouve les dates suivantes : 2080, entrée en Égypte ; 1650, sortie d'Égypte ; 1650-1610, séjour au désert ; 1595, mort de Josué ; 1595-1095, gouvernement des juges ; 1095, avénement de Saül. L'*Art de vérifier les dates* fixe la création du monde à l'an 4963 av. J. C. ; le savant Clinton à 4138, et l'avénement de Saül à 1096.

Histoire primitive du monde jusqu'à la dispersion des peuples après le déluge. — La création du monde ne remonte guère à plus de six ou huit mille ans. Presque tous les peuples de l'antiquité en ont conservé le souvenir dans leur mythologie ; mais la Grèce et l'Orient y ont mêlé les fables qu'enfantait leur imagination. C'est au récit simple et sublime de la Genèse que nous devons emprunter des traditions sur l'origine et sur les progrès du monde.

Création du monde (5774).—«Au commencement, dit la Bible, Dieu créa le ciel et la terre : la terre était informe et toute nue, les ténèbres couvraient la face de l'abîme et l'esprit de Dieu était porté sur les eaux. Or Dieu dit : « Que la lumière soit faite ; » et la lumière fut faite. Dieu vit que la lumière était bonne, et il sépara la lumière d'avec les ténèbres. Il donna à la lumière le nom de jour et aux ténèbres le nom de nuit, et du soir au matin se fit le premier jour. » Le second jour, Dieu créa le firmament pour séparer les eaux d'avec les eaux, et il lui donna le nom de ciel. Au troisième jour, il fit l'élément aride qu'il appela terre, et il appela mer toutes les eaux rassemblées ; il créa aussi l'herbe verte et les arbres fruitiers. Au quatrième, il créa les deux grands corps lumineux, l'un plus grand pour présider au jour, l'autre moindre pour présider à la nuit ; il fit aussi les étoiles et mit les astres dans le firmament du ciel pour luire sur la terre. Le cinquième jour, il créa les animaux vivants qui nagent dans l'eau et les oiseaux qui volent sur la terre, et il les bénit en disant : « Croissez et multipliez-vous. » Le lendemain, il fit les bêtes sauvages de la terre, les animaux domestiques et tous les reptiles ; il dit ensuite : « Faisons l'homme à notre image et à notre ressemblance, et qu'il commande aux poissons de la mer, aux oiseaux du ciel, aux bêtes, à toute la terre et à tous les reptiles qui se remuent sous le ciel. » Le ciel et la terre furent donc ainsi achevés avec tous leurs ornements. Et Dieu se reposa le septième jour ; il le bénit et le sanctifia parce qu'il avait cessé en ce jour de produire tous les ouvrages qu'il avait créés.

Adam et Ève. — « Or, le Seigneur Dieu avait aussi créé dans le commencement un jardin délicieux dans lequel il mit l'homme qu'il avait formé. » Il avait aussi produit toute sorte d'arbres beaux à la vue et l'arbre de vie au milieu du paradis, avec l'arbre de la science du bien et du mal. Il fit à l'homme ce commandement : « Mangez de tous les fruits des arbres du paradis, mais ne mangez point du fruit de l'arbre de la science du bien et du mal, car dès que vous en mangerez, vous mourrez. » Puis il envoya un profond sommeil à Adam, et pendant que celui-ci dormait, il lui tira une de ses côtes pour en former la femme, et Ève devint la compagne d'Adam. Mais la femme se laissa tromper par le serpent, « le plus fin de tous les animaux que le Seigneur Dieu avait créés sur la terre. » Elle mangea du fruit défendu et en donna à son mari, qui en mangea comme elle. Alors le Tout-Puissant fut irrité ; il maudit le serpent et lui dit : « Parce ce que tu as fait cela, tu seras maudit entre tous les animaux et bètes de la terre ; tu ramperas sur ta poitrine et tu mangeras la terre à tous les jours de ta vie ; je mettrai des inimitiés entre ta femme et toi, entre ta postérité et la sienne ; elle écrasera ta tête et tu dresseras des embûches à ses pas. » Il dit aussi à Adam : « La terre sera maudite à cause de ce que vous avez fait ; elle vous produira des épines et des ronces ; vous mangerez votre pain à la sueur de votre visage ; jusqu'à ce que vous retourniez en la terre d'où vous avez été tiré : car vous êtes poussière et vous retournerez en poussière. » Puis il chassa l'homme et la femme du paradis terrestre.

Caïn et Abel. — Adam eut deux fils, Caïn et Abel ; le premier s'appliqua à l'agriculture, le second fut pasteur de brebis. Mais Caïn tua son frère, dont les offrandes avaient été plus agréables au Seigneur, et Dieu le maudit pour avoir versé le premier sang. Caïn, fugitif et vagabond, alla bâtir à l'orient de l'Éden la ville d'Énoch, qu'il appela ainsi d'un de ses fils. C'est de lui que descendirent Jabel, père des pasteurs qui vivaient sous la tente, Jubal, qui inventa les instruments de musique, et Tubalcaïn, qui fut habile en toute sorte d'ouvrages d'airain et de fer.

Les premiers patriarches. — Adam eut encore un troisième fils, nommé Seth, qui fut fidèle à Dieu : c'est le père des premiers patriarches ; il vécut neuf cent douze ans et donna naissance à Énos. Caïnan, Malaléel et Jared furent ses descendants ; celui-ci engendra Énoch [1], qui marcha dans les voies du Seigneur ; son fils Mathusalem vécut neuf cent soixante-neuf ans et eut la plus longue vie parmi les hommes. Enfin Lamech, fils de Mathusalem, engendra Noé.

Perversité des hommes, Noé, le déluge (3512). — Dieu, voyant que les hommes s'étaient pervertis, se repentit de son œuvre et résolut de la détruire par un déluge. Noé seul trouva grâce devant lui ; le Seigneur lui ordonna de construire une arche et de s'y renfermer avec sa famille et des couples d'animaux de chaque espèce. « Alors les sources du grand abîme furent rompues et les cataractes du ciel furent ouvertes. La pluie tomba sur la terre pendant quarante jours et quarante nuits. » Les eaux inondèrent tout et couvrirent les plus hautes montagnes : tout périt qui vivait et respirait sous le ciel ; il ne

1. Ce patriarche porte le même nom qu'un des fils de Caïn.

demeura que Noé et ceux qui étaient avec lui. L'arche se reposa enfin sur le mont Ararat, en Arménie. Une colombe, envoyée par Noé, lui rapporta un rameau d'olivier dont les branches étaient vertes, et le patriarche reconnut que les eaux s'étaient retirées. Alors il sortit de l'arche, dressa un autel au Seigneur et lui offrit un sacrifice. Dieu le bénit avec tous les siens et promit de ne plus envoyer de déluge ; pour signe d'alliance, il fit paraître un arc dans les nuées.

Noé recommença à cultiver la terre et planta la vigne. Ayant bu du vin, il s'enivra et dormit ; Cham, qui le vit nu, l'alla dire à ses frères. Ceux-ci couvrirent leur père de leur manteau, et Noé les bénit ; mais Cham, qui n'avait point respecté la vieillesse de son père, fut maudit dans la personne de Chanaan, son fils.

Tour de Babel, dispersion des hommes. — Les hommes n'eurent d'abord qu'une seule manière de parler. Réunis dans la plaine de Sennaar, ils bâtirent une ville et élevèrent une tour pour monter jusqu'au ciel ; mais Dieu confondit leur langage et les força de se disperser. La ville qu'ils avaient bâtie s'appela Babel, qui veut dire confusion. Chaque peuple commence alors à vivre à part.

Partage de la terre entre les fils de Noé, les races humaines. — Sem, Cham et Japhet donnèrent naissance aux hommes qui repeuplèrent la terre déserte. La postérité de Sem s'établit dans l'Asie centrale, entre la mer Méditerranée et le golfe Persique : c'est là qu'Assur, un de ses fils, fonda Ninive, sur le Tigre ; Élam et Aram, ses deux autres fils, et leurs descendants repeuplèrent la Perse et la Syrie. Cham eut pour fils Chus, Chanaan et Mesraïm : ils peuplèrent une partie de l'Arabie, l'Égypte, la Libye et la Phénicie ; c'est d'eux que sortirent les peuples chananéens que les Hébreux trouvèrent plus tard établis dans la terre promise. Nemrod, fils de Chus, fonda Babylone sur l'Euphrate. La postérité de Japhet, Gomer, Magog, Madaï, Javan, peupla la Médie, les pays du nord vers la mer Caspienne et les contrées de l'Occident.

Ainsi le monde fut divisé entre les petits-fils de Noé. La science moderne a confirmé les paroles de la Genèse en reconnaissant la distinction de ces trois races principales. De nos jours, l'ethnographie ou la classification des peuples par races ou familles a fait de grands progrès : on a tout interrogé, les différences physiques qu'apportent le climat et les mœurs, les langues surtout, les institutions politiques, les coutumes, la religion. Les découvertes nouvelles qui résultent de ces études autorisent à ranger les peuples en cinq grandes classes : 1° la race caucasienne ou blanche, répandue dans le centre de l'ancien continent, Europe, Asie occidentale, Afrique du nord et de l'est, Asie méridionale; 2° la race jaune ou race orientale de l'ancien continent, à laquelle appartiennent les peuples situés à l'est du Gange et du mont Imaüs (Belour); 3° la race noire, répandue dans l'Afrique occidentale et méridionale et dans une partie de l'Océanie ; 4° la race rouge ou américaine, aujourd'hui réduite à environ deux millions d'individus, dans les deux Amériques; 5° la race malaise, qui peuple les îles de l'océan Pacifique voisines du continent de l'Asie. Mais quelques variétés que l'on distingue, et certains auteurs les ont beaucoup multipliées, on ne peut méconnaître l'unité de la famille humaine, issue d'une même origine ; tous les individus qui la composent ont, sous tous les climats, les mêmes goûts, les mêmes besoins, les mêmes passions, et, ce qui fait de l'homme la créature intelligente entre toutes, un même désir de s'unir et de s'aider, une même foi en un Dieu créateur.

Fondation des premiers empires dans les vallées du Nil, du Tigre et de l'Euphrate. — Tous les peuples de l'Orient se sont vantés d'une antiquité fabuleuse, et dans leurs annales ils ont fait remonter leur origine bien au delà des limites que la science moderne, mieux éclairée et plus sûre, assigne au commencement du monde. Les livres religieux des Indous et des Égyptiens comptent par dizaines de mille et quelquefois par centaines de mille les années de l'existence de ces peuples. Il est certain que l'Orient a été le berceau du monde, que c'est en Orient que les races humaines se sont d'abord développées, et de tout temps les hauts plateaux de l'Asie centrale ont eu le privilége de fournir à l'Occident ces grandes invasions qui l'ont peuplé, bouleversé et régénéré. En laissant de côté l'histoire de l'Inde et de la Chine, qui nous est encore peu accessible par la difficulté de leur langue, il faut reconnaître qu'aucun peuple de l'antiquité n'a laissé de plus vieux monuments que les Juifs, les Égyptiens et les Assyriens. C'est là, dans les contre-forts du Liban, et dans les vallées du Nil, de l'Euphrate et du Tigre que les empires les plus anciens ont été fondés. La Genèse y a placé le séjour des premiers hommes; elle nomme les chefs des premières sociétés : Nemrod, qui bâtit Babylone; Assur, qui éleva la ville de Ninive ; Abraham, le père de la race juive.

C'est dans ces étroites limites que le monde commence d'abord à vivre, et c'est par l'étude de ces peuples, Juifs, Égyptiens, Assyriens, que doit débuter l'histoire politique.

CHAPITRE IV.

Le peuple de Dieu. — Vocation d'Abraham. — Les Israélites en Égypte. — Moïse.

Le peuple de Dieu. — Vocation d'Abraham (2295). — Isaac, Jacob. — *Les Israélites en Égypte.* — Joseph (2080). — Moïse. Les dix plaies, sortie d'Égypte, passage de la mer Rouge (1650). — Séjour dans le désert. Loi donnée sur le mont Sinaï. — Loi judaïque. — Loi religieuse, fêtes, offrandes, dîmes. — Loi civile. — État des personnes. — Juifs : droits du père de famille, droit d'aînesse. — Esclaves. — Étrangers. — État de la propriété ; année sabbatique, année jubilaire. — Administration de la justice : tribunaux, procédure, pénalité. — Caractère de la loi judaïque.

Le peuple de Dieu. Vocation d'Abraham. Isaac, Jacob (2295 av. J. C.). — Après la dispersion des peuples, Dieu en choisit un à qui il donna pour père Abraham, afin de conserver en quelque endroit la justice et le culte des vérités révélées, au milieu de l'impiété qui régnait sur la terre : ce fut le peuple juif ou le peuple de Dieu. Abraham, fils de Tharé, naquit à Ur en Chaldée ; il descendait de Sem par Arphaxad. Sur l'ordre de Dieu, il quitta sa patrie avec sa femme Sarah, son neveu Loth, tous ses serviteurs et tous ses troupeaux. Il s'arrêta dans le pays de Chanaan; mais une famine le força bientôt de se réfugier en Égypte. Au retour, il se sépara de Loth et s'établit dans la vallée de Mambré, entre Hébron et Jérusalem. Il ne s'y maintint d'abord que par des victoires sur les princes du voisinage et battit, près de Damas, le roi des Élamites, qui retenait Loth en captivité. Il eut deux fils, Ismaël, né de sa servante Agar, qui devint le père des Ismaéliens ou Arabes, et Isaac, que sa femme Sarah enfanta dans sa vieillesse. Dieu, pour éprouver sa foi, lui ordonna de le sacrifier ; mais au moment où il allait frapper, une voix partie d'en haut l'arrêta, et Dieu, content de son obéissance, renouvela ses premières promesses et le pacte qu'il avait fait avec lui. Abraham vivait encore lorsqu'Isaac, son fils, épousa

Rébecca, sœur de Laban; il en eut deux fils, Ésaü et Jacob. Celui-ci acheta à son frère son droit d'aînesse ; il prit pour femmes Lia et Rachel, filles de Laban, chez qui il servit pendant quatorze années, et eut un grand nombre de fils : de Lia, Ruben, Siméon, Lévi, Juda, Issachar et Zabulon ; de Rachel, Joseph et Benjamin ; et de deux servantes, Dan, Nephtali, Gad et Aser.

Les Israélites en Égypte, Joseph (2080). — Jacob aimait Joseph plus que tous ses autres enfants; ceux-ci en conçurent un tel ressentiment, qu'ils vendirent leur frère pour vingt pièces d'argent à des marchands ismaélites. Putiphar, officier du Pharaon d'Égypte, l'acheta. Accusé par la femme de son maître, qu'il avait dédaignée, Joseph fut jeté en prison et délivré après deux ans pour la sagesse qu'il montra en expliquant un songe du Pharaon. Dès lors sa faveur fut grande à la cour; ministre du roi, il épousa la fille d'un prêtre d'Héliopolis, qui lui donna Éphraïm et Manassé, appela auprès de lui ses frères, à qui il pardonna, et son père, qui mourut entre ses bras. Les descendants de Jacob, au nombre de soixante et dix, furent établis au fertile pays de Gessen, au sud-est du Delta, entre le Nil et la mer Rouge; et c'est là que Joseph, comblé d'ans et de bonheur, mourut au milieu des enfants de ses petits-enfants.

Moïse, les dix plaies. sortie d'Égypte, passage de la mer Rouge (1650). — Après la mort de Joseph, les Hébreux se multiplièrent rapidement; la famille devint une nation. « Mais il s'éleva dans l'Égypte un roi nouveau à qui Joseph était inconnu. » Il opprima les Hébreux, les accabla de travaux pénibles, et enfin voua tous leurs premiers-nés à la mort. Dieu leur suscita un vengeur. Un enfant de la tribu de Lévi est exposé par sa mère, dans une corbeille de jonc, parmi les roseaux qui bordaient le Nil, et recueilli par la fille du Pharaon qui venait au fleuve pour se baigner avec ses compagnes : elle l'adopte et lui donne le nom de Moïse, qui veut dire *sauvé des eaux*. Devenu grand, Moïse quitte le palais des rois, va trouver ses frères et voit leur misère ; un Égyptien outrage un Hébreu sous ses yeux; il le tue et s'enfuit au pays de Madian. Là Dieu lui apparaît au milieu d'un buisson ardent et lui ordonne d'aller délivrer les Hébreux, de les tirer de la terre d'Égypte pour les conduire au pays de Chanaan. Moïse obéit à Dieu : il se présente avec son frère Aaron devant le roi et lui expose la volonté du Seigneur; mais le Pharaon refuse de les laisser partir et ne cède qu'après les dix plaies miraculeuses qui brisent sa confiance et son orgueil, et dont la dernière emporte tous les premiers-nés des Égyptiens. Enfin les Israélites se mettent en marche au nombre de six cent mille, après avoir séjourné quatre cent trente ans en Égypte. Le Pharaon, qui les poursuit, est englouti avec son armée dans la mer Rouge, qui s'entr'ouvre pour laisser passage aux Hébreux et se referme sur leurs ennemis.

Séjour dans le désert, la loi donnée sur le mont Sinaï. — Après trois mois de marche, Moïse s'arrêta au pied du Sinaï. Dieu lui apparut de nouveau et lui dicta le Décalogue et toutes les lois par lesquelles le peuple devait se gouverner. Le Décalogue renferme dix articles qui contiennent toute la morale divine et humaine : I. Je suis le Seigneur votre Dieu ; vous n'aurez point de dieux étrangers; vous ne ferez point d'images taillées, ni aucune figure, pour les adorer ni pour les servir. II. Vous ne prendrez point en vain le nom du Seigneur votre Dieu. III. Vous travaillerez durant six jours, mais vous vous reposerez le septième. IV. Honorez votre père et votre mère, afin que vous viviez longuement. V. Vous ne tuerez point. VI. Vous ne commettrez point de fornication. VII. Vous ne déroberez point. VIII. Vous ne porterez point de faux témoignage contre votre prochain. IX. Vous ne désirerez point la femme de votre prochain. X. Vous ne désirerez point sa maison, ni son serviteur, ni sa servante, ni son bœuf, ni son âne, ni rien de ce qui est à lui.

Pendant quarante ans les Hébreux habitèrent dans le désert, en punition de leur indiscipline et de la défaillance de leur foi. Moïse employa ces années à régler le gouvernement et la police des tribus : il partagea le peuple en corps de dix, cent et mille hommes; chacune de ces divisions fut présidée par un juge. Il institua le sabbat, l'année sabbatique, le jubilé, construisit le tabernacle pour recevoir les Tables de la loi, consacra Aaron comme grand prêtre, disposa les cérémonies du culte et fit un dénombrement du peuple : on trouva 603,550 hommes capables de porter les armes, en exceptant la tribu de Lévi, réservée pour le service des autels. Dans les derniers temps, un conseil de soixante et dix anciens, choisis dans tout Israël, aida Moïse dans ses travaux. Deux fois, pendant le séjour dans le désert, les Hébreux essayèrent de pénétrer dans la terre promise et furent repoussés; le temps n'était pas venu encore : il fallait que toute la génération sortie d'Égypte eût disparu, et Moïse lui-même mourut sur le mont Nébo en vue de cette terre dont le Seigneur lui avait interdit l'entrée. Il avait, avant de mourir, béni tout le peuple des tribus et désigné Josué comme son successeur.

Loi judaïque. Loi religieuse, fêtes, offrandes, dîmes. — Le fondement de la loi judaïque est que le peuple juif est le peuple de Dieu, l'instrument de ses desseins. Sur ce fondement repose tout, loi religieuse, loi politique, loi civile.

Le principe de la loi religieuse est la première parole du texte sacré : *Ego sum Dominus Deus tuus:* « Je suis le Seigneur ton Dieu ; » l'obéissance et la fidélité au Seigneur est la première loi. Toute violation des saintes prescriptions est un crime, un sacrilége, et la peine en est fixée par les tables de la loi. Le gouvernement des Juifs est par conséquent une pure théocratie, mais d'une espèce particulière. Ce n'est pas la théocratie que nous rencontrons à l'origine des peuples de l'Orient, en Égypte, dans la Perse et dans l'Inde; elle n'est pas fondée sur l'autorité d'une caste sacerdotale plus éclairée que le peuple auquel cette caste s'impose. Chez les Juifs, ce ne sont pas les prêtres qui gouvernent; ils ne sont que les ministres de la loi : la direction vient de plus haut, et c'est à Dieu même que l'autorité remonte. Cette autorité se manifeste et s'impose à la nation sous une double forme, par le grand prêtre et par le juge. Le sacerdoce est héréditaire dans une seule famille, celle d'Aaron ; la charge de juge, au contraire, est mobile et soumise au choix de Dieu. C'est d'abord Moïse, puis Josué, l'un de la tribu de Lévi, l'autre de celle d'Éphraïm, puis tel autre chef, choisi et suscité selon les besoins, sans distinction de tribu, pour une sorte de dictature temporaire. A certaines époques, la nation reste sans juge, sans qu'on puisse dire qu'elle manque de gouvernement; chaque tribu est gouvernée par le chef de la tribu, et elle se partage elle-même en un certain nombre de familles qui ont aussi leur chef. Les plus âgés de ces chefs forment le conseil des anciens de la tribu, dont il est si souvent question dans la Bible et dont les attributions s'étendaient à tout, le sacerdoce excepté. En réalité, il n'y a qu'un seul maître, qui est Dieu, le véritable roi des Juifs. Aussi la loi religieuse se confond-elle pour les Juifs avec la loi politique.

Les hommages dus au souverain constituent le fond du culte : ils consistent en fêtes et en offrandes. Parmi les fêtes, le sabbat, qui revient toutes les semaines, est destiné à honorer le repos de Dieu, le septième jour de la création. Dans le cours de l'année se placent trois fêtes solennelles : Pâque, la Pentecôte et la fête des Tabernacles. Elles ont un double objet : d'abord elles consacrent le souvenir des bienfaits de Dieu : Pâque rappelle la délivrance du peuple et la sortie d'Égypte ; la Pentecôte, la loi donnée sur le mont Sinaï; la fête des Tabernacles se célèbre en mémoire du séjour dans le désert. En second lieu, les fêtes tendent à maintenir l'unité de la nation. Les Juifs vont vivre en tribus séparées : grâce à cette précaution de la loi, ces grandes fêtes les réuniront à des époques fixes devant l'arche d'alliance, symbole de l'unité de Dieu et gage de l'unité du peuple.

Les offrandes et les dîmes ont un caractère analogue. L'offrande du premier-né[1] rappelle la nuit où le Seigneur frappa tous les premiers-nés des Égyptiens et épargna ceux d'Israël ; celle des dîmes fait ressouvenir des droits de Dieu sur cette terre promise où il a appelé les Juifs et dont il est maître et seigneur. Les dîmes étaient aussi légitimées par la situation particulière de la tribu de Lévi, qui n'eut aucune part dans la répartition du sol. Tandis que les prêtres, qui seuls pouvaient offrir à Dieu le sacrifice, étaient tirés de la seule famille d'Aaron, le reste de la tribu fournissait, sous le nom de lévites, les ministres des autels pour aider les prêtres dans leurs fonctions. Exclus du partage de la terre et de la propriété du sol, les lévites reçurent quarante-huit villes, répandues au milieu des douze tribus ; mêlés ainsi au reste de la nation, ils étaient chargés de retenir leurs frères dans le souvenir et dans la pratique de la loi. Aussi la loi recommande-t-elle formellement de les nourrir. La dîme ne servait pas seulement à l'entretien des lévites : elle était considérée comme la part de Dieu, et on devait l'employer à soulager et à nourrir les pauvres, les orphelins et les veuves.

La loi religieuse des Juifs présente trois caractères remarquables : l'unité de Dieu, l'absence de caste sacerdotale, l'horreur des représentations figurées de la Divinité[2].

Loi civile. — La loi civile était aussi chez eux bien supérieure aux législations contemporaines. En laissant de côté les finances et l'administration des forces militaires, qui ne seront bien réglées que sous les rois, il y faut considérer trois parties princi-

1. Le premier-né des enfants mâles était consacré à Dieu et présenté devant le sanctuaire comme une offrande ; on le rachetait en payant au temple une faible somme.

2. *Exod.*, XX, 4, 5. — *Deutéron.*, IV, 15, 19.

pales : l'état des personnes, l'état de la propriété et l'administration de la justice.

État des personnes. — Il y avait dans la société juive trois classes de personnes : les Juifs, les esclaves et les étrangers.

Juifs. Droits du père de famille ; droit d'aînesse. — Au premier rang, la loi juive présente le père de famille, dont l'autorité est grande sans être absolue. Le droit qu'il a sur les personnes de la famille est réglé et limité. Le fils est placé sous sa puissance ; mais il ne peut le faire mourir qu'après un jugement : il peut le vendre ; mais pour aliéner la liberté du fils, la loi exige qu'il y ait nécessité absolue, soit pour fournir à la subsistance du père, soit pour acquitter une dette. Encore cette aliénation n'a-t-elle lieu que pour six ans, et dans l'intervalle le père peut racheter son fils. Il faut, en outre, que le fils n'ait pas atteint l'âge de douze ans, et la fille celui de quatorze. Aucun texte de la loi n'établit que le fils fût émancipé par le mariage : mais on peut croire qu'à cette époque l'autorité du père de famille perdait sa force et son énergie, et qu'elle n'était plus que toute morale. La fille seule n'était jamais émancipée : fille, elle restait sous l'autorité du père ; femme, sous celle du mari, et veuve, sous celle de la famille de son mari. Le droit d'aînesse était établi d'une manière incontestable. Le premier-né parmi les enfants mâles recevait une portion de terre double de celle des autres, et pour éviter les désordres que la polygamie aurait pu entraîner, la loi défendait, sous aucun prétexte, d'intervertir l'ordre des naissances[1]. A cette exception près, le partage était égal entre les enfants : et par là le droit qu'avait le père de disposer de ses biens était restreint. La propriété foncière qui formait l'héritage de la famille ne s'aliénait jamais d'une manière absolue : le père n'avait la faculté de disposer que de biens meubles ou des propriétés achetées à charge de restitution ; pour ces sortes de biens, il pouvait les faire passer par donation sur la tête d'un autre Juif, mais non pas sur celle d'un de ses fils aux dépens des autres. Malgré le soin que la loi prend de perpétuer la famille, on n'y trouve pas l'adoption, ni l'émancipation, si communes à Rome.

Esclaves. — La condition des esclaves était protégée, surtout celle des esclaves juifs : ceux-ci étaient attachés étroitement à la famille.

« Lorsque votre frère hébreu ou votre sœur de même ori-

1. *Deutéron.*, XXI, 15-17.

gine vous auront été vendus, et qu'ils vous auront servi six ans, vous les renverrez libres à la septième année, et vous ne laisserez point aller les mains vides celui à qui vous donnerez la liberté, mais vous lui donnerez pour subsister un secours de vos troupeaux, de votre grain et de votre pressoir, biens que vous avez reçus de la bénédiction du Seigneur votre Dieu[1]. »

Ainsi l'esclave juif était libre après six ans de servitude. Il pouvait cependant rester au pouvoir de son maître : alors celui-ci devait prendre un fer aigu et lui percer l'oreille à la porte de sa maison. Cette cérémonie symbolique accomplie, l'esclave, dit la loi[2], était obligé de servir pour toujours. Cependant il est probable que la cinquantième année, l'année jubilaire, rendait l'esclave à la liberté. En cette année-là, dit le Lévitique, « chacun retournera en sa possession, et chacun reviendra dans son ancienne famille[3]. »

A côté des esclaves d'origine juive il y avait des esclaves étrangers, soit qu'ils le fussent par achat ou par droit de guerre ou de naissance. La Bible en fait plusieurs fois mention : ainsi les Gabaonites furent réduits en servitude. La loi étendait aussi sur eux sa protection[4].

Étrangers. — Le caractère général de la loi mosaïque envers les étrangers est la douceur et l'humanité. Il n'y a qu'une exception qui concerne les Chananéens, parce que ces peuples, dont les Hébreux doivent occuper le pays, sont frappés par une loi particulière pour les crimes qu'ils ont entassés à l'exemple de Sodome et de Gomorrhe. La politique faisait aussi de cette loi une nécessité ; et la loi vouait à l'exécration et à la mort le peuple que les douze tribus d'Israël devaient dépouiller pour se mettre à sa place. Comme peuple, l'étranger devient ennemi public ; comme individu, il est protégé ; esclave, la loi ordonne de le ménager ; voyageur, elle veut qu'on l'accueille comme un frère : il peut même entrer dans la nation en professant la loi et la religion des Juifs. « Dieu aime l'étranger, dit la Bible, et il lui donne la nourriture et le vêtement. Et vous aussi aimez l'étranger : car vous avez été aussi étrangers sur la terre d'Égypte[5]. » En conséquence, l'étranger avait une part dans les dîmes de la troisième année : dans la moisson, on ré-

1. *Deutéron.*, XV, 12-14.
2. *Deutéron.*, XV, 16, 17.
3. *Lévitiq.*, XXV, 10.
4. *Lévitiq.*, XXV, 45, 46. — *Exod.*, XXI, 21, 22 ; 26, 27.
5. *Deutéron.*, X, 18, 19.

servait un angle du champ pour qu'il y pût trouver à glaner. Enfin l'aumône était prescrite envers lui. Les mêmes mesures d'humanité s'appliquaient aux pauvres. Pour dernier caractère non moins remarquable, la loi défendait de livrer celui qui demandait un asile. « Tu ne livreras pas à son maître l'esclave qui aura cherché un refuge chez toi ; il habitera avec toi dans le lieu qu'il lui plaira, et il se reposera dans une de tes villes : ne l'afflige pas[1]. »

État de la propriété ; année sabbatique ; année jubilaire. — Toutes les dispositions qui précèdent ont pour principe cette vérité, tant de fois proclamée dans la Bible, que les enfants d'Israël sont les esclaves de Dieu, du Dieu qui les a tirés de la terre d'Égypte : les personnes, les biens, lui appartiennent. C'est en vertu de ce droit, de cette possession, qu'il restreint l'autorité du père sur le fils, du maître sur l'esclave ; il restreint aussi le droit de propriété et même celui d'usage. Les lois qui concernent la propriété ont donc un caractère analogue à celles qui règlent l'état des personnes ; elles dérivent du même principe. Ainsi la septième année, l'année sabbatique, devait, comme le septième jour de la semaine ou sabbat, rappeler et consacrer le repos du Seigneur après la création. Cette année-là la terre reposait : il était défendu d'ensemencer et même de récolter. Ce qu'elle produisait appartenait à tous sans distinction. « Tu sèmeras six ans dans ton champ, et tu tailleras six ans ta vigne, et tu en recueilleras les fruits. Mais en la septième année il y aura le sabbat de la terre, le repos du Seigneur : tu ne sèmeras point ton champ et tu ne tailleras point ta vigne; tu ne moissonneras pas ce que la terre produit d'elle-même et tu ne cueilleras point les raisins de ta vigne qui ne sera point taillée : ce sera l'année du repos de la terre[2]. »

La loi voulait aussi que, dans l'année sabbatique, on fît remise au débiteur de sa dette. Voici comment elle s'exprime : « La septième année sera l'année de rémission ; elle sera célébrée de cette manière : un homme à qui il sera dû quelque chose par son ami, ou son prochain, ou son frère, ne pourra

1. *Deutéron.*, XXIII, 15, 16. Voir, sur la condition des étrangers, les passages suivants : *Exod.*, XXIII, 9, 11, 12. *Deutéron.*, XXIV, 17-21 ; XXVI, 12 ; XIV, 29. *Lévitiq.*, XXIII, 22 ; XXV, 35 ; XIX, 10, 34. *Exod.*, IX, 23. Et sur les gages et prêts : *Deutéron.*, XV, 7, 11. *Exod.*, XXII, 25, 27 ; XXIV, 13. *Lévitiq.*, XXV, 35, 37.

2. *Lévitiq.*, XXV, 3-5.

rien demander, parce que c'est l'année de la rémission du Seigneur[1]. »

La loi qui concernait l'année jubilaire supprimait réellement la propriété elle-même en supprimant le droit d'aliénation. Le Juif n'avait sur sa terre qu'un droit de possession et d'usage. « La terre aussi ne sera pas vendue à perpétuité, car elle est à moi, et vous êtes des étrangers qui la cultivez pour moi. C'est pourquoi toute la terre de votre possession ne sera vendue que sous la condition de rachat[2]. » Mais si cette loi altérait l'essence même de la propriété, elle l'assurait en rendant les propriétés immuables. Le Juif pouvait disposer de son bien par contrat, mais la cinquantième année, celle du jubilé, la terre aliénée revenait à son premier maître. Le législateur avait, du reste, pris soin de distinguer la propriété dont il s'agit : pour les tribus ordinaires, c'est le fonds de terre ; pour les lévites, c'est la maison de ville qu'il est défendu d'aliéner à perpétuité. L'aliénation irrévocable est permise au Juif des douze tribus pour sa maison, interdite pour son champ ; c'est le contraire pour le lévite. La loi réglait aussi le mode d'aliénation temporaire dans l'intervalle d'un jubilé à l'autre[3]. L'effet de ces dispositions fut de maintenir l'ordre primitivement établi dans la division du territoire entre les tribus : le Juif est agriculteur ; sa place est aux champs ; pour lui la maison de ville est une propriété accessoire, il peut la vendre sans qu'il y ait déplacement dans la tribu. Pour les lévites, la maison qu'ils possèdent à la ville est leur seule propriété ; il ne faut pas que les quarante-huit villes qui leur ont été données passent à d'autres propriétaires. Ainsi se maintinrent la stabilité et la distinction des tribus.

Administration de la justice : tribunaux, procédure, pénalité. — L'administration de la justice contient quatre parties principales : les principes généraux, l'organisation des tribunaux, la procédure et la pénalité. Malgré le verset v^e du chapitre XX de l'*Exode*, la loi mosaïque reconnaît le principe général de la responsabilité personnelle : « Les pères ne périront pas pour les enfants, ni les enfants pour les pères, mais chacun mourra pour son péché[4]. »

Il y avait trois sortes de tribunaux : un tribunal de jurés

1. *Deutéron.*, XV, 1, 2.
2. *Lévitiq.*, XXV, 23, 24.
3. *Lévitiq.*, XXV, 14-16 ; 25-27 ; 29-34.
4. *Deutéron.*, XXIV, 16.

simples dont la Bible ne parle pas, mais qui nous est connu par les traditions rabbiniques; le tribunal des anciens d'Israël à la porte de chaque ville, comme sous Louis IX en France, les *juges de la porte ;* le sanhédrin, à la fois conseil politique et cour de justice, composé de soixante-douze vieillards pris dans toutes les tribus, et jugeant sans appel.

On a peu de détails sur la procédure : on remarque toutefois une sage précaution qui établit la nécessité d'un double témoignage, au moins dans les causes capitales : « Nul ne mourra sur le témoignage d'un seul [1]. « Quant à la pénalité, comme dans toutes les législations anciennes, elle était très-dure et formelle. Le vol n'était puni, il est vrai, que par la restitution et par une amende [2]; mais la loi consacrait la coutume cruelle du talion dans toute sa brutalité : « Vie pour vie... œil pour œil, dent pour dent, main pour main, pied pour pied, brûlure pour brûlure, plaie pour plaie, meurtrissure pour meurtrissure [3]. » Quant à l'homicide involontaire, six villes de refuge étaient ouvertes au coupable, qui y restait en expiation jusqu'à la mort du grand prêtre. Il y en avait trois à droite et trois à gauche du Jourdain : c'étaient, sur la rive droite, Hébron dans la tribu de Juda, Sichem dans la tribu d'Éphraïm, Cédès dans la tribu de Nepthtali; sur la rive gauche : Bosor dans la tribu de Ruben, Ramoth-Galaad dans la tribu de Gad, Gaulon dans la demi-tribu de Manassé; mais le crime le plus sévèrement puni était l'idolâtrie. On comprend cette rigueur d'après le caractère théocratique de la loi. L'apostasie était un crime d'État qui tendait à bouleverser la constitution tout entière : « Celui qui sacrifie à des dieux autres que le Seigneur sera puni de mort [4]. »

Caractère de la loi judaïque. — Telle que nous l'avons résumée, la législation judaïque se distingue profondément de celle des autres peuples de l'antiquité. Sans doute, il y a certaines choses qui portent l'empreinte de la dureté de la coutume : dans un temps barbare, il faut des lois sévères et terribles pour contenir un peuple grossier et cruel ; mais, à

1. *Nombr.*, XXXV, 30.

2. L'amende était du double ou du quadruple, quelquefois du septuple. Si le voleur n'avait pas de quoi restituer ce qu'il avait dérobé, il était vendu lui-même. *Exod.*, XXII, 1-4. *Proverbes*, VI, 30, 31.

3. *Exod.*, XXI, 23-25.

4. *Exod.*, XXII, 20. Cf. *Exod.*, XX, 2-5; 22-25; XXIII, 21-24; XXXIV, 13, 14. *Deutéron.*, V, 7, 10; VII, 3, 5; 25, 26; XII, 2-1; IV, 3, 4; VI, 13, 15; VIII, 19, 20; XVIII, 20. *Nomb.*, XXV, 2-5; XVI, 35, 49.

côté, combien de dispositions équitables et bienfaisantes : l'esclave compté pour un homme et doucement traité, l'étranger protégé, la femme tenue en honneur. Pour apprécier cette loi, il faut songer aux ilotes de Sparte, aux *ergastula* des Romains, à la loi des Douze Tables sur les débiteurs et sur l'étranger, ou, comme elle l'appelle, l'ennemi. Ailleurs, c'est le droit du maître qui domine ; dans le Deutéronome, c'est le droit du pauvre : là c'est le fort, ici le faible, qui préoccupe le législateur. « Aimez-vous les uns les autres, dit-il ; aimez votre prochain comme vous-même. » C'est en effet l'esprit des lois que Dieu a dictées à Moïse, celui qui les doit animer toutes.

CHAPITRE V.

Établissement des Israélites dans la terre promise. — Les juges. — Les rois : Saül, David, Salomon. — Schisme des dix tribus.

État de la Palestine en 1610, à l'époque de la conquête de Josué ; divisions politiques. — *Établissement des Israélites dans la terre promise.* — Josué, partage de la Palestine entre les douze tribus. — Les juges, Othoniel, Aod, Gédéon, etc. (1596). — Héli, Samuel. — Consécration de Saül. — *Les rois.* — Saül (1096-1056). — Influence de Samuel, importance des prophètes dans l'État. — Victoires de Saül. — Guerre avec les Philistins. — Mort de Saül. — David (1056-1016). — Lutte contre Isboseth. — Conquête de Jérusalem. — Soumission des Philistins, des Moabites, etc. — Dernières années de David, malheurs domestiques. — Gouvernement de David. — Salomon (1016-976). — Révolte d'Adonias. — Construction du temple (1012). — Puissance de Salomon. — Dernières années de Salomon, révoltes et revers. — Etendue du royaume de Salomon. — *Schisme des dix tribus* (976). Royaumes d'Israël et de Juda. Premiers rois d'Israël. Jéroboam. Dynastie d'Omri, Achab. — Premiers rois de Juda. Roboam. Josaphat. Révolution dans Israël. Dynastie de Jéhu. Prise de Samarie, fin du royaume d'Israël (976-721). — Derniers rois de Juda. Athalie. Ézéchias. Fin du royaume de Juda. — Captivité de Babylone (721-606).

État de la Palestine en 1610, à l'époque de la conquête de Josué ; divisions politiques. — A l'époque où Josué conduisit les Hébreux dans la terre promise, ce pays était habité par sept peuples de race chananéenne ; c'étaient : 1° les *Héthéens*, dans les montagnes du sud, près de la vallée de Mambré, célèbre par le séjour d'Abraham ; 2° les *Jébuséens* : dont la capitale, Jébus, avait été la demeure de Melchisédech, plus tard, elle devint Jérusalem ; 3° les *Amorrhéens*, au sud-est, sur la rive gauche du Jourdain, entre les torrents d'Arnon et de Jabok ; 4° les *Phérézéens*, au nord des Jébuséens ; 5° les *Chananéens* proprement dits, entre le mont Carmel au nord-ouest et le Jourdain au sud-est ; 6° les *Gergésiens*, à l'est du lac de Génésareth ; 7° les *Hévéens*, au nord du Jourdain, sur le versant septentrional du mont Hermon. Ces peuples avaient trente-six villes principales, avec chacune un roi ou chef, et désignées pour cela sous le nom de villes royales : les plus remarquables étaient : Hazor, où régnait Jabin, au sud ; Jébus, sur le torrent de Cédron, capitale du royaume d'Adonibezec ; Hébron, Jérimoth, Lachis, Adollam, dont les rois opposèrent une vive résistance à l'invasion des Hébreux ; Haï, Jéricho, Béthel ; Édraï, où régnait Og, roi de Basan, dont l'autorité s'étendait depuis le torrent de Jabok jusqu'au mont Hermon. La côte sud-ouest appartenait aux Phéniciens maritimes ou *Philistins*, dont les villes principales étaient Gaza, Ascalon, au sud, près de la mer, où elles avaient un port; Asdod ou Azoth, en face de Paralios Azoth, ainsi nommée par les Grecs parce qu'elle servait de port à Azoth; Ekron ou Accaron et Gath, dans l'intérieur.

Enfin cinq peuples de même race que les Hébreux occupaient les contrées voisines de la Palestine, qu'ils désolèrent souvent par leurs incursions : c'étaient les *Ammonites*, à l'est du Jourdain et au sud du torrent de Jabok, capitale Rabbath-Ammon; les *Moabites*, au sud du torrent d'Arnon, capitale Rabbath-Moab ; les *Madianites*, divisés en deux tribus, l'une au sud-est du Jourdain, dans l'Arabie Pétrée, l'autre le long du golfe Élanitique, entre le golfe et les monts Horeb et Sinaï ; les *Ismaélites*, à l'est du golfe Élanitique, sur les confins de l'Arabie déserte ; les *Iduméens*, qui comprenaient aussi les Amalécites, entre le torrent d'Égypte, le désert de Pharan, les monts de Hor et le torrent de Bozoch.

☞ **Établissement des Israélites dans la terre promise. Josué, partage de la Palestine entre les douze tribus.** — Habitués depuis leur sortie d'Égypte, à la guerre et au pillage, les Hébreux hésitèrent d'abord à prendre possession de la terre promise. Réunis dans le camp de Galgala, ils y restèrent sept ans sans commencer la conquête ; quelques tribus seulement se mirent en mouvement. Juda, Éphraïm, Manassé, furent les premières qui s'établirent. Il fallut, pour décider les autres, que Josué leur fît honte de leur indifférence et leur rappelât les ordres et les menaces de Dieu. Jéricho succomba d'abord au son des trompettes sacrées, puis Haï; le roi des Amorrhéens et celui de Jérusalem, Adonibezec, ceux d'Hébron, de Jérimoth, de Lachis et d'Adollam furent vaincus et tués. Jabin, roi d'Azor, eut le même sort. Tout ce qui fut conquis fut partagé entre les douze tribus : c'étaient, à l'ouest, Juda, Siméon, Benjamin, Dan, Éphraïm, Manassé occidental, Issachar, Zabulon, Nephtali, Aser ; à l'est, Ruben, Gad et la demi-tribu de Manassé. Une treizième tribu, celle de Lévi, n'eut pas de terres : on lui assigna quarante-huit villes dans tout Israël ; parmi ces villes, six servaient de refuge aux homicides. La tribu de Joseph avait été partagée entre ses deux enfants, Éphraïm et Manassé.

Les Hébreux ne s'emparèrent pas de tout le territoire que Moïse leur avait attribué : partout les Chananéens restèrent mêlés aux Israélites. Benjamin ne put chasser les Jébuséens, ni prendre leur capitale Jébus ou Jérusalem. Siméon dut laisser aux Philistins le pays situé entre le torrent d'Égypte et Accaron, c'est-à-dire Gaza, Ascalon, Azoth. Éphraïm échoua contre Gazer, Manassé contre Mageddo, Aser contre Sidon, Tyr et Acco. Toute la côte resta aux anciens habitants.

Les juges, Othoniel, Aod, Gédéon, etc. (1596). — Une fois installés par la conquête dans la Palestine, les Juifs commencent leur vie de tribus. Dispersés sur le territoire, formant autant de petites nations qu'il y avait de tribus, chacune avec son gouvernement, ses chefs, ils sont cependant unis par une double nécessité, d'obéir à la loi qui leur est commune et de conserver leur conquête ; mais malgré les lévites, qui, dispersés parmi tout le peuple, veillent au maintien de la loi, malgré leur propre intérêt, les Juifs s'abandonnent à l'anarchie, à la superstition. Aussi leur histoire se réduit-elle, pendant l'époque des juges, au récit de leurs désordres et des servitudes qui en sont le châtiment. Comme ils vivent isolés, il arrivera souvent que ces servitudes seront partielles et propres à quelques tribus seulement.

Les tribus de l'est, Ruben, Gad, Manassé oriental, sont asservies d'abord par Chusan, roi de Mésopotamie, et délivrées par Othoniel, puis soumises à Églon, roi des Moabites, et délivrées par Aod. Pendant la même période, les tribus de l'ouest subissent la domination de Jabin, roi de Chanaan, qui régnait à Azor, et sont affranchies par Barac et par la prophétesse Débora. Ensuite les Madianites étendent leur pouvoir sur les deux rives du Jourdain, et ne sont vaincus que par Gédéon. Toutes les tribus ne prenaient pas part à la guerre, même quand il s'agissait d'une délivrance commune : au temps de Gédéon, nous voyons la tribu d'Éphraïm se plaindre d'avoir été laissée de côté et d'avoir perdu ainsi sa part du butin. Après Gédéon, son fils Abimélech lui succède et veut se faire roi. Thola et Jaïr sont ensuite juges d'Israël. Après eux, les Juifs subissent deux servitudes communes : à l'est, sous les Ammonites, dont Jephté les délivre; à l'ouest, sous les Philistins, qui sont chassés par Samson. A cette époque, le juge a perdu le caractère sacré dont Moïse et Josué étaient revêtus; il est toujours suscité par le Seigneur, mais ce n'est qu'un instrument des desseins de Dieu, en qui la pensée divine ne réside pas. Ainsi Gédéon, sur la fin de ses jours, s'abandonne à l'idolâtrie; cruel et sanguinaire, il massacre les soixante et dix vieillards de Soccoth. Jephté avait longtemps vécu avec des brigands ; il en retient des habitudes de férocité dont le meurtre de sa fille est un exemple : dans une sédition, il fait périr une grande partie de la tribu d'Éphraïm. Abimélech, pour s'assurer le pouvoir, massacre les fils de Gédéon, ses frères. C'est une époque de mœurs violentes et d'anarchie politique. « En ces jours-là, il n'y avait pas de chef dans Israël, mais chacun faisait ce qui lui semblait bon. »

Héli, Samuel. — Le désordre ne cessa pas quand les Juifs se furent décidés à réunir sur un même homme la charge de grand prêtre et celle de juge. C'était cependant un grave changement, qui aurait dû fortifier le pouvoir sous un chef héréditaire et revêtu d'un caractère sacré. Héli, qui fut le premier juge et grand prêtre, était un homme juste et vertueux ; mais il laissa ses fils s'emparer de l'autorité et rançonner les Juifs qui venaient au temple apporter les offrandes. Samuel succéda à Héli et rétablit le peuple d'Israël dans son indépendance. Les Philistins rendirent l'arche sainte conquise par eux au temps d'Héli et ne gardèrent de toutes leurs conquêtes qu'une garnison à Gabaa. Devenu vieux, Samuel confia le pouvoir à ses deux fils, qui en abusèrent.

Consécration de Saül. — Les Juifs furent entraînés de nouveau dans de grands malheurs ; maltraités par leurs chefs, attaqués et pillés par leurs ennemis, ils se dégoûtèrent de la judicature. Outre la légèreté naturelle qui porte le peuple à désirer la forme de gouvernement qu'il n'a pas, ils voyaient leurs voisins plus heureux et plus puissants sous des rois : ils désirèrent et demandèrent la royauté. La forme et l'esprit des institutions politiques du pays subissaient ainsi une altération considérable. Dieu cessait d'être le chef immédiat du peuple, le seul souverain, le roi. A la grâce divine va succéder le droit de l'immuable hérédité. Samuel résista longtemps : il reprocha aux Juifs l'oubli de la loi mosaïque, chercha à les effrayer par le tableau de la tyrannie ; tout fut inutile. Obligé de céder, il choisit Saül ; mais, en cette occasion même, le caractère d'élection divine ne disparut pas tout à fait. Saül est choisi et consacré par le grand prêtre avant d'être élu publiquement par la voie du sort. Il n'exerce pas tout de suite sa royauté ; il retourne à son champ pour cultiver la terre, et ce n'est que plus tard, à une réunion du peuple, que l'on procède à l'élection. Le sort tombe alors sur la tribu, sur la famille et sur la personne de Saül, qui est solennellement consacré.

Les rois. — L'établissement de la royauté fit une révolution complète chez les Hébreux ; ce fut l'époque la plus brillante de leur histoire. Unis sous les nouveaux chefs qu'ils s'étaient donnés, ils formèrent une nation puissante et redoutable à ses voisins. Leurs premiers rois, Saül, et surtout David et Salomon, furent grands dans la paix et dans la guerre ; ils assurèrent leur pouvoir par des conquêtes et par de bonnes institutions, et leur trône fut environné d'un éclat incomparable. Mais, après la mort du dernier de ces princes, la division des tribus perdit tout ; les Hébreux allèrent s'affaiblissant de plus en plus et finirent par être asservis.

Saül (1096-1056), influence de Samuel, importance des prophètes dans l'État. — Devenu roi, Saül ne commence à exercer son autorité qu'au moment où un danger d'Israël le réclame : c'est à l'occasion d'une invasion des Ammonites sur le territoire de Galaad qu'il se montre à la tête de toute la nation. Il force le roi Nahas de lever le siége de Jabès, et met son armée en déroute. Après sa victoire, il est de nouveau sacré par Samuel, qui se retire alors du gouvernement. Mais celui-ci ne cessera pas d'exercer son influence jusque-là salutaire : pour lui, Saül n'est qu'un juge héréditaire, qu'il tient longtemps en tutelle et qu'il déposera pour le punir de sa désobéissance. C'est qu'en effet, à côté de la royauté qu'il a donnée aux Hébreux, Samuel vient de placer une autre autorité qu'il exerce le premier, celle des prophètes. Sous ce nom, les Juifs eurent un institut permanent d'orateurs inspirés, réunis en associations ou confréries, que l'on désigne d'ordinaire par le nom d'écoles de prophètes. Loin du bruit des armes et dans une paisible retraite, ils apprenaient à chanter aux sons des plus doux instruments les louanges du Seigneur. Dans plusieurs villes, nous les trouvons établis : à Rama, patrie et résidence de Samuel, à Bethel, à Galgala, à Jéricho ; ils y occupent des quartiers particuliers. Interprètes de la loi, conseillers et censeurs du peuple et des rois, leur part sera grande dans le gouvernement de l'État ; ils en forment la classe la plus éclairée. On les voit, aux époques malheureuses et surtout pendant la captivité, relever le courage de leurs frères et garder encore sur les ruines de Jérusalem le souvenir de la liberté des anciens temps, l'espérance d'un avenir meilleur. Pendant la période des rois, leur influence est immense : ils sont les vrais souverains du peuple, selon l'esprit de la loi de Moïse.

Victoires de Saül. — Saül eut à soutenir plusieurs guerres contre les peuples voisins de la Palestine. Les Philistins, quoique battus par Samuel, osèrent exiger des Hébreux qu'ils livrassent leurs armes, en s'engageant à n'en plus fabriquer ; Jonathan, fils de Saül, les attaqua, leur reprit Gabaa, et une grande victoire les rejeta dans leur pays. Ce fut pour Saül le commencement de nombreux succès, qui affermirent la royauté nouvelle : il battit les Moabites, les Ammonites, les Iduméens et les Syriens de Soba ; à l'est même, la défaite des Agaréens, nomades arabes, permit aux Hébreux de s'avancer jusqu'à l'Euphrate. La guerre des Amalécites ne fut pas moins heureuse; mais Saül ayant épargné leur roi Agag, contre l'ordre de Dieu, Samuel se sépara de lui et lui chercha un successeur. Le prophète choisit David, fils d'Isaï, d'une des principales familles de la tribu de Juda, et le consacra par l'*onction*. Il se retira dès lors à Rama et y mourut, la dix-huitième année du règne de Saül.

Guerre avec les Philistins, mort de Saül. — Le roi, depuis que Samuel avait proclamé sa déchéance, était tombé dans une profonde mélancolie : pour vaincre sa tristesse, on lui amena le jeune David, qui le charma par sa beauté, par sa grâce, par les airs mélodieux qu'il jouait devant lui ; Saül le fit son écuyer. Cependant les Philistins avaient envahi le territoire de Juda ; le roi marcha contre eux avec son armée : pendant quarante jours il la laissa exposée aux défis et aux outrages du géant Goliath, contre qui personne n'osait se mesurer ; mais David vint au camp et tua de sa fronde l'insolent Philistin. En récompense, il reçut du roi un commandement supérieur dans l'armée ; mais bientôt Saül fut jaloux de la gloire de son favori ; on ne cessait de répéter autour de lui : « Saül en a tué mille et David dix mille. » Peu à peu il vit en lui un rival et résolut de le perdre : d'abord il l'exposa dans des actions périlleuses, et comme David en sortit triomphant, il essaya de le tuer. Le jeune héros s'échappa : poursuivi par les soldats de Saül, mais protégé par son fidèle ami Jonathan, il parvient à se cacher dans la forêt de Hareth, au pays de Juda, puis dans les déserts de Ziph et de Maon. Une invasion des Philistins le sauva des poursuites acharnées de Saül. Un jour, dans le désert d'Engadi, David surprit son ennemi dans une caverne : il eût pu le tuer ; il se mit à ses genoux, et Saül, touché jusqu'aux larmes, oublia un moment son injuste haine. Toutefois les deux rivaux restèrent séparés, et David, dont les partisans formaient déjà une troupe considérable, se joignit aux Philistins, qui renouvelèrent leurs incursions. Une grande bataille fut livrée sur le mont Gelboé ; Saül s'y tua après la défaite de son armée et la mort de ses trois fils (1056).

David (1056-1016), lutte contre Isboseth. — Après cette journée désastreuse, les Philistins, maîtres d'une partie de la terre sainte, campèrent à l'ouest du Jourdain. Abner, général de Saül, réfugié à l'est du fleuve, y proclama Manahim Isboseth, fils de Saül. David, qui n'avait point pris part au combat de Gelboé, s'était fortifié aux environs d'Hébron, où la tribu de Juda le nomma roi. Abner passa le fleuve pour le combattre et réduire la seule tribu qui n'eût pas reconnu Isboseth ; mais il fut battu par Joab, général de David, et rejeté au delà du Jourdain. Après une lutte de plusieurs années, Isboseth fut abandonné par Abner, qui passa du côté de David : cette défection ruina son parti. Il fut assassiné par deux de ses officiers, tandis que son ancien général succombait, d'un autre côté, victime de la jalousie de Joab, qui le tua par trahison. David, respectant dans son ennemi le caractère sacré dont il était lui-même revêtu, fit mettre à mort les meurtriers d'Isboseth ; mais les tribus ne le reconnurent qu'après un nouveau sacre en présence des anciens. Il avait régné sept ans et six mois sur Juda.

Conquête de Jérusalem. — Les premières années du nouveau règne furent employées à des guerres importantes. Les Jébuséens avaient conservé au centre du pays la ville de Jérusalem, que dominait le fort de Sion. David s'en empara et résolut d'y fixer sa résidence ; il l'agrandit par des constructions nouvelles, y bâtit un magnifique palais, pour lequel Hiram, roi de Tyr, lui envoya les matériaux, les ouvriers et les artistes nécessaires; il y tint sa cour, dont la magnificence et l'éclat firent oublier la royauté simple et modeste de Saül. Enfin, il y transporta l'arche sainte, qui, depuis que les Philistins l'avaient rendue, était demeurée à Cariatyarim, dans la maison d'Abinadab. Elle entra à Jérusalem, portée par les lévites, au son des trompettes et des acclamations de la foule. La cité de David devint dès lors la capitale du royaume, et le véritable centre religieux et politique de la Judée.

Soumission des Philistins, des Moabites, etc. — Une attaque des Philistins avait interrompu ces premiers travaux; David les battit et leur enleva Gath, une de leurs villes, soumit au tribut les Moabites, le roi de Soba Hadad-Eser et les Syriens de Damas: ceux-ci reçurent des garnisons d'Hébreux. Le roi de Hamath, ennemi de celui de Soba, félicita David de sa victoire et lui envoya de riches présents. Au midi, l'Idumée fut soumise et occupée militairement. David fut dès lors un roi puissant: dans une guerre qu'il entreprit contre les Ammonites, malgré le secours que ceux-ci reçurent d'Hadad-Eser et des autres rois de la Syrie, il obtint des succès signalés. Tandis qu'au nord il arrêtait les troupes syriennes, Joab, son général, battait les Ammonites et s'emparait de la basse ville de Rabbath-Ammon: le roi vint achever cette conquête; les vaincus furent exterminés et David posa sur sa tête la couronne d'or de leur roi Hanon.

Dernières années de David, malheurs domestiques. — Les dernières années de la vie de David sont remplies par des fautes et des malheurs domestiques. Épris d'amour pour Bethsabé, femme d'Uri, un de ses officiers, il ordonna à Joab d'exposer Uri à un péril certain à l'attaque de Rabbath-Ammon. Le malheureux officier succomba en effet; mais le prophète Nathan força David de confesser sa faute, dont Dieu le punit, d'ailleurs, en frappant de mort le premier-né de Bethsabé. Quelque temps après, son fils Absalon forma une conspiration si redoutable, que le roi fut obligé de se sauver de Jérusalem: poursuivi au delà du Jourdain, David confia les troupes restées fidèles à Joab, qui tant de fois avait vaincu pour lui, et Absalon, chassé à son tour, mourut dans la forêt d'Éphraïm de la main de Joab. A cette révolte, difficilement apaisée, succède une guerre civile plus grave encore. Un Benjamite, Séba, soutenu par un parti puissant qui voyait à regret toutes les faveurs distribuées à la tribu de Juda, rappela les droits de Méphiboseth, fils de Jonathan, que sa trop grande jeunesse avait jadis écarté du trône de son aïeul. Un grand nombre de tribus se joignirent à lui; mais Joab l'enferma dans la citadelle d'Abéla, en Galilée, et les habitants, menacés d'un massacre, mirent à mort le rebelle Séba. Plusieurs descendants de Saül furent ensuite immolés aux craintes de David.

Gouvernement de David. — Après la guerre étrangère et les troubles domestiques vinrent les soins du gouvernement. David fit de grands changements chez les Hébreux : il entoura la royauté d'institutions nouvelles et conformes aux usages des peuples voisins. Il eut une armée considérable, une cour splendide, tout le luxe et tout le faste des rois de l'Inde et de la Perse, de sorte qu'il fonda par ses conquêtes la grandeur de ses États, en même temps que par des institutions vicieuses ou sujettes à l'abus il en préparait la décadence.

Saül s'était contenté, en temps de paix, d'une milice de 3,000 hommes ; David composa une armée de 288,000 hommes, divisée en 12 cohortes de 24,000 hommes, dont chacune devait servir dans la capitale pendant un mois de l'année. Il eut, en outre, une garde personnelle, divisée en deux corps, ceux des Créthi et des Pléthi. C'est sans doute à cette organisation que se rapporte le recensement général qu'il ordonna, et que Joab accomplit avec une commission militaire.

L'administration civile ne fut guère modifiée : les chefs des tribus et les anciens conservèrent leur autorité ; mais la justice fut soumise à de nouvelles règles. David s'attribua la souveraineté judiciaire, et, comme les rois de l'Orient, tint de fréquentes audiences. Six mille lévites entrèrent dans le corps des juges, et y formèrent sans doute des tribunaux supérieurs. Toute cette tribu fut, du reste, partagée en quatre ordres. Vingt-quatre mille lévites furent chargés du service des autels et veillèrent à la construction du temple dont le roi avait tracé le plan ; quatre mille eurent la garde du temple ; quatre mille furent réservés pour la musique sacrée : ces derniers, formant vingt-quatre classes sous la direction suprême de trois chefs, reçurent des règlements du roi, qui lui-même dirigea leurs études et composa des cantiques sacrés et de la musique. Les psaumes sublimes qu'il écrivit contiennent de nombreuses et importantes prophéties ; l'Église les chante encore aujourd'hui. L'ordre des prêtres compta aussi vingt-quatre familles ou classes, qui eurent chacune leur chef et l'administration à tour de rôle des sacrifices célébrés à Jérusalem. Le tabernacle était encore à Gabaon : David avait voulu l'en tirer et le remplacer par un temple à Jérusalem ; mais Dieu réservait cette gloire à Salomon, son fils. Il ne put qu'en tracer les plans et en préparer les matériaux.

La royauté, avec le nouveau caractère qu'elle prend sous David, devait donner naissance à des fonctions nouvelles. Ainsi nous trouvons rangés autour du roi de nombreux ministres de son autorité. L'armée avait un chef suprême ; la garde royale, un commandant ; le sacerdoce, privilége de deux familles, deux chefs élevés au-dessus des autres. Les prophètes Gad et Nathan formaient avec ces officiers le conseil de David. Les vastes domaines du roi étaient administrés par douze employés supérieurs ; un autre avait le soin de percevoir les impôts.

Salomon (1016-976), **révolte d'Adonias.** — Avant de mourir, David abdiqua en faveur de son fils Salomon, qu'il avait eu de Bethsabé. Le règne du nouveau roi présente à peu près les mêmes phases que le précédent : il commence par la guerre civile, se poursuit au milieu des travaux d'une paix utile et glorieuse, et se termine par le désordre et par la révolte.

Un frère aîné du roi, Adonias, soutenu par un parti puissant à la cour, avait élevé, vers la fin de la vie de David, des prétentions à la couronne ; Salomon le fit périr. Le grand prêtre Abiathas, partisan d'Adonias, fut privé de ses fonctions et relégué dans la ville d'Anatoth. Joab, coupable de la même révolte, fut frappé au pied de l'autel où il s'était réfugié.

Salomon venait de faire périr le meilleur capitaine de David, celui dont le courage et les victoires avaient plus d'une fois sauvé son père. Heureusement tout était en paix autour d'Israël. Hiram, le puissant roi de Tyr, avait envoyé saluer le jeune roi et renouveler l'alliance conclue avec David. Le roi d'Égypte lui avait donné en mariage une de ses filles ; il prit en outre plusieurs femmes choisies parmi les nations voisines, dont il cultivait l'alliance, proscrite par Moïse. Roboam fut le fils d'une Ammonite. Peu à peu, avec ces femmes étrangères et le cortége de serviteurs qui les suit à la cour, la superstition et l'idolâtrie vont pénétrer chez les Juifs.

Construction du temple (1012). — La quatrième année de son règne, Salomon commença la construction du temple de Jérusalem. Hiram lui envoya les bois de cèdre et de cyprès du Liban, les ouvriers habiles de Sidon, des architectes et un artiste exercé pour diriger les travaux délicats ; il reçut en échange un présent ou tribut annuel de froment et d'huile. Ce magnifique monument, où l'or fut prodigué, ne fut achevé qu'au bout de huit ans. On y transporta l'arche sainte, qui se trouvait déjà à Sion, et le tabernacle de Gabaon ; puis le roi et le peuple en firent la dédicace par des fêtes qui durèrent deux semaines.

La construction du palais du roi, entreprise après celle du temple, dura treize années et fut suivie d'autres travaux hors de Jérusalem; Salomon répara et fortifia Mageddo, Gazer, Héser, agrandit Bethoron, bâtit Mello, Balath et Palmyre. Cette dernière ville, nommée Tadmor dans l'Écriture, fut placée au milieu du désert qui sépare le Jourdain de l'Euphrate, et destinée à protéger les caravanes qui se rendaient de la Palestine dans la Babylonie. En effet, le commerce avait pris depuis David de grands développements; ce mouvement était dû à l'alliance soigneusement entretenue des Phéniciens. Maîtres, depuis la défaite des Iduméens par David, des deux ports d'Élath et d'Asion-Gaber sur la mer Rouge, les Hébreux prirent part au vaste commerce d'Ophir et de l'Inde. Les pierres précieuses, l'ivoire, les aromates, qu'on tirait de ces contrées; les chevaux d'Égypte et de l'Arménie, les laines et la pourpre de Tyr, les fins tissus de Babylone, affluèrent sur le marché de Jérusalem. L'impôt payé par les marchands devint une des principales sources du revenu royal, qui s'élevait à 666 talents (environ 3,700,000 francs). « En ce temps-là, dit l'Écriture, à Jérusalem, l'or et l'argent étaient devenus aussi communs que les pierres et les cèdres du Liban, autant que les arbres des champs. »

Puissance de Salomon. — C'est ici le moment de la plus grande puissance des Hébreux. La royauté est forte à l'intérieur, où elle s'appuie sur une armée nombreuse, et, ce qui vaut mieux, sur l'attachement d'un peuple dont elle accroît la prospérité; elle est respectée et honorée au dehors. Plusieurs rois arabes font à Salomon des présents annuels. La reine de Saba vient de l'extrémité de l'Yémen pour voir ce roi magnifique et éprouver sa sagesse et sa science, qui relevaient encore l'éclat de son nom.

Dernières années de Salomon, révoltes et revers. — Mais cette sagesse eut son déclin. Vers la fin de son règne, Salomon éleva des autels aux divinités étrangères, surtout à celles qu'adoraient les Phéniciens, Astarté, Moloch, à Chamos, idole des Moabites. Dès lors les prophètes se détournèrent de lui et favorisèrent les projets des mécontents. Les tribus éloignées ne participaient pas à la richesse et aux splendeurs de la capitale : les charges nouvelles qu'on leur avait imposées pour l'accomplissement des travaux de ce règne y pesaient plus lourdement ; car le commerce était presque resté le monopole de la cour et de Jérusalem. Une révolte éclata. Le prophète Ahias prédit que Jéroboam, de la tribu d'Éphraïm, régnerait sur dix tribus. Salomon, alarmé, voulut le faire périr ; mais l'officier rebelle se réfugia auprès de Sésac, roi d'Égypte. En même temps, les peuples se révoltèrent sur les frontières du royaume. Hadad, prince iduméen, retiré depuis longtemps en Égypte, réclamait l'héritage de son père : il s'allia avec Rhazon, qui venait de soulever Damas, et deux provinces furent ainsi enlevées aux Hébreux.

Salomon mourut au milieu de ces périls où son fils va être jeté ; il avait régné quarante ans avec gloire et avec bonheur, si l'on excepte ces troubles dont nous venons de parler. Les Hébreux honorent en lui le plus brillant, le plus sage de leurs rois ; il en fut aussi le plus savant : l'Écriture rapporte qu'il composa trois mille proverbes et mille cinq cantiques, avec une description des différents règnes de la nature. Il inaugura ou développa la poésie gnomique et lyrique, dont l'Ecclésiaste et le Cantique des Cantiques qu'on lui attribue sont de magnifiques modèles.

Étendue du royaume de Salomon. — Le royaume de Salomon avait pour limites au nord-est la ville de Thapsaque sur l'Euphrate, au sud-ouest la pointe septentrionale de la mer Rouge ; au nord, il s'étendait d'un côté jusqu'à l'Euphrate et de l'autre jusqu'à l'embouchure de l'Oronte (Nahr-el-Assi). Il comprenait, outre le territoire des douze tribus, les pays des Philistins, des Iduméens, des Amalécites, des Moabites et des Ammonites, qui l'entouraient au sud-est et au sud-ouest ; la Syrie, où les livres des Rois indiquent les sept royaumes de Gessur, Hamath, Rohob, Soba, Machaa, Istob et Damas, conquis par David ; mais ce dernier royaume et l'Idumée s'affranchirent dans les dernières années de Salomon, qui d'ailleurs avait cédé à Hiram, pour prix de son alliance, le district de Cabul en Galilée, avec les vingt villes qu'il contenait.

Schisme des dix tribus (976), **royaumes d'Israël et de Juda.** — A la mort de Salomon, son fils Roboam devait lui succéder ; mais, avant de lui faire hommage, les députés des tribus s'assemblèrent à Sichem et rappelèrent d'Égypte Jéroboam, qui se mit à leur tête ; puis ils invitèrent le roi à se rendre auprès d'eux et demandèrent qu'on diminuât les charges qui pesaient sur le peuple. Roboam, malgré les conseils des anciens, n'écouta que les jeunes courtisans qui l'entouraient et répondit qu'au lieu d'alléger le fardeau, il le rendrait encore plus pesant. Ces paroles furent le signal d'un soulèvement presque général ; le roi n'eut que le temps de s'enfuir à Jérusalem pour échapper à la colère des rebelles. Les tribus de Juda et de Benjamin lui restèrent fidèles; les dix autres prirent pour roi Jéroboam.

Il y eut alors deux royaumes, celui d'Israël et celui de Juda : le premier comprit à l'est tout le pays entre le Jourdain et l'Euphrate et à l'ouest la partie septentrionale jusqu'à la ville de Bethel ; le second s'étendit de Bethel au nord jusqu'à Beerseba au sud et eut pour tributaires le pays des Philistins et l'Idumée. D'ailleurs, les limites n'étaient pas bien fixées. Bethel et Rama, situées dans la tribu de Benjamin, appartinrent au royaume d'Israël; Sareah et Ayalon, dans la tribu de Dan, appartinrent au royaume de Juda.

Ce schisme qui éclata parmi les Hébreux affaiblit nécessairement le pays, si florissant sous les règnes de David et de Salomon. En principe, et dans la pensée des prophètes qui l'avaient prédit et préparé, il ne détruisait pas l'unité de la nation, pas plus que la séparation en douze tribus ne l'avait fait d'abord : chaque année, les mêmes fêtes devaient réunir les habitants des deux royaumes autour de l'arche sainte ; mais bientôt les rois d'Israël n'écoutèrent que les raisons de la politique et les conseils de l'ambition : le schisme dans l'État amena le schisme dans la religion : Jéroboam et ses successeurs proscrivirent le culte du vrai Dieu et adorèrent les dieux étrangers; d'Israël, l'idolâtrie pénétra dans Juda : tout dégénéra chez les Hébreux. La lutte des deux royaumes, dans chaque royaume la lutte des religions ennemies, des partisans du culte national contre les partisans des faux dieux, livrèrent ces États divisés et épuisés aux intrigues des Syriens, aux attaques plus dangereuses des rois de Ninive et de Babylone.

Premiers rois d'Israël (976-928), **Jéroboam.** — Jéroboam (976-954), malgré les avis du prophète Ahias, mit tout en œuvre pour assurer l'indépendance politique et religieuse de son nouveau royaume. Il eut une capitale, Sichem, plus tard remplacée par Thirsa, et deux temples, à Bethel et à Dan, où ses sujets vinrent sacrifier au veau d'or, comme les Chananéens : pour les écarter du sanctuaire de Jérusalem, il établit pour le service des idoles des prêtres pris parmi les derniers du peuple, hors de la tribu de Lévi ; enfin il transporta du septième mois au huitième la grande fête des récoltes ou des Tabernacles. Aussi un grand nombre d'Israélites, et surtout des lévites et des prêtres, émigrèrent dans le royaume de Juda.

Nadab (954-952), fils de Jéroboam, fut assassiné par Baaza, un de ses généraux, et toute sa famille exterminée. L'usurpateur régna vingt-deux ans (952-930), fortifia la ville de Rama, et de ce poste arrêta tous les pèlerins et les marchands qui se rendaient à Jérusalem. Asa, roi de Juda, lui déclara la guerre et ruina ces fortifications, tandis que Benhadad Ier, roi de Damas, dont Asa avait acheté l'alliance, s'emparait de plusieurs villes aux environs du lac de Génésareth (941). Baasa légua le trône à son fils Éla (930-929), qui fut assassiné par Zimri, général de la cavalerie. Toute la famille royale fut détruite; mais le reste de l'armée proclama Omri, qui assiégea Zimri à Thirsa, sa capitale, et le força, après un règne de sept jours, à se donner la mort, comme Sardanapale, en se brûlant dans son palais (928).

Dynastie d'Omri (928-884), **Achab**.—Omri (928-917) fonda une dynastie durable; il bâtit Samarie (921), qui devint la capitale du royaume d'Israël. Son fils Achab, pour mieux résister aux attaques des Syriens de Damas, qui, sous Omri, avaient renouvelé leurs incursions, fit alliance avec Ethbaal ou Ithobal, roi de Sidon, dont il épousa la fille Jézabel : cette union amena de grands malheurs. Jusque-là les rois de Sichem et de Thirsa s'étaient contentés d'adorer Dieu sous l'image d'un veau d'or, comme avaient fait les Hébreux dans le désert ; mais, avec Jézabel, le culte entier de Baal pénétra chez les Israélites, avec la licence et l'impureté de ses fêtes. Le dieu de Sidon eut un temple à Samarie : il y fut servi par quatre cent cinquante prêtres ; la déesse Astarté en eut quatre cents, nourris aux frais de la reine. Mais le prophète Élie reprocha au roi son idolâtrie et souleva le peuple contre les prêtres de Baal; ils furent tous massacrés. Élie, pour échapper aux menaces de Jézabel, s'enfuit dans le désert jusqu'au mont Horeb. Pendant ces troubles, les Moabites s'étaient soulevés ; Achab battit leur roi Mésa et lui imposa un tribut de 200,000 têtes de petit bétail. L'invasion de Benhadad II, roi de Damas, fut plus dangereuse. Suivi de trente-deux rois, ses vassaux, et d'une forte armée, il vint assiéger Samarie. Achab le défit près d'Aphek, lui imposa pour condition de rendre toutes les places qu'il avait prises, et de permettre aux Syriens d'ouvrir à Damas des marchés comme les Israélites en avaient à Samarie (901-900). Cependant, au bout de trois ans, Benhadad retenait encore Ramoth-Galaad, une des principales forteresses du pays. Achab fit alors alliance avec Josaphat, roi de Juda, dont le fils Joram avait épousé Athalie, fille d'Achab, et les deux rois se réunirent pour chasser les Syriens. Le roi d'Israël périt dans le combat, et Ochosias, son fils, lui succéda. Ochosias ne régna qu'un an, et fut remplacé par Joram, son frère, qui maintint soigneusement l'alliance établie par son père avec le roi de Juda. Ce secours ne lui fut pas inutile. Mésa, roi des Moabites, avait cessé de payer le tribut à la mort d'Achab; il s'était joint aux Ammonites, aux Syriens et aux Iduméens; mais Joram, secondé par Josaphat, le battit à Engadi, et tourna ensuite ses armes contre le roi de Syrie, qui gardait toujours la forteresse de Ramoth-Galaad. Il mourut dans cette guerre, et avec lui disparut la dynastie d'Achab ; une révolution porta sur le trône la famille de Jéhu (884).

Premiers rois de Juda (976-914), **Roboam**. — La famille de David et de Salomon se perpétua dans le royaume de Juda. Roboam (976-958) et Abiam son fils (958-955) attaquèrent vainement Jéroboam, roi d'Israël, qui excita contre ses ennemis Sésac, roi d'Égypte. Ce puissant monarque pénétra à Jérusalem (970) et enleva les boucliers d'or que dans les combats Salomon faisait porter devant lui. Cependant le royaume de Juda, défendu par les quinze forteresses que Roboam avait élevées sur ses frontières, résista à ces premiers dangers, et Abiam prit aux Israélites la ville de Bethel. Cette victoire et les troubles qui s'élevèrent dans le royaume voisin sauvèrent le faible État qu'avaient conservé les descendants de Salomon. Asa (955-914) eut à lutter contre une nouvelle invasion partie du midi; il vainquit Zara, roi d'Éthiopie, à Marésa (939), et resta fidèle au culte du vrai Dieu. Les autels que Roboam avait dressés dès la seconde année de son règne aux divinités phéniciennes furent renversés et la statue d'Astarté détruite à Jérusalem.

Josaphat (914-889). — Josaphat imita la piété de son père : non content de bannir l'idolâtrie de ses États, il voulut y faire revivre le respect et l'amour de l'ancienne loi. La quatrième année de son règne (910), il envoya cinq des principaux personnages de la cour, assistés de deux prêtres et de neuf lévites, dans toutes les villes du royaume pour y lire et y prêcher la loi oubliée. Juda redevint puissant sous son gouvernement. Allié d'Achab et de Joram, et tranquille du côté des rois d'Israël, il put s'appliquer à fortifier ses États; il entoura les villes de murailles, éleva des forteresses, entretint une armée nombreuse et mieux réglée; les Arabes et les Philistins lui payèrent tribut; pour la première fois depuis Salomon, les vaisseaux des Hébreux reparurent dans la mer Rouge, et le commerce d'Ophir fut rouvert aux marchands de Jérusalem. Joram (889-885), son fils, fut moins sage et moins heureux; il inaugura son règne par le meurtre de ses six frères et de quelques-uns des principaux personnages de Juda; les Iduméens se déclarèrent indépendants et fermèrent la route d'Élath; des hordes d'Arabes et de Philistins envahirent la Judée, et la ville lévitique de Libna se révolta. Ochosias (885-884) parvint au trône au milieu de ces difficultés : entièrement dominé par sa mère Athalie, il protégea comme Joram son père, comme Joram son oncle, roi d'Israël, le culte des divinités phéniciennes. Ce dernier prince réclama son secours contre Hazaël, roi de Damas, et les deux rois confédérés reprirent aux Syriens la forteresse de Ramoth-Galaad. Mais Joram, grièvement blessé, quitta le camp de Ramoth et se retira à Yezréel.

Révolution dans Israël (884). — Le prophète Élisée, disciple et successeur d'Élie, profita de la maladie du roi Joram pour accomplir une importante révolution dans le royaume d'Israël et y rétablir le culte du vrai Dieu. Déjà Élie avait cherché à rompre l'alliance que les Sidoniens entretenaient avec Israël. A Damas, Hazaël était parvenu au trône par un mouvement auquel les prophètes de la Palestine n'étaient sans doute pas étrangers. Enfin, quand l'alliance chaque jour plus intime des deux rois menaça le vrai culte d'une ruine totale, Élisée se décida à sacrer secrètement Jéhu, un des officiers de l'armée de Joram. Jéhu est proclamé à Ramoth, au milieu du camp; il marche contre Joram et le tue de sa main. Ochosias, blessé mortellement dans sa fuite, va mourir à Mageddo, à l'âge de vingt-trois ans. Toute la famille d'Achab fut exterminée avec les prêtres de Baal, attirés au temple de leur dieu par une ruse et massacrés en trahison. Jézabel, précipitée du haut d'une fenêtre du palais de Jezréel, fut foulée aux pieds des chevaux (884).

Dynastie de Jéhu (884-772). — Les deux rois avaient péri : tandis qu'Athalie, mère d'Ochosias, s'emparait de la couronne à Jérusalem, Jéhu prit possession du trône à Samarie; l'ordre des prophètes, qui avait soutenu sa révolte, lui prêta son appui, et sa dynastie régna plus d'un siècle sur Israël. Mais les luttes contre les Syriens recommencèrent. Hazaël envahit et occupa les provinces à l'est du Jourdain, et sous Joachas, fils de Jéhu (856-840), il exerça de continuels ravages : l'armée des Israélites, épuisée par tant de combats et mal recrutée, se trouva réduite à 10,000 hommes d'infanterie, 50 cavaliers et 10 chariots de guerre. En même temps, le culte phénicien, proscrit par Jéhu, reprit du crédit, et Astarté fut de nouveau adorée à Samarie.

Joas (840-825), successeur de Joachas, battit Benhadad III, fils d'Hazaël, et chassa les Syriens de toutes les villes qu'ils avaient occupées. Des ravages exercés sur la frontière de Juda par des mercenaires israélites mécontents amenèrent une guerre entre les deux royaumes. Joas battit Amasias à Bethschemech, le fit prisonnier, entra à Jérusalem par la brèche, et ne rendit la liberté au roi de Juda qu'en recevant des otages et tous les trésors du palais et du temple. Ainsi le royaume d'Israël prenait le dessus : sous Jéroboam II (825-784), il atteignit de nouveau, par la conquête d'Hamath et de Damas, les limites qu'il avait eues sous Salomon, l'Oronte supérieur et l'Euphrate. Ce fut le terme de son éphémère grandeur. Un long usage de l'idolâtrie, les rapports fréquents avec les Phéniciens et les Syriens, avaient entraîné la corruption et le luxe. La voix des prophètes Jonas, Amos et Osée fut impuissante pour arrêter ce mal, et c'est en vain qu'ils annoncent la chute d'Israël, plus menacé peut-être par les divisions et par l'anarchie que par les progrès d'un nouvel empire assyrien qui s'élève à Ninive.

Prise de Samarie, fin du royaume d'Israël (721). — Après un interrègne de douze années (784-772), Zacharie, fils de Jéroboam II, monta sur le trône, qu'il occupa six mois. Sallum, un de ses officiers, l'assassina et périt au bout d'un mois (771), assiégé dans Samarie par Manahem. Celui-ci eut à repousser une invasion des Assyriens : il éloigna leur roi Phul par un tribut de 1,000 talents ou de 3 millions de sicles (50 sicles par tête de guerrier) ; mais cette conduite excita des révoltes. Phaceïa, fils de Manahem, ne garda la couronne que deux ans (760-758) ; Phacée l'assassina dans un complot et régna vingt ans. Il fit alliance contre le roi de Juda Achaz avec Résin, roi de Syrie; mais Achaz appela à son secours Téglat-Phalasar, successeur de Phul, qui s'empara de la Galilée et de la Pérée et en emmena les habitants en Assyrie. Le meurtre de Phacée par Osée (738) mit le comble à l'anarchie ; après un nouvel interrègne de neuf ans, Osée parvint à s'affermir sur le trône; il crut même que l'alliance du roi d'Égypte Sévéchus le protégerait contre les entreprises des Assyriens, et il refusa le tribut à Salmanasar. Mais celui-ci vint l'attaquer avec une armée nombreuse, le fit prisonnier (723) et s'empara de Samarie après deux ans de siége (721). Les habitants de cette ville furent envoyés en colonies à Hala et Habor, villes de Médie, et remplacés par des colons de Babylone, de Cutha, d'Avah, d'Émath et de Sépharvaïm ; le royaume d'Israël cessa d'exister : il avait duré deux cent vingt-cinq ans, sous dix-neuf rois répartis en neuf dynasties.

Derniers rois de Juda (884-606); **Athalie, Ézéchias.**—A la mort d'Ochosias (884), Athalie, sa mère, s'était emparée de la couronne. Elle massacra tous les enfants mineurs d'Ochosias : Joas seul, âgé d'un an, fut sauvé par Josabeth, sa tante, femme du grand prêtre Joïada. Au bout de six ans Joïada, ayant gagné les chefs de la garde royale, arma les lévites, proclama Joas et fit périr Athalie. Le culte de Baal fut aboli, et Mathan, grand prêtre de ce dieu, massacré devant son autel.

Joas (878-838) gouverna sous la tutelle de Joïada, rétablit le culte national et restaura le temple négligé sous les règnes précédents. Mais, à la mort de son protecteur, il laissa reparaître le culte phénicien; Zacharie, fils de Joïada, fut lapidé pour avoir élevé la voix contre l'idolâtrie. Vers le même temps, Hazaël, roi de Damas, envahit le royaume, prit Gath et menaça d'assiéger Jérusalem. Joas l'éloigna par un tribut; mais un complot vengea le meurtre de Zacharie et Joas fut assassiné. Amasias (838-809) punit les meurtriers de son père et prit Pétra aux Iduméens; comme Joas, il périt dans une conspiration. Ozias, son fils (809-758), acheva la soumission des Iduméens et leur reprit Élath, battit les Philistins et plusieurs peuples arabes, et reçut un tribut des Ammonites. Son règne eut ainsi quelque éclat. Il fortifia Jérusalem et y fit élever des tours, creusa un grand nombre de citernes pour abreuver les nombreux troupeaux qui faisaient la richesse de ses sujets. Vers la fin de sa vie il fut atteint de la lèpre, quitta la ville et céda le trône à Joatham, son fils, dont le règne fut heureux et tranquille. Achaz (741-726) le remplaça. Il encouragea par son propre exemple le culte de Baal et de Moloch. Menacé par la coalition de Phacée et de Résin, il appela Téglat-Phalasar, roi de Ninive, qui renversa le royaume de Damas. Achaz avait repoussé un ennemi et trouvé un maître : il fut obligé d'aller à Damas faire hommage au roi d'Assyrie et se reconnaître son tributaire. Pendant cette guerre Élath était tombée au pouvoir de Résin, qui l'avait rendue aux Iduméens, et la mer Rouge avait de nouveau été fermée aux habitants de Juda.

Ézéchias (726-697) manifesta un zèle ardent pour le culte de Juda : dès son avénement, il fit rouvrir le temple, qui avait été fermé par Achaz, et briser les statues des divinités phéniciennes. La sixième année de son règne, Salmanasar mit fin au royaume d'Israël; dès lors, celui de Juda se trouva directement exposé aux attaques des Assyriens. Un parti puissant se forma pour résister à ces ambitieux voisins et s'adressa aux Égyptiens. Ézéchias osa même refuser le tribut à Sennachérib ; mais ce prince envahit la Judée, y leva une contribution de 300 talents d'argent et de 30 talents d'or et s'apprêta à mettre le siége devant Jérusalem. L'approche du roi égyptien Tarakha et un fléau qui décima son armée l'obligèrent de battre en retraite encore. Ézéchias trouva un nouvel allié dans le roi de Babylone Mérodach-Baladan. Les dernières années de son règne (712-697) s'achevèrent dans une paix profonde.

Fin du royaume de Juda, captivité de Babylone (606). — Après les règnes de Manassé et d'Ammon, qui ne présentent d'autre fait remarquable que le rétablissement de l'idolâtrie, Josias monta sur le trône, qu'il occupa trente années (640-610). Vaincu à Mageddo par Néchao, roi d'Égypte, il mourut dans le combat, et Joachas, son second fils, lui succéda. Néchao s'empara de la personne du nouveau roi, l'envoya captif en Égypte et mit sur le trône Joiakim, fils aîné de Josias. La bataille de Circésium, où Néchao fut vaincu par Nabuchodonosor (606), donna de nouveaux maîtres à la Judée. Les Assyriens s'emparèrent de Jérusalem (599) et emmenèrent en captivité le roi Jéchonias, fils de Joiakim. Sédécias, son oncle, lui succéda, et ne fut qu'un satrape du roi de Babylone. Une révolte qui éclata sous son règne attira un grand désastre sur Jérusalem. Nabuchodonosor entra de nouveau dans cette ville et en détruisit le temple de fond en comble ; tous les trésors, les vases sacrés, les objets précieux, furent transportés à Babylone, et les habitants emmenés en captivité. Il ne resta dans le pays qu'un petit nombre de paysans pour cultiver la terre. Guédalia, Juif de naissance, fut nommé gouverneur de ce pays presque désert ; mais au bout de sept mois il fut assassiné, et les Juifs, craignant la vengeance du roi d'Assyrie, s'enfuirent en Égypte (586). Cinquante ans après (536), un *édit de Cyrus* permit aux exilés de rentrer dans leur patrie.

Tableau chronologique des rois de Juda et d'Israël.

ROIS DE JUDA :	ROIS D'ISRAEL :
Roboam, 976-958.	Jéroboam Ier, 976-954.
Abiam, 958-955.	
Asa, 955-914.	Nadab, 954-952.
	Baaza, 952-930.
	Éla, 930-929.
	Zimri, 928 (7 jours).
	Omri, 928-917.
Josaphat, 914-889.	Achab, 917-897, ép. Jézabel.
	Ochosias, 897-896.
Joram, 889-885, ép. Athalie.	Joram, 896-884.
Ochosias, 885-884.	
Athalie, 884-878.	Jéhu, 884-856.
Joas, 878-838.	Joachas, 856-840.
Amasias, 838-809.	Joas, 840-825.
Ozias, 809-758.	Jéroboam II, 825-784.
	Interrègne, 784-772.
	Zacharie, 772.
	Sellum, 771.
	Manahem, 771-760.
	Phaceïa, 760-758.
Joathan, 758-741.	Phacée, 758-748.
Achaz, 741-726.	*Interrègne*, 738-729.
Ézéchias, 726-697.	Osée, 729-721.
Manassès, 697-642.	
Amon, 642-640.	
Josias, 640-610.	
Joachas, 610 (3 mois).	
Joachim, 610-599.	
Jéconias, 599 (6 mois).	
Sédécias, 599-588.	

CHAPITRE VI.

Égypte [1]. — Le Nil et ses inondations. — Principaux rois.

Égypte, ses limites, le Nil et ses inondations. — Origine des Égyptiens. — Division de l'histoire de l'Égypte. *Principaux rois.* Le haut empire égyptien. Ménès. Les dix premières dynasties. — Le moyen empire égyptien, de la onzième à la seizième dynastie. Les Sésortasides. — Invasion des Hyksôs ou pasteurs. Quinzième, seizième et dix-septième dynasties. — Nouvel empire égyptien. Dix-huitième et dix-neuvième dynasties, de 1700 à 1300 environ avant J. C. Apogée de la puissance des Pharaons. — Dix-neuvième dynastie (1462-1288 avant J. C.). — Ramsès II Méiamoun ou Sésostris. — Successeurs de Sésostris. — Sésonchis ou Sésac. — Règne de Psammétichus (656-617). — Néchao (617-601). — Psammis, Apriès, Amasis, Psamménit; conquête de l'Égypte par les Perses (601-525).

Égypte, ses limites, le Nil et ses inondations. — L'Égypte ancienne était bornée au nord par la mer Méditerranée, à l'est par la mer Rouge, au sud par la cataracte de Syène, à l'ouest par la chaîne des monts de Libye, qui la sépare du grand désert de l'Afrique septentrionale. Cette contrée n'est réellement qu'une vaste oasis placée au milieu des sables de la Libye et des montagnes arides qui bordent la mer Rouge, féconde vallée qui rompt la monotonie du désert. Admirée et vantée par les historiens et par les poëtes de la Grèce, elle était pour eux comme une terre de miracles, le séjour de Protée, le dieu aux mille formes, la patrie d'Isis, mère de toutes choses. Après avoir été pour les Grecs la source de toute sagesse et de toute science, elle finit par devenir le second grenier de Rome (*secundum a Sicilia Romæ horreum*). Après la Judée, nulle terre en Orient n'a eu un plus grand renom, ni plus mérité.

La fertilité de son sol, le nombre et la richesse de ses villes, l'Égypte doit tout au fleuve qui l'arrose : elle n'a de vie que sur ses bords ; elle est, selon le mot d'Hérodote, un présent du fleuve. C'est lui qui, des hautes régions de l'Éthiopie, a, dans un cours de plusieurs siècles, apporté ce limon qu'il dépose dans sa route et fait reculer les rivages de la mer pour former cette longue plaine de deux cents lieues ; le Delta n'a pas d'autre origine ; il s'est élevé lentement par les atterrissements du fleuve. Aussi les habitants ont-ils nommé le Nil le père de l'Égypte. La Grèce a fait plus ; elle n'a eu d'abord qu'un nom pour le fleuve et pour la contrée, Égypte, Αἴγυπτος.

Les inondations du Nil, sur lesquelles les anciens ont imaginé

1. Consulter, dans l'Atlas de M. H. Chevallier, la carte d'*Égypte ancienne*.

d'étranges explications, sont dues aux pluies périodiques qui, au mois de mars, tombent au sud du dix-septième parallèle. Depuis le solstice d'été jusqu'à l'équinoxe d'automne, le fleuve croît de quatre pouces par jour ($0^{m},108$). Un instrument nommé nilomètre ou mekias, établi dans l'île de Roudah, près du Caire, mesure la crue des eaux, dont la hauteur moyenne la plus favorable est de vingt-deux coudées (10^{m}). C'est surtout à cette époque que l'Égypte présente un beau spectacle. « Quand le Nil a inondé le pays, on n'aperçoit plus que les villes : elles paraissent au-dessus de l'eau et ressemblent à peu près aux îles de la mer Égée. Toute l'Égypte, en effet, n'est qu'une vaste mer, si vous en exceptez les villes. Tant que dure l'inondation, on ne navigue plus sur les canaux du fleuve, mais par le milieu de la plaine[1]. » Alors les barques côtoient les pyramides : du sein des eaux s'élèvent des palmiers et les digues étroites qui servent de communication. Puis, quand le fleuve s'est retiré, un soleil ardent, qui brûlerait une autre terre, fait éclore sur ce sol, profondément arrosé, des plantes hâtives et vigoureuses, et « l'Égypte n'est, d'un bout à l'autre, qu'une magnifique prairie, un champ de fleurs ou un océan d'épis; » mais l'atmosphère y est pleine d'une lumière que l'œil a peine à supporter, et qui trompe par les effets bizarres du mirage, et les arbres ne donnent aucune ombre sur cette immense plaine presque découverte.

Les sources du Nil ne sont connues que depuis un petit nombre d'années. Dans l'antiquité, Néron les fit chercher sans succès. Aussi considérait-on cette recherche comme une entreprise vaine et insensée : c'était comme un de ces mystères dont la nature dérobe le secret aux mortels :

> Arcanum natura caput non prodidit ulli,
> Nec licuit populis parvum te, Nile, videre.

Longtemps on avait cru que le *Bahr-el-Azrac* ou *Nil bleu*, sorti de l'Abyssinie, était le bras principal du grand fleuve. En 1858, le capitaine anglais Speke découvrit au sud de l'Équateur un lac ou *nyanza*, auquel il donna en l'honneur de la reine d'Angleterre le nom de *Victoria-Nyanza*. L'idée lui vint que ce lac pourrait bien être la source du Nil. Dans un second voyage avec le capitaine Grant, le 21 juillet 1862, il vit le *Nil blanc* ou *Bahr-el-Abiad* sortir au nord de ce lac. Il avait entendu dire que ce cours d'eau, après être sorti du Victoria-Nyanza, tra-

1. Hérod., II, 97.

versait plus à l'ouest un autre lac dont il recueillait également les eaux. Mais il ne put vérifier le fait par lui-même. Ce fut sir Samuel White Baker qui, le 14 mars 1864, par 1°,14' de latitude nord, découvrit ce second lac, nommé *Luta-Nzighé*, et qu'il appela l'*Albert-Nyanza*. Ces deux lacs *Victoria* et *Albert* peuvent donc être considérés comme les sources véritables du Nil. Un peu plus tard, en 1872, l'illustre voyageur Livingstone crut que les eaux du *lac Tanganyika*, situé beaucoup plus au sud, communiquaient avec le Victoria-Nyanza, et que les quatre grandes rivières appelées chacune *Loualaba* par les indigènes n'étaient autre chose que des bras du Nil. Mais depuis, de 1874 à 1875, le lieutenant Cameron a découvert que le lac Tanganyika et les rivières Loualaba s'écoulent vers l'ouest pour aller vraisemblablement former le Congo.

Le Nil proprement dit, le Nil historique, pour ainsi parler, se forme, à 15° 40' lat. N. et 30° 15' long. E., par la réunion du Nil bleu (Bahr-el-Azrak) et du Nil blanc (Bahr-el-Abiad). On y compte six cataractes, dont la dernière, celle de Syène, marque la limite méridionale de l'Égypte. La vallée qu'il traverse, resserrée entre deux chaînes de montagnes, s'élargit à mesure qu'il approche de la mer. D'abord il n'y a passage que pour le Nil, avec une étroite lisière qui disparaît quelquefois sous les eaux ; mais dans le Saïd son lit occupe mille à douze cents mètres ; à droite et à gauche, des bandes sablonneuses bordent ses rives, et le terrain cultivé s'étend à près de trois lieues. Au-dessous du Caire commence une plaine triangulaire, ou delta, sillonnée par les canaux et par les branches du fleuve. C'est là que s'arrêtent, à l'est, la chaîne Arabique, qui finit par une coupure très-escarpée ; à l'ouest, la chaîne Libyque, dont la pente est plus douce et qui semble s'étaler pour donner naissance à la plate-forme des Pyramides ou du Fayoum et pour se confondre ensuite avec la plaine aride du désert. De ce côté sont les lacs Natron et Mœris : ce dernier, d'une étendue de soixante lieues carrées, est joint au Nil par un canal qui y apporte les eaux au moment de la crue ; quand le fleuve se retire, on les retient au moyen de digues et d'écluses pour les répandre dans le Fayoum et aux environs de Memphis. C'est aussi vers l'occident que se trouvent les oasis : au midi, à la hauteur de Thèbes, la Grande Oasis des anciens (El-Khargeh) ; plus au nord, celles de Dakhel, Farafreh, El-Beryeh ; au nord-ouest, celle de Syouah ou de Jupiter Ammon, célèbre dans l'antiquité par son temple, qu'Alexandre visita. Le Nil se divise à

Cercasore, au-dessus de Memphis, et se jette dans la mer par sept embouchures, qui sont, de l'est à l'ouest: les branches Pélusienne, Tanitique, Mendésienne, Phatnitique, Sébennytique, Bolbitine et Canopique; la quatrième et la sixième sont des canaux creusés par la main des hommes. Ce Delta, par où l'Égypte touche à l'Europe et à l'Asie, est la partie la plus animée de la contrée. C'est là que par la suite des temps toute la vie s'est concentrée, entre le Caire et Alexandrie, cités récentes nées d'hier pour ainsi dire, si on les compare à Memphis et à Thèbes.

Origine des Égyptiens. — Les traditions religieuses de l'Égypte et le témoignage presque unanime des historiens anciens plaçaient en Éthiopie le berceau de la nation et de la civilisation égyptiennes, et la critique moderne a d'abord accepté cette opinion. « Il est avéré, dit Heeren, qu'une tribu éthiopienne arriva à une haute civilisation, qu'elle habita des villes, éleva des temples et de grands édifices, posséda, sinon une écriture de caractères phonétiques, au moins d'hiéroglyphes, connut des institutions politiques et des lois, répandit de très-bonne heure la renommée de ses lumières sur une grande partie de la terre et donna enfin naissance à l'État de Méroë. » L'Égypte aurait dû sa première organisation politique à cet antique et primitif empire, dont les colonies, se répandant successivement vers le nord, y auraient importé peu à peu l'agriculture et les arts imparfaits. La civilisation, suivant le cours du fleuve, aurait ainsi descendu de l'Éthiopie dans la Haute Égypte, de celle-ci dans la Moyenne Égypte, pour s'implanter en dernier lieu dans le Delta, où a fini par se concentrer toute la vie politique du pays. Ce système ne saurait tenir devant l'examen des documents hiéroglyphiques : ils prouvent que c'est l'Éthiopie qui, vers le douzième siècle avant notre ère, a été occupée et colonisée par l'Égypte, qui a dompté et fait reculer devant elle les races aborigènes du haut Nil, et qu'au lieu de descendre le cours du fleuve la civilisation l'a remonté.

Ce point important établi, il est plus facile de décider à quelle race appartenaient les anciens Égyptiens et quelle contrée leur a servi de berceau. Les recherches de la science moderne ont démontré qu'ils se rattachent aux peuples de race blanche, qui dès l'origine du monde ont occupé l'Asie antérieure et l'Asie centrale, et qu'ils ont de là passé en Afrique en traversant l'isthme de Suez. L'histoire de leurs premiers établissements ne saurait être retrouvée avant l'époque où les petits États formés par le groupement des habitants autour des sanctuaires primitifs se sont fondus en un seul corps de nation ; car en Égypte, comme dans presque tous les États de l'antiquité, c'est l'autel consacré à telle ou telle divinité qui a été le foyer fécond des sociétés locales, comme chez nous, au moyen âge, le village s'est formé autour de l'église. Ces sanctuaires ont été l'origine des nomes, nom que les Grecs ont donné aux circonscriptions administratives des temps historiques, et qui répondaient à peu près aux petits États particuliers dont la réunion a formé le royaume des Pharaons.

Les traditions populaires des Égyptiens plaçaient en tête de leurs annales une époque fabuleuse, celle du règne des dieux et des demi-dieux, auquel elles attribuaient une durée de près de quarante mille ans. Ainsi l'Inde, ainsi la Chine, ont imaginé au début de leur vie nationale, une période divine de plusieurs millions d'années. Dans cette époque obscure et reculée, qu'il convient de ramener aux proportions d'une chronologie raisonnable, sans qu'on puisse toutefois en tracer les limites. l'Égypte vit se fonder successivement les royaumes de Memphis, de Thèbes, d'Éléphantine, etc., d'abord isolés et soumis à des chefs tirés de la caste sacerdotale, qui, dans les derniers temps de la période anté-historique, exerça son empire sur les autres classes de la nation. Mais avec Ménès, premier roi connu de l'Égypte, la caste guerrière s'empara du pouvoir, et c'est alors seulement que commence avec quelque vraisemblance cette longue série de Pharaons qui jusqu'au temps d'Alexandre le Grand formèrent trente et une dynasties.

Divisions de l'histoire de l'Égypte. Principaux rois. Le haut empire égyptien. Menès. Les dix premières dynasties. — L'histoire de l'Égypte ancienne, depuis les temps les plus reculés jusqu'à la conquête de ce pays par Alexandre le Grand, embrasse un espace de plus de quatre mille ans [1]

1. Cette énorme durée peut sembler en contradiction avec les données de la Bible; mais, dit fort bien M. Lenormant *, « la Bible n'assigne pas une date précise à la naissance du genre humain, elle ne donne aucun chiffre positif à ce sujet..... Ce que les livres saints affirment seulement, et ce que la science démontre d'accord avec eux, c'est que l'apparition de l'homme sur la terre (quelque haute qu'en puisse être la date) est récente par rapport à l'immense durée des périodes géologiques de la création, et que l'antiquité de plusieurs myriades d'années que certains peuples, comme les Égyptiens, les Chaldéens, les Indiens et les Chinois, se sont complaisamment attribuées dans leurs traditions mythologiques, est entièrement fabuleuse. »

* *Manuel d'histoire ancienne de l'Orient*, t. I, p. 5.

pendant lequel se succédèrent trente et une dynasties. Cet espace est communément réparti en trois grandes périodes : celle de l'ancien ou *haut empire,* qui correspond aux dix premières dynasties; celle du *moyen empire*, qui commence avec la onzième dynastie et finit avec la seizième, sous laquelle a lieu l'invasion des pasteurs; celle du *nouvel empire,* qui se prolonge jusqu'à l'époque macédonienne.

Les historiens anciens plaçaient en tête des annales égyptiennes une période mythologique pendant laquelle la caste sacerdotale aurait régné sur les divers nomes ou principautés du pays. Avec Menès commence la véritable ère historique. Ce prince, originaire de Théni, dans la Haute Égypte, ouvre la longue série de ces illustres Pharaons qui emplissent de leurs noms plus de quarante siècles. Menès fonda sur la rive gauche du Nil la ville de Memphis, où il établit le siége de son gouvernement; il l'entoura d'une digue qui subsiste encore sous le nom de digue de Koschéich et sert de clef aux réservoirs d'inondation de la contrée environnante. Il bâtit le fameux temple de Phtah, auquel presque tous les Pharaons travaillèrent pour l'agrandir ou pour l'embellir.

La dynastie fondée par Menès dura, selon Manéthon, 253 ans : il n'en subsiste aucun monument. Les deux suivantes ne sont guère plus connues. Cependant la seconde, aussi originaire de Théni, et à laquelle on attribue une durée de 302 ans, a laissé comme principaux souvenirs de son existence la grande pyramide de Sakkarah, le plus vieux monument du monde après les ruines de la tour de Babel, et trois statues, celles d'un haut fonctionnaire du nom de Sepa et de ses deux fils, aujourd'hui conservées au musée du Louvre. Avec la troisième dynastie (214 ans) le centre du pouvoir politique se déplace. Elle est issue de Memphis, qui va devenir ainsi la reine de l'Égypte pendant environ sept siècles, et fournir successivement trois dynasties, les plus illustres de cette période du haut empire. La quatrième (284 ans) a laissé sur le sol de l'Égypte de nombreux et remarquables monuments, qui attestent la grandeur et la puissance de ses rois. A son fondateur Snewrou [1], le Soris de Manéthon, auquel on doit la première exploitation des mines de cuivre et de turquoises du Sinaï, succédèrent les trois

1. Pour tous les noms des anciens Pharaons, retrouvés et restaurés par les égyptologues modernes, nous suivons l'orthographe adoptée par M. G. Maspéro, dans son *Histoire ancienne des peuples de l'Orient.*

princes appelés par Hérodote Cheops, Chephren et Mycerinus, et dont les noms se lisent sur les monuments sous les formes suivantes: Khouwou, Khawrâ et Menkara. Ce sont les constructeurs des trois grandes pyramides. Le second de ces rois, Khawrâ, bâtit aussi le sphinx qui s'élève dans la plaine de Gizeh, à côté des pyramides. « Les premiers règnes de cette dynastie, dit M. Lenormant, marquent le point culminant de l'histoire primitive de l'Égypte. La splendeur et la richesse intérieure du pays paraissent avoir été immenses sous ces princes, et sont suffisamment attestées par leurs prodigieuses constructions. Les limites de la monarchie allaient alors jusqu'aux cataractes. » Il faut ajouter toutefois que cette grandeur ne fut acquise qu'au prix de l'oppression des peuples, qu'il fallut accabler de corvées pour ériger tous ces gigantesques monuments. La dynastie suivante, la cinquième (248 ans) se signala par des entreprises heureuses contre les tribus nomades de l'Asie. Après elle l'autorité de Memphis commença à décliner. La sixième dynastie nous présente encore les règnes glorieux et prospères de Papi Ier, qui fit la première conquête de l'Éthiopie et de la Nubie, et ouvrit une route de Keneh, dans la Haute Égypte, à Kosséir, port sur la mer Rouge, et de la reine Nitagrit, la Nitocris d'Hérodote, surnommée par Manéthon « la belle aux joues roses, » célèbre par sa sagesse et par sa beauté, et qui termina la troisième des grandes pyramides, laissée inachevée par Menkara.

De la mort de Nitocris, dont le règne clôt la sixième dynastie jusqu'à la fin de la dixième, il s'écoula une période de 436 ans sur laquelle l'histoire est à peu près muette, et qui fut remplie par deux dynasties memphites, auxquelles succédèrent deux dynasties héracléopolitaines. L'Égypte paraît avoir été livrée pendant ce long espace de temps à des discordes intestines, au milieu desquelles les villes du sud, Coptos, Silsilis, Thèbes surtout, naquirent à la vie politique. Cette dernière ville, fondée selon toute probabilité pendant cette époque de confusion, va succéder à Memphis dans le rôle de capitale et de dominatrice de l'Égypte pendant toute la durée du *moyen empire*.

Le moyen empire égyptien, de la onzième à la seizième dynastie. Les Sésortasides. — Les Pharaons de la onzième dynastie eurent surtout à s'occuper d'établir solidement leur autorité, menacée par les princes indépendants qui s'étaient maintenus à Héracléopolis, d'où étaient issues, comme on vient de le voir, les deux précédentes dynasties. En même temps ils eurent à repousser les attaques des Nubiens et des Éthiopiens, qui, pendant la longue période de troubles écoulée depuis la mort de la reine Nitocris, avaient secoué le joug de l'Égypte. Mais celle-ci se relève avec les rois de la douzième dynastie. Alors commence une nouvelle ère de grandeur et de prospérité. Ces princes portèrent tous les noms d'Amenhemat ou d'Ousortesen ou Sésortasen, d'où le nom de Sésortasides qui leur est donné par quelques savants. Aucune époque de l'histoire reculée de l'Égypte ne présente plus de suite et de certitude, grâce aux nombreux monuments qui en retracent l'histoire: Amenhemat Ier, fondateur de la dynastie, reprit possession de la péninsule du Sinaï, et commença la conquête de l'Éthiopie qui fut achevée par son quatrième successeur Ousortesen III. Ce dernier fut un roi conquérant, dont les monuments rappellent les nombreuses victoires; les Grecs en ont fait honneur au second Sésostris, le Ramsès II de la dix-neuvième dynastie, et confondu les traditions qui concernent les deux monarques, comme ils avaient fait pour leurs propres héros, Hercule et Minos. Son fils Amenhemat III creusa le lac Mœris, l'une des merveilles de l'Égypte, dans la plaine du Fayoum, à quelques lieues au sud-ouest de Memphis. C'était un vaste réservoir artificiel occupant une surface de mille hectares, destiné à régler le cours de l'inondation périodique du Nil. Si la crue était insuffisante, les eaux emmagasinées dans le lac en étaient relâchées au fur à mesure que les besoins de l'irrigation se faisaient sentir; était-elle au contraire trop abondante, le Mœris en recevait le surplus dans ses vastes bassins, auxquels d'ailleurs un écoulement était ouvert dans un autre lac naturel, le Birket-Kéroun, qui remplissait une vallée de dix lieues de long. Ce même prince fit aussi construire, aux environs du Mœris, le fameux labyrinthe, nom altéré de l'expression égyptienne Lopero-hount, qui signifie temple près du lac. Nous parlerons dans le chapitre suivant de ce monument original. Mais nous devons mentionner encore ici la construction du grand temple d'Ammon, commencée par Ousortesen Ier, qui restaura en outre le temple d'Osiris à Abydos; celle des propylées du temple de Phtah, à Memphis, par Amenhemat III. A cette époque se rapportent aussi les remarquables hypogées des grottes de Beni-Hassan[1].

Avec la treizième dynastie, originaire de Thèbes, comme les

1. Voir le chapitre suivant.

deux précédentes, et à laquelle on attribue une durée de 453 ans, nous rentrons dans une nouvelle période d'obscurité. On sait toutefois que ses princes maintinrent les conquêtes des Sésortasides, comme l'attestent les colosses érigés dans l'île d'Argo, au fond de l'Éthiopie, par l'un de ses rois. Le musée du Louvre conserve aussi une belle statue de Sevekhotep III trouvée à Bubaste dans le Delta. Ainsi ni la puissance de l'Égypte, ni la gloire des arts ne déclinèrent pendant cette longue série d'années : car la plupart des statues royales qui se rapportent à cette époque sont des chefs-d'œuvre que l'art des époques postérieures a rarement égalés. Toutefois il paraît certain que dans les dernières années de la treizième dynastie, le centre politique de l'Égypte tendit à se déplacer. La prépondérance passa insensiblement de Thèbes aux villes florissantes du Delta, Mendès, Saïs, Bubaste, Tanis et Xoïs. C'est de cette dernière ville que fut tirée la quatorzième dynastie, qui régna, suivant les calculs les plus probables, pendant 184 ans. D'après quelques critiques, elle fut contemporaine de la treizième dynastie, originaire de Thèbes, ce qui réduirait à 269 ans la durée attribuée plus haut à cette dernière. Mais cette opinion est combattue par M. Maspéro, qui n'admet pas que l'Égypte ait été divisée alors en deux royaumes indépendants l'un de l'autre. C'est là une des nombreuses difficultés de la chronologie égyptienne, et cette difficulté se prolonge jusqu'à l'avénement de la dix-huitième dynastie.

Invasion des Hyksôs ou pasteurs. Quinzième, seizième et dix-septième dynasties. — L'Égypte formait encore un empire étendu et florissant lorsque, sous le règne d'un prince que Manéthon nomme Amin-Timaos, vers le vingt-quatrième siècle avant notre ère, des hordes nombreuses venues de Syrie et d'Arabie envahirent le Delta et l'Heptanomide. C'était un ramassis de tribus nomades, parmi lesquelles figuraient principalement les Chananéens, les Kéthas, auxquels les Égyptiens donnaient le nom de Shous ou Shasou, c'est-à-dire pillards, voleurs, nom qui leur convenait alors comme aux Bédouins d'aujourd'hui. Tous les chefs de cette terrible invasion furent appelés Hyksôs, du mot Hyk, qui signifiait roi dans la langue sacrée des Égyptiens, et du mot shous qui désignait ces tribus; les Grecs en ont fait Hyksôs. Ces rois pasteurs s'emparèrent de Memphis, qui devint le siége de leur gouvernement, et fortifièrent Avaris (Ha-ouar) ou Peluse, où ils établirent un camp retranché capable de tenir 240,000 hommes. On leur attribue aussi la fondation de On ou Héliopolis. Ils marquèrent leur domination par des monuments et des pyramides d'une construction gigantesque, par des travaux qui demandaient un grand concours de forces, comme des conquérants pouvaient l'exiger des vaincus. Cependant Thèbes et les provinces du sud luttèrent pendant deux cents ans pour leur indépendance. Un des Hyksos, Assès, finit par renverser la quinzième dynastie, qui s'était réfugiée dans la haute Égypte, et les rois pasteurs régnèrent alors des bouches du Nil aux cataractes de Syène. Les Pharaons de la seizième dynastie essayèrent en vain de secouer le joug étranger. Enfin, après plus de quatre cents ans de servitude, un prince égyptien nommé Taâà Ier, regardé comme le fondateur de la dix-septième dynastie, établie à Diospolis, donna le signal de la guerre d'indépendance qui devait durer encore cent cinquante ans. Elle fut achevée victorieusement par un Pharaon que Manéthon nomme Misphragmoutosis, qui prit Memphis et força les Hyksôs à se retrancher dans leur place forte de Peluse, d'où Ahmès parvint enfin à les chasser. Ils se réfugièrent en Syrie. Leur retraite affranchit l'Égypte d'une domination étrangère qui s'était appesantie sur elle pendant six siècles.

Nous ne pouvons pas quitter l'histoire des Hyksôs sans rappeler que la tradition place sous un de leurs rois, Aphobis, ou plus exactement Apapi, la descente et l'établissement des Hébreux dans la terre de Goshen (vulgairement Gessen). Joseph aurait été le ministre de ce prince. M. Maspéro conjecture que ce fut celui des Apapi qui embellit Tanis et dont M. Mariette a retrouvé les monuments.

Nouvel empire égyptien. Dix-huitième et dix-neuvième dynasties, de 1700 à 1300 environ avant J. C. Apogée de la puissance des Pharaons. — L'expulsion des Arabes et des Chananéens, représentée sur l'un des principaux temples de Thèbes, fut un grand événement; elle rendit au pays son indépendance et prépara sa réunion sous un seul roi. Avec la dix-huitième dynastie, qui dura 241 ans, s'ouvre la plus belle période de l'histoire de l'antique Égypte. Pendant quatre siècles les Pharaons remplirent le monde oriental du bruit de leurs victoires et de l'éclat de leur magnificence. Ahmès (Amosis), fondateur de cette dynastie, après avoir forcé les Pasteurs à se renfermer dans Avaris, rétablit sur le haut Nil la domination qu'y avaient exercée ses prédécesseurs de la douzième et de la treizième dynastie, les Sésortasides. Il fit restaurer le sanctuaire d'Ammon à Karnak, et le temple de Phtah à Memphis. Son successeur Amenhotep Ier (Aménophis), agrandit encore au sud les frontières de l'empire et soumit l'Éthiopie entière qui souvent conquise, échappait à la domination de l'Égypte chaque fois que celle-ci subissait une décadence ou un affaiblissement momentanés. Des colonies échelonnées depuis la cataracte de Syène jusqu'aux confins du Sennaar assurèrent pour plusieurs siècles la possession de l'Éthiopie.

Thotmès Ier (Thoutmosis), fils et successeur d'Amenhotep, porta les armes de l'Égypte au delà de l'isthme de Suez, soumit les Chananéens de Palestine, s'avança jusqu'à Damas, et de là jusqu'à l'Euphrate où il éleva aux environs de Karkemish (le Circésium des Grecs) des stèles destinées à consacrer le souvenir de ses victoires [1]. Après le court règne de Thotmès II, marqué par des expéditions peu importantes en Syrie et en Nubie, son fils Thotmès III encore enfant parvint au trône sous la tutelle de sa sœur Hatasou, qui administra l'Égypte pendant vingt et un ans. Cette princesse, égale aux plus grands des Pharaons, assembla sur la mer Rouge une flotte de guerre, la première sans doute qui eût navigué dans ces parages, conquit l'Yemen ou pays de Pount et visita les côtes méridionales de l'Arabie. A sa mort, une insurrection générale des peuples tributaires mit en péril l'autorité de Thotmès III; elle fut promptement et vigoureusement réprimée. Les Routen de la Palestine et de la Syrie furent battus à Mageddo et se soumirent; les Routen de la Mésopotamie, effrayés, n'affrontèrent même pas la lutte: Thotmès, parvenu aux bords du Tigre, le remonta jusqu'à Ninive et reçut le tribut du roi d'Assur; mais quelques années après, il dut recommencer cette expédition, fit la conquête de Ninive, de Singar, de Babylone, et imposa tribut aux Remenen ou Arméniens. Dans l'intervalle de ces guerres contre les peuples de l'Asie, il parcourut plusieurs fois en vainqueur les pays situés sur le haut Nil, au delà des cataractes. A la fin de son règne son empire s'étendait de l'Euphrate aux confins du territoire des Gallas. Ce n'est pas tout encore : une flotte qu'il lança sur la Méditerranée, après la conquête de la Phénicie et de la Syrie, soumit à sa domination les îles de Chypre et de Crète, l'archipel hellénique, une partie des côtes de l'Asie Mineure et de la Grèce, peut-être même de l'Italie méridionale. Quelques savants égyptologues assurent même que ses vaisseaux péné-

1. On croit que de cette excursion Thotmès Ier rapporta en Égypte le cheval, qui commence alors seulement à figurer sur les monuments du pays.

trèrent plus d'une fois dans la mer Noire, ce qui confirmerait l'assertion d'Hérodote, d'après laquelle les Égyptiens auraient fondé en Colchide une colonie pour l'exploitation des mines. Enfin les flottes de ce grand conquérant soumirent aussi le littoral du nord de l'Afrique, et l'on a retrouvé à Cherchell en Algérie des monuments de ses victoires. Il serait trop long d'énumérer les constructions splendides et les œuvres d'art dont il couvrit l'Égypte. Ces travaux figurent parmi les plus remarquables de l'architecture et de la sculpture égyptiennes. Thotmès avait régné cinquante-quatre ans, dont vingt et un ans, comme nous l'avons dit plus haut, sous la régence de sa sœur Hatasou. La puissance de son vaste empire fut maintenue sous ses premiers successeurs Amenhotep II, Thotmès IV, Amenhotep III. Ce dernier doit sa célébrité à la statue colossale qu'il éleva au-devant d'un des temples de Thèbes, où elle existe encore et à laquelle les Grecs ont donné le nom de statue de Memnon, se figurant qu'elle représentait, non pas le Pharaon qui l'avait élevée, mais l'Éthiopien Memnon, personnage mythique, fils de Tithon et de l'Aurore qui, après la mort d'Hector, était venu au secours de Priam et avait tué Achille. La légende grecque rapportait que cette statue rendait des sons harmonieux à l'aube matinale : c'était Memnon qui saluait l'Aurore, sa mère. Au second siècle de l'ère chrétienne, l'empereur Adrien visita ce curieux monument qui, en l'an 27 avant J. C., avait été renversé et brisé par un tremblement de terre. Septime Sévère le fit rétablir.

Les derniers règnes de la dix-huitième dynastie furent assez obscurs. Toutefois, malgré l'affaiblissement de l'autorité royale et les discordes intestines, l'empire garda les frontières que les conquêtes de Thotmès III lui avaient données.

Dix-neuvième dynastie (1462-1288 avant J. C.). — Le chef de la dix-neuvième dynastie, Ramsès Ier, qui paraît avoir été originaire de la Basse Égypte, et qui était peut-être issu de la race royale des Pasteurs, marque son règne de six années par une expédition contre l'Éthiopie et un traité avec les Khétas ou Héthéens, tribu de la race de Chanaan. Son successeur, Séti Ier, le Séthos des traditions grecques, fut un roi conquérant. Il fit plusieurs guerres heureuses contre les Khétas sans pouvoir toutefois soumettre ce peuple belliqueux dont la domination était alors solidement assise entre l'Oronte et l'Euphrate. Au delà de ce fleuve, Séti Ier attaqua la puissante nation des Routen ou Rotennou et soumit complétement la Mésopotamie, l'Assyrie et la Chaldée. Il dompta aussi les Arméniens et recouvra ainsi en Asie toutes les conquêtes de Thotmès III, perdues sous les successeurs immédiats de ce prince. On doit à Séti Ier le grand temple d'Osiris à Abydos, retrouvé par des fouilles récentes, le palais de Kournah à Thèbes et la fameuse « salle des colonnes » dans le palais de Karnak, une des merveilles de l'architecture égyptienne.

Ramsès II Méiamoun ou Sésostris.—Séti Ier, vieilli et fatigué par les guerres de sa jeunesse, avait cédé peu à peu le pouvoir à son fils Ramsès qui lui succéda et qui, sous le nom de Sésostris que les Grecs lui ont donné, est devenu le symbole de la plus belle époque de l'histoire égyptienne et comme le type du pharaon.

Ce prince a laissé de nombreux monuments de son règne, soit en Égypte, soit dans les pays qu'il parcourut. En Palestine, en Ionie, sur les routes d'Éphèse à Phocée et de Smyrne à Sardes, on lisait encore au temps d'Hérodote le récit de ses exploits sur des colonnes qu'il y avait dressées, et les prêtres de Thèbes montrèrent à Germanicus, gravée sur les piliers de leurs temples, l'histoire de ce grand monarque : « Ils lui apprirent qu'autrefois l'Égypte avait nourri sept cent mille guerriers ; qu'avec cette armée, le roi Ramsès avait dompté la Libye, l'Éthiopie, les Mèdes, les Perses, la Bactriane et la Scythie, et les pays qu'habitent les Syriens, les Arméniens et les Cappadociens ; qu'il avait dominé de la mer de Bithynie à la mer de Lycie. On pouvait lire, gravés, les tributs imposés aux nations, les sommes d'or et d'argent, le nombre des armes et des chevaux, les dons faits aux temples en ivoire et en parfums, la quantité de blé et de meubles de toute sorte que chaque peuple donnait, et tous ces tributs égalaient en magnificence ceux qu'imposent les Parthes courageux et la puissante Rome. »

Comme Bacchus, comme Ninus, Sésostris soumit l'Asie jusqu'au Gange ; il en parcourut les côtes avec une flotte de quatre cents vaisseaux, dont les victoires sont figurées sur les murs de Médinet-Abou, s'avança au nord jusqu'à l'Iaxarte et jusqu'au Caucase, près duquel il laissa en Colchide une colonie de ses guerriers, et ne s'arrêta qu'au Bosphore de Thrace. De retour dans ses États, chargé des richesses du monde, il emploie les nombreux prisonniers qu'il traîne à sa suite à construire des temples, des canaux; à Thèbes, il élève deux obélisques dans le temple d'Ammon, chacun de cent vingt coudées ; son nom, qu'il y inscrit, est aussi gravé sur les colonnes de Karnak et de

Louqsor, sur le temple d'Abydos et sur les temples nubiens d'Ibsamboul et de Calabsché.

Ce n'est pas tout encore : à la gloire des conquêtes il ajoute celle des arts pacifiques et d'un sage gouvernement : il bâtit entre Péluse et Héliopolis un mur de cent vingt kilomètres, qui protégea la frontière orientale contre les nomades de l'Arabie; il tenta de construire le canal de Suez; le territoire est partagé en trente-six nomes ou districts, gouvernés par un nomarque qui perçoit les impôts et s'occupe des autres services. Sésostris fait un cadastre régulier des terres et institue la coutume d'un arpentage annuel. C'est même lui qui partage le peuple en castes : il semble que la tradition accumule sur lui, comme ailleurs sur Thésée, sur Lycurgue, sur Romulus, le travail de plusieurs règnes et l'expérience de plusieurs siècles.

Successeurs de Sésostris. — Tant d'éclat s'efface après lui; nous retombons dans l'obscurité des faits, dans les difficultés de la chronologie. Toutefois le règne de Ramsès III donne un certain éclat à la vingtième dynastie, qui dura 178 ans. Ses successeurs ne méritent pas d'être nommés, et l'histoire n'a conservé le souvenir d'aucun monument élevé par eux, d'aucun acte important accompli sous leur règne. La vingt et unième dynastie, qui régna à Tanis, est aussi peu connue que les précédentes. Toute cette époque, qui s'étend de Sésostris à Sésac est pleine de confusion. Hérodote et Diodore ont placé là les règnes de Protée, contemporain de la guerre de Troie (Thuoris, selon Manéthon), de Chéops, Chephren et Mycérinus, à qui ils attribuent les grandes pyramides construites, comme nous l'avons vu, par les rois des premières dynasties. C'est un des pharaons de cette période qui donna sa fille en mariage à Salomon; mais son nom ne nous a pas été conservé.

Sésonchis ou Sésac. — Sheshong ou Sésonchis, chef de la vingt-deuxième dynastie, releva la puissance égyptienne; la Bible, qui le nomme Sésac, a raconté ses expéditions en Judée. Dans la cinquième année du règne de Roboam (970), Sésac envahit la Palestine pour soutenir l'usurpateur Jéroboam et prit Jérusalem, qu'il saccagea. « Il vint, dit la Bible, avec douze cents chars de guerre, soixante mille cavaliers et une nombreuse infanterie composée d'Éthiopiens, de Libyens, de Troglodytes et d'Égyptiens. » Il est le dernier des grands souverains qui ont occupé le trône d'Égypte jusqu'à Psammétichus. La vingt-deuxième dynastie, originaire de Bubaste, dure 120 ans. La vingt-troisième, issue de Tanis, dure 89 ans; la suivante n'a qu'un roi, Bocchoris, qui règne à Saïs. Ici les monuments sont presque muets ; Diodore présente une lacune de plusieurs générations, qu'Hérodote remplit par le règne de l'aveugle Anysis. Tout ce qu'on peut affirmer, c'est que la haute Égypte a perdu sa prépondérance. Tanis, Saïs, Bubaste, Mendès et Sébennytis deviennent les villes importantes, les vraies capitales : elles conservèrent peut-être leur indépendance lorsque les Éthiopiens firent, au huitième siècle, une nouvelle conquête de l'Égypte.

Sabacon (Shabak), roi de Méroé, ayant envahi la Thébaïde et l'Heptanomide, prit Bocchoris et le mit à mort ; il gouverna sagement le pays, et, rappelé par un songe en Éthiopie, il laissa le trône à Sévechus ou Sua, qui secourut Osée, roi d'Israël, contre Salmanasar. Tahraka, troisième roi éthiopien, soutint de même contre Sennachérib le roi de Juda Ézéchias ; déjà l'on peut pressentir le moment où les deux grands empires d'Égypte et de Babylonie, relevés et fortifiés par Psammétichus et Nabopolassar, combattront en Judée pour la domination de l'Asie occidentale.

Après la retraite des Éthiopiens et le règne du prêtre Séthos, sur lequel se tait Manéthon, l'Égypte fut démembrée en plusieurs principautés : le prophète Isaïe nous a laissé le tableau de ces divisions. « Les princes de Tanis sont devenus insensés ; les princes de Memphis se sont égarés : les Égyptiens s'élèvent contre les Égyptiens, la ville contre la ville, le royaume contre le royaume. » Les Grecs ont donné à cette période le nom de Dodécarchie : douze chefs se partagent l'Égypte pendant quinze ans (671-656).

Règne de Psammétichus (656-617). — Mais l'intérêt, l'ambition ou les talents d'un seul suffisaient pour briser la concorde ; c'est ce qui eut lieu. Psammétichus, roi de Saïs, ayant pris à sa solde des mercenaires grecs, ioniens ou cariens pour la plupart, se débarrassa de ses collègues, usurpa le pouvoir et régna seul. Alors commence une nouvelle époque plus brillante et plus connue. L'Égypte sort enfin et pour toujours de son long isolement. La Grèce s'empare d'elle : au mystère souvent impénétrable de ses annales empreintes sur ses monuments succèdent des récits dignes de foi, et, mêlée à tous les grands événements de l'Orient, sa vie, jusque-là pleine de fables et de légendes, appartient désormais à l'histoire.

Psammétichus (656-617) avait triomphé par l'appui des mercenaires grecs ; il leur témoigna sa reconnaissance en leur distribuant des terres en Égypte : une colonie grecque s'établit à Bubaste, dans un des nomes qui appartenaient à la caste des guerriers; le roi fonda aussi pour eux un établissement à Stratopédon. Ces faveurs prodiguées aux mercenaires mécontentèrent la caste militaire : déjà offensés par le prêtre Séthos, qui les avait dépouillés de leurs terres, les guerriers ne purent supporter ce nouvel outrage et émigrèrent en Éthiopie au nombre de 240,000 ; ils y formèrent la nation des Automoles ou transfuges.

Dès ce moment les troupes auxiliaires formèrent l'élite des armées égyptiennes; elles furent employées à la garde des rois : Psammétichus les plaçait à l'aile droite de son armée. L'influence des Grecs se prouve encore par d'autres faits : le roi abandonna aux gens de cette nation l'éducation des jeunes Égyptiens, qui furent instruits dans la langue et dans les arts de la Grèce ; c'est de ces jeunes Égyptiens formés à la discipline grecque que descendait la classe des interprètes dont parle Hérodote.

Parmi les principaux événements du règne de Psammétichus se placent les embellissements de Saïs, la construction des propylées du temple de Phtha à Memphis; mais le caractère principal de toute cette période, c'est l'esprit de conquête des rois d'Égypte. Il résulte du récit d'Hérodote et des annales juives que tous ces souverains eurent à cœur de se soumettre la Phénicie et la Syrie. Psammétichus commença cette entreprise par le siége d'Azoth, dont il ne s'empara que la vingt-neuvième année.

Néchao (617-601). — Son fils Néchao ou Nécos (617-601) acheva de réduire toute la côte depuis Gaza jusqu'à Mageddo ; près de cette dernière ville il battit et tua Josias, roi de Juda (610). Il s'empara ensuite de Cadytis, grande ville de Syrie, et qui n'est sans doute autre que Jérusalem, et pendant quatre années réunit la Palestine à sa domination; mais ayant été battu à Circésium par Nabuchodonosor, fils du roi de Babylone Nabopolassar, il fut obligé de se retirer de la Judée et perdit les villes qu'il avait prises au delà du torrent d'Égypte (606). Le résultat le plus important de ces guerres fut l'établissement d'une puissante marine; les rois d'Égypte ne pouvaient lutter contre les Phéniciens qu'avec des flottes nombreuses. Néchao établit deux stations maritimes, l'une sur la mer Méditerranée, l'autre sur la mer Rouge; il commença même le canal qui devait joindre le Nil au golfe Arabique, et qui, partant de Bubaste, sur le Nil, aboutissait à Pathumos, sur la mer Rouge : deux trirèmes pouvaient y voguer de front. Les travaux, à peine conduits à moitié sous son règne, furent achevés soixante-dix ans plus tard par Darius, fils d'Hystaspe.

Hérodote rapporte aussi une tradition d'après laquelle des marins phéniciens, au service de Néchao, auraient fait par mer le tour de l'Afrique. Partis par la mer Rouge, ils seraient revenus par la Méditerranée.

Psammis, Apriès, Amasis, Psamménit, conquête de l'Égypte par les Perses (601-525). — Psammis, qui succéda à Néchao, régna six ans (601-595), fit une expédition en Éthiopie et fut remplacé par son fils Apriès, qui régna vingt-cinq ans (595-570). Ce prince fit la guerre aux Tyriens et prit Sidon ; mais ce fut là le terme des succès maritimes des Égyptiens. Dans une expédition contre les Grecs de Cyrène, la flotte d'Apriès fut battue ; cet échec amena un soulèvement. Amasis, un des officiers du roi, rassembla une armée d'Égyptiens qu'il mena contre les trente mille mercenaires grecs d'Apriès. La bataille, livrée près de Momemphis, fut perdue par Apriès, qui fut fait prisonnier et mis à mort.

Amasis (570-526) préféra un règne paisible à l'éclat des conquêtes; selon Diodore, il organisa définitivement les nomes et publia de bonnes lois sur le commerce. Il transporta les Grecs de Bubaste à Memphis et leur céda Naucratis. L'Égypte fut très-florissante sous son règne, et Hérodote porte à vingt mille le nombre de ses villes. Les rapports avec les peuples helléniques devinrent plus fréquents que jamais : déjà Néchao avait envoyé des offrandes à Milet; Amasis prit une femme parmi les Cyrénéens, ses alliés, contribua pour la valeur de 1,000 talents d'aloès à la reconstruction du temple de Delphes, détruit par un incendie, envoya des statues aux temples de Minerve à Cyrène et à Lindos, à celui de Junon à Samos. Le tyran de cette dernière ville, Polycrate, fut aussi son allié. Amasis, dit Hérodote, est le premier qui se soit rendu maître de l'île de Cypre et qui l'ait forcée à lui payer tribut.

Psamménit, qui succéda à son père Amasis, fut vaincu par Cambyse, et l'Égypte réduite au rang de satrapie de l'empire des Perses (525)[1].

1. Voir, plus loin, dans l'histoire des Perses, les détails de la conquête de l'Égypte.

CHAPITRE VII.

Monuments, mœurs et coutumes de l'Égypte.

Monuments de l'Égypte : les pyramides, le labyrinthe, le grand sphinx, l'obélisque de Louqsor. — Caractère de l'architecture et de la sculpture égyptiennes. — Hiéroglyphes. — État de l'art de la peinture en Égypte.— *Civilisation de l'Égypte.* Sciences, astronomie, géométrie, médecine. — Musique, danse. — Agriculture. — Industrie. — Commerce. — Revenus et richesse de l'Égypte, sa population.— *Religion des Égyptiens.* — *Gouvernement :* le roi, castes des prêtres, des guerriers, du peuple. — *Lois, mœurs et coutumes ; jugements après la mort ; embaumement des corps.* — *Administration,* division en nomes.

Monuments de l'Égypte : les pyramides, le labyrinthe, le grand sphinx, l'obélisque de Louqsor. — L'étude des monuments de l'Égypte est indispensable pour connaître l'histoire de ce pays : leur témoignage confirme ou corrige celui des historiens anciens. Par eux-mêmes et par les souvenirs qu'ils rappellent, ces monuments, contemporains des premiers âges, méritent de fixer l'attention. Tous les voyageurs les ont admirés et décrits, et les savants s'appliquent encore à les interroger sur l'antique civilisation de l'Égypte. On peut regarder les pyramides comme les plus anciens monuments de l'architecture égyptienne. Hérodote en attribue avec raison la fondation aux rois qu'il nomme Chéops, Chephren et Mycérinus[1]. Mais il s'est trompé sur l'époque où ces princes ont vécu ; il les place après la guerre de Troie, tandis que l'étude récente des monuments a prouvé qu'il fallait reculer leurs règnes de plusieurs siècles. On a lu dans la grande pyramide le nom de Khouwou, le Souphis de Manéthon, le Chéops d'Hérodote ; dans la petite on a retrouvé le cercueil de Mycérinus, le Menchérès de Manéthon ; le nom de ce roi était écrit sur sa tombe ; la moyenne pyramide ne porte pas le nom de Chephren, mais sur un sépulcre voisin figure celui de Khawrâ, qui paraît être le même : Khawrâ ou Chephren serait ainsi l'auteur de cette pyramide. En suivant les calculs les plus probables, on arriverait à fixer à quatre mille ans avant J. C. la date de l'érection des pyramides par ces trois rois, qui appartiennent à la quatrième dynastie. Elles sont situées dans la plaine du Fayoum, au nord-ouest de l'ancienne Memphis, à peu de distance du Caire. Leur aspect est imposant ; leur masse, leur hau-

1. Voir le chapitre précédent.

teur, dépassent les proportions ordinaires des monuments humains. La plus grande, aujourd'hui mutilée, s'élevait à 142 mètres; elle mesure à sa base 232^{m},75 et dans l'intérieur elle renferme une chambre de 44 mètres de long sur 5^{m},33 de large. Des pierres qui la composent on pourrait construire un mur de plusieurs pieds d'épaisseur et de hauteur, qui s'étendrait d'un bout de l'Égypte à l'autre. « On commence à voir ces montagnes factices, dit Volney, dix lieues avant d'y arriver. Elles semblent s'éloigner à mesure qu'on s'en approche; on en est encore à une lieue, et déjà elles dominent tellement sur la tête qu'on croit être à leur pied; enfin l'on y touche, et rien ne peut exprimer la variété des sensations qu'on y éprouve. La hauteur de leur sommet, la rapidité de leur pente, l'ampleur de leur surface, le poids de leur assiette, la mémoire des temps qu'elles rappellent, le calcul du travail qu'elles ont coûté, l'idée que ces immenses rochers sont l'ouvrage de l'homme si petit et si faible qui rampe à leurs pieds, tout saisit à la fois le cœur et l'esprit d'étonnement, de terreur, d'humiliation, d'admiration, de respect. »

Il reste peu de monuments contemporains des dynasties qui ont suivi la quatrième, jusqu'à la douzième, celle des Sésortasides. Amenhemat III, le quatrième roi de cette famille, bâtit le fameux labyrinthe dont Hérodote a faussement attribué la construction aux prédécesseurs de Psammétichus, aux rois de la Dodécarchie. C'est un vaste palais composé de douze cours, dont six regardent le nord et six le midi; il comprenait 3,000 chambres, 1,500 souterraines et 1,500 élevées au-dessus de celles-ci. Selon Hérodote, le labyrinthe était une nécropole royale; Strabon paraît en faire un lieu d'assemblées nationales; mais il est aussi difficile de connaître l'usage de ce monument que celui des pyramides. C'est à ce même prince qu'est due la création du lac Mœris (*meri*, lac en égyptien), l'une des merveilles de l'Égypte, dont nous avons parlé dans le chapitre précédent. La douzième dynastie a laissé encore, entre autres constructions remarquables, les grottes de Beni-Hassan, dont Wilkinson fixe la date au règne d'Ousortesen Ier (1740-1696); elles sont situées sur la rive est du Nil, près du lieu nommé Speos-Artemidos (antre de Diane). Les sculptures qu'on y remarque nous apprennent qu'à cette époque reculée les Égyptiens connaissaient déjà les manufactures de lin, les ornements d'or, les exercices variés de la gymnastique, le jeu de la balle et une espèce de jeu de dames. Les colonnes cannelées de Beni-Hassan rappellent la pureté de l'art dorique, dont quelques auteurs prétendent qu'elles furent le modèle. Le temple d'Héliopolis date aussi de cette période; il faut encore y rapporter le temple de Crocodilopolis, et la colonnade du temple de Karnak, à Thèbes, dont les restes portent le nom d'Ousortesen, avec ce titre « roi de la haute et de la basse contrée. » Au musée du Louvre est aujourd'hui conservée la belle statue d'un roi de la treizième dynastie, Sevekhotep III, trouvée à Bubaste, dans le Delta. La dix-septième dynastie éleva quelques monuments. Il semble, d'après la construction d'un temple dans la vallée de Wadée-Jasoos, pour servir de station au milieu du désert, et par la fondation du port d'Œnnum sur la mer Rouge, que les princes qui composent cette dynastie aient principalement tourné leurs vues vers le commerce. C'est surtout sous les rois de la dix-huitième dynastie (1575-1289) que l'Égypte se couvrit de monuments grandioses. Les constructions admirables de Thèbes et de Memphis, les obélisques de Karnak, portent les noms des rois de cette famille, appelés presque tous Amenhotep (Aménophis) ou Thotmès (Thoutmosis). Celui de Thotmès IV se lit sur le temple d'Amada en Nubie, sur le grand sphinx et sur les pyramides. Ce sphinx est la statue de Thotmès IV; il a $24^{m},66$ de hauteur; la tête seule en a 8,66. Amenhotep III, son fils, fonda les temples de Louqsor et du Memnonium, dans lequel certains savants ont cru retrouver le tombeau d'Osymandias, dont parle Diodore. Le nom de ce dernier pharaon se retrouve jusqu'en Éthiopie, et même dans l'antique cité de Napata, assez éloignée des frontières de l'Égypte. Ce prince eut aussi sa statue colossale, celle de Memnon, haute de 19 mètres. La dix-neuvième dynastie n'a pas laissé de moins nombreux monuments de sa gloire et de sa puissance. Ramsès le Grand, le Sésostris des Grecs, ajouta de nouvelles constructions aux monuments de Thèbes; il éleva deux obélisques de granit rouge, dont l'un, celui de Louqsor, décore aujourd'hui une des places de Paris; c'est une seule pierre de $22^{m},83$ de hauteur, sur $2^{m},44$ de largeur à la base, d'un poids total de 220,528 kilogrammes. On dit que Sésostris fit apporter des montagnes d'Arabie une pierre encore plus énorme, et qui avait 10 mètres de large sur 72 de long : que de travail pour élever de pareils monuments! Ce même roi creusa un temple tout entier dans les rochers d'Abou-Simbel; il en éleva d'autres à Dayr, à Saboa, à Gerf-Hossayn en Nubie : son nom se lit sur les temples nubiens d'Ibsamboul et de Calabsché, sur celui d'Abydos, en Égypte; enfin il a couvert aussi le Delta de nombreux monuments, parmi lesquels on distingue l'obélisque de Tanis. Un autre roi de cette même dynastie éleva le temple de Médinet-Abou. Avec lui et avec les princes de sa famille finit la période brillante de l'architecture égyptienne. Plusieurs siècles après, Psammétichus et ses successeurs lui rendirent son éclat. Psammétichus construisit les propylées du temple de Phtah à Memphis, ceux qui regardent le midi, ainsi que le vestibule où l'on promenait le bœuf Apis, situé en face du péristyle. Psammis éleva un propylée pour un des temples de Memphis, et les matériaux de cet édifice ont servi à la construction de la citadelle arabe du Caire. On lui doit aussi l'obélisque de la Minerva, aujourd'hui à Rome. Amasis déploya une grande magnificence dans les monuments dont il embellit Memphis et Saïs. Dans la première de ces villes, il éleva un temple à Isis et fit placer devant le temple de Phtah un colosse couché de 75 pieds de longueur et deux statues en granit rose de 20 pieds de hauteur. A Saïs, il construisit les propylées du temple de Neïth ; Hérodote en vante la magnificence. Dans ce temple, il consacra un monolithe fameux tiré des carrières de Syène. Les monuments de son règne abondent dans les musées de l'Europe.

L'architecture égyptienne compte peu de monuments pendant la période assez agitée de la domination persane. Le règne seul de Nectanebo Ier (373-355) se distingue par quelques constructions qui sont un édifice à Médinet-Abou, un petit temple dédié à Hathôr, dans l'île de Philœ, un propylée du temple d'Isis. Avec ce règne, qui précède d'environ trente années l'expédition d'Alexandre le Grand, s'arrête l'histoire de l'architecture égyptienne.

Caractère de l'architecture et de la sculpture égyptiennes. — Cette architecture, malgré les admirables chefs-d'œuvre qu'elle a laissés, est moins propre à nous donner l'idée du beau que celle de la force et de la puissance. Les temples sont couverts de figures sculptées et peintes où l'on remarque la correction dans le dessin et la grande vivacité des couleurs ; mais à côté de cette exécution mécanique presque parfaite, rien qui montre le génie d'un artiste : nulle expression dans les figures, aucune idée de la perspective, aucun mélange heureux des couleurs. Le roi qui charge l'ennemi ne présente pas une autre expression que le roi qui offre l'encens aux dieux : l'attitude est toujours immobile ; les traits des figures, disposés symétriquement, suivant des lignes nettement accusées, ne se plient pas à l'expression des sentiments de l'âme. On comprendra facilement ce caractère de l'art égyptien en se rappelant que le but de la statuaire n'était pas de reproduire les belles formes de la nature, mais d'exprimer des idées sous des formes emblématiques. La sculpture n'était donc, pour ainsi dire, chez eux qu'une branche de l'écriture ; ce rapport est surtout marqué par les hiéroglyphes.

Hiéroglyphes. — Le langage des hiéroglyphes est resté longtemps mystérieux. Hérodote et Diodore, qui s'en sont occupés les premiers parmi les anciens, ont distingué deux sortes d'écritures : l'une sacrée, réservée aux prêtres seuls; l'autre profane ou vulgaire, accessible à tous les habitants. Un père de l'Église, Clément d'Alexandrie, qui vivait au deuxième et au troisième siècle de notre ère, a été beaucoup plus explicite. Son témoignage a d'autant plus de poids qu'il vécut lui-même en Égypte. Il reconnaît chez les Égyptiens trois sortes d'écritures : 1° l'écriture épistolographique, qui, comme son nom l'indique, était usitée pour les affaires domestiques et civiles ; elle s'appelait encore démotique, c'est-à-dire nationale; 2° l'écriture hiératique ou hiérographique, c'est-à-dire sacrée, usitée par les écrivains sacrés dans les manuscrits et dans les archives; 3° l'écriture hiéroglyphique : l'étymologie de ce mot (sculpture sacrée) distingue ce genre d'écriture des deux précédents : elle servait pour les inscriptions et les monuments[1]. Malgré les consciencieuses recherches de Kircher[2], au dix-septième siècle, ce n'est qu'après l'expédition des savants français en Égypte, en 1798, qu'on est parvenu à déchiffrer et à connaître les hiéroglyphes. Kircher croyait que l'écriture hiéroglyphique était exclusivement et toujours une représentation figurée et symbolique des mots et des idées. Silvestre de Sacy et Champollion ont démontré la fausseté de cette opinion. Les observations de Champollion se résument dans le système suivant : l'écriture hiéroglyphique procédait de différentes manières dans l'expression des idées : elle était ou symbolique ou phonétique. L'écriture symbolique était tantôt imitative, tantôt tropique et énigmatique ; l'écriture phonétique consistait à désigner les lettres par des signes empruntés aux initiales de certains mots : ainsi, un lion couché se disait *labeo;* pour représenter la lettre *l* on se servait de la figure d'un lion ; hache se dit *kebelin;* pour représenter la lettre *k*, on employait la figure

1. Clem. Alexand. *Stromat.*, IV, 4.
2. Kircher, *Prodromus coptus sive ægyptiacus*, 1636.

d'une hache. Ainsi, nous pourrions désigner dans ce genre d'écriture le son *b* par une branche, un banc; le son *c* par un cheval, un chien, etc. Le tableau que nous donnons ici fera comprendre les divers procédés de l'écriture hiéroglyphique :

ÉCRITURE HIÉROGLYPHIQUE

SYMBOLIQUE.			PHONÉTIQUE.
Imitative.	*Tropique.*	*Énigmatique.*	
Dans cette sorte d'écriture, on exprime l'idée du lion par la figure du lion, celle du soleil par un cercle, celle de la lune par un croissant, etc.	Elle procède par *tropes*, synecdoche, métonymie : ainsi, un lion, pour signifier le courage ; l'œil, pour signifier la justice; l'épervier, pour signifier la vitesse, etc.	Elle emploie des allégories, des énigmes. Par exemple, elle exprime les astres par des serpents, à cause de l'obliquité de leur course ; le soleil par un scarabée, etc.	L'écriture phonétique n'a qu'un seul mode : l'emploi des initiales d'un mot qui commence dans la langue vulgaire par le son que l'on veut désigner : un lion pour la lettre *l*, etc.

A cette écriture si compliquée, et réservée pour les monuments et les inscriptions, il faut ajouter l'écriture hiératique et démotique. La première n'est qu'une abréviation des hiéroglyphes : seulement on y rencontre souvent des groupes de signes phonétiques substitués aux signes figuratifs ou symboliques ; la seconde, l'écriture démotique ou nationale, n'a presque que des signes phonétiques qui sont de vrais caractères alphabétiques ; elle retranche assez souvent les voyelles intermédiaires, comme l'écriture hébraïque ou arabe. Cette multitude de procédés, de sens et de combinaisons rend très-difficile et pleine d'écueils l'interprétation des hiéroglyphes dont l'Égypte a couvert ses monuments.

État de l'art de la peinture en Égypte. — Les anciens Égyptiens ont aussi cultivé l'art de la peinture. Dans leurs temples tout est colorié ; tous les détails d'architecture sont peints. Cette variété de couleurs distrait de la sombre monotonie de ces vastes amas de pierres. L'introduction de la couleur en architecture n'est pas du reste particulière aux Égyptiens ; cet usage leur est commun avec les Étrusques et même avec les Grecs. Le Parthénon offre des restes de peinture sur la corniche du temple; les propylées de l'Acropole, le temple ionien d'Hissus, le temple d'Égine, présentent aussi des traces de couleur. On a retrouvé des peintures à fresque dans les ruines de Beni-Hassan et de Gournah ; sur ces mêmes monuments de Beni-Hassan, la peinture sur planches se trouve figurée. Hérodote parle encore d'un portrait qu'Amasis envoya à Cyrène; enfin on a retrouvé à Thèbes des peintures sur bois ; toutefois on n'en connaît pas la date précise. Wilkinson rapporte qu'on en conserve deux au musée britannique ; mais elles appartiennent à l'époque grecque, peut-être même à l'époque romaine.

Ces trois arts, l'architecture, la sculpture, la peinture, liés intimement entre eux, ne semblent pas avoir subi en Égypte de grandes vicissitudes : sous les pharaons, sous les Perses, sous les Grecs et sous les Romains les artistes nationaux se sont contentés de reproduire les modèles consacrés. Ils ont écrit avec les mêmes hiéroglyphes les noms de Menephta, de Ramsès, d'Alexandre et de César. Des édifices commencés par Sésostris ont été achevés sous Domitien sans que rien indiquât la différence des époques, et l'on a pu attribuer les zodiaques de Dendérah et d'Esné aux époques les plus reculées de la chronologie fabuleuse des Égyptiens, parce qu'aucun signe dans leur architecture ne les rapportait à leur date précise, le premier au règne de Néron, le second au règne de Claude, comme les inscriptions l'ont démontré. La ténacité des Égyptiens pour les formes traditionnelles de leur art était si grande que l'empereur Adrien, lorsqu'il voulut honorer son favori Antinoüs, ne put lui faire élever des statues qui différassent des modèles sacrés de l'art égyptien. Cette immobilité de l'art et de ses procédés avait sa cause dans la constitution politique et religieuse de l'ancienne Égypte. Les règles de l'architecture, de la sculpture et de la peinture étaient écrites dans les registres sacrés dont les prêtres étaient les dépositaires, les auteurs et les interprètes : le plan immuable des temples, les modèles des statues, des bas-reliefs, étaient fixés, arrêtés par la tradition : en modifier les lignes et les proportions eût été un sacrilége. Les produits de l'art devinrent ainsi, pour ainsi dire, des formes et des moules sacrés dont l'artiste ne pouvait pas s'écarter. Défendu par là contre la décadence, l'art égyptien était à jamais fermé au progrès. Quelle différence avec la mobilité de l'art grec, avec son libre génie et la variété infinie de ses productions !

Civilisation de l'Égypte : sciences, astronomie, géométrie, médecine. — L'Égypte, si remarquable par la perfection des arts, fut aussi regardée dans l'antiquité comme le berceau des sciences. La Grèce lui envoya tour à tour Hésiode, Thalès, Pythagore, Hécatée, Solon et Hérodote. Platon, qui passa treize années au milieu des prêtres de l'Égypte, y puisa peut-être quelques éléments de cette philosophie idéaliste qui devait plus tard revivre sous une forme nouvelle dans les écoles d'Alexandrie. Clément d'Alexandrie nous assure que Moïse lui-même étudia dans les temples de l'Égypte la musique, la médecine, la géométrie et l'arithmétique.

L'Égypte n'eut pas, à proprement parler, de littérature; cependant les prêtres se livraient à l'étude des lettres. Platon rapporte que les Égyptiens possédaient de très-anciens poëmes en l'honneur d'Isis, et Diodore parle de poëmes dédiés à la gloire de Sésostris. Les annales nationales étaient aussi rédigées par les prêtres : Hérodote a vu les registres de papyrus où elles étaient consignées. Les auteurs anciens nous parlent encore d'ouvrages composés par les rois ou par les hiérogrammates sur l'anatomie, la physique, la médecine, la morale et la philosophie. Les découvertes de la science moderne ont confirmé les témoignages et mis au jour plusieurs de ces œuvres originales, dont quelques-unes remontent à l'époque des premières dynasties, plus de quarante siècles avant l'ère chrétienne. Hors de ces productions, il ne faut rien demander à l'Égypte, ni les poëmes sublimes et brillants de l'Arabie et de la Judée, ni les créations du génie grec, si variées et si éclatantes.

C'est surtout dans les sciences exactes que les Égyptiens acquirent une grande célébrité. On a beaucoup exagéré leurs connaissances astronomiques; cependant il est vrai de dire qu'ils avaient fait dès la plus haute antiquité d'utiles et importantes observations. Champollion le jeune a prouvé, par les monuments mêmes, que l'année des Égyptiens, de douze mois (360 jours) et cinq jours épagomènes ou complémentaires, était connue très-anciennement. L'astronomie pratique de ces premiers temps se bornait à l'observation du lever et du coucher des principales étoiles, de leur occultation par la lune et par les planètes, enfin des éclipses. La direction exacte des faces de leurs pyramides vers les quatre points cardinaux donne une idée avantageuse de leur manière d'observer. « Mais ce qui fait le plus d'honneur à leur astronomie, dit Laplace, c'est la remarque fine et importante des mouvements de Mercure et de Vénus autour du soleil. » Une classe particulière de prêtres, les horoscopes, étaient chargés des observations astronomiques; au rapport de Clément d'Alexandrie, l'horoscope devait connaître quatre des livres d'Hermès, le premier traitant de l'ordre des étoiles, le second des conjonctions, les deux autres du lever du soleil et de la lune. Malheureusement cette science ne resta pas toujours renfermée dans ses applications naturelles et logiques. Elle dégénéra en astrologie, comme chez les Chaldéens ; les prêtres avaient déterminé l'influence bonne ou mauvaise de chaque planète sur la naissance et sur la destinée des êtres ; ils en tiraient des prédictions sur la vie humaine. Dans une des peintures découvertes à Biban-el-Molouk, sur le tombeau de Ramsès V (1180), on reconnaît un tableau des constellations et de leur influence, pour toutes les heures de chaque jour de l'année, sur les diverses parties du corps humain qui leur étaient soumises.

Les Égyptiens connurent aussi quelques branches des mathématiques. Ils eurent besoin de tout temps d'être instruits des procédés de l'arpentage pour mesurer les terres après l'inondation. Il est vrai qu'ils n'appliquèrent pas les notions de la mécanique à l'érection de leurs prodigieux monuments : c'est par la force des bras, en employant quelquefois cent mille hommes, qu'ils ont dressé leurs obélisques et élevé, à une hauteur étonnante, les colonnes de leurs temples ; Pline rapporte qu'il fallut employer 120,000 hommes à l'érection de l'un des obélisques de Thèbes. Mais pour les notions d'astronomie auxquelles ils arrivèrent, la connaissance d'une partie assez considérable des mathématiques leur était nécessaire. Les prêtres égyptiens, qui s'environnaient de beaucoup de mystère, communiquèrent cependant à Platon et à Eudoxe quelques théorèmes de géométrie.

Les prêtres de l'Égypte cultivèrent aussi la médecine. Ceux qui s'occupaient de la thérapeutique s'appelaient pastophores : ils devaient connaître les six derniers livres d'Hermès ; leur rang était inférieur à celui des horoscopes, des scribes et des prophètes. La médecine était étroitement liée à l'astrologie. Chaque partie du corps était sous la dépendance d'une planète ou d'une constellation, et il y avait un médecin pour chacune de ces parties. Nul ne pouvait traiter un malade par d'autres voies que celles qui étaient indiquées dans les livres d'Hermès. S'il y dérogeait, on le punissait de mort quand le malade n'était point guéri.

Musique, danse. — La musique entrait aussi dans les connaissances de la caste sacerdotale : on voit par les monuments qu'elle accompagnait les repas de cérémonie et les réunions solennelles. Hérodote nous apprend que la plupart des airs avaient un caractère de mélancolie et de plainte; il parle du chant appelé *maneros*, que Pausanias dit être le *linos* des Grecs. Suivant Diodore, la musique n'entrait pas dans l'éducation : sans doute il faut l'entendre de la musique profane, car les prêtres étudiaient eux-mêmes une musique sacrée, et Platon, qui connaissait bien les usages de l'Égypte, nous dit qu'on lui attribuait une grande influence sur l'esprit de la jeunesse. Strabon rapporte que les jeunes Égyptiens apprenaient une certaine musique instituée par le gouvernement, à l'exclusion de toute autre, et Diodore lui-même semble contredire sa première opinion quand il raconte que les poëtes et les musiciens de la Grèce visitèrent l'Égypte pour s'y perfectionner. La musique sacrée était employée dans les cérémonies du culte ; les femmes des rois et des prêtres y faisaient entendre le son de leurs voix et des instruments : c'était sans doute là une des fonctions de ces ἱεραὶ γυναῖκες (femmes sacrées) dont parle Hérodote. Les peintures des tombeaux représentent un grand nombre des instruments usités, des flûtes, des harpes, des lyres à plusieurs cordes ; on en voit figurer sur des monuments qui se rapportent au règne d'Amosis, premier roi de la dix-huitième dynastie (1570) et au règne de Ramsès III (1235). Des cymbales, des tambours, des trompettes, composaient la musique militaire. La danse accompagnait souvent la musique : elle est représentée sur les sculptures de Beni-Hassan (1700-1680); elle figurait aussi dans le culte des dieux. Du reste, en Judée et en Grèce, on retrouve les mêmes usages dans les cérémonies religieuses.

Outre cette musique et cette danse sacrées, il y avait aussi des musiciens et des danseurs de profession, esclaves pour la plupart : on les distingue facilement sur les monuments par leur couleur noire. Mais quel qu'ait pu être le goût des Égyptiens pour les scènes bouffonnes et les pantomimes, ils n'eurent jamais rien qui ressemblât au théâtre des Grecs ou des Romains. Cela s'explique par une raison que nous avons déjà signalée à propos de l'architecture : le génie de l'art égyptien était entièrement étranger à la conception du beau qui est l'âme de la scène dramatique. Les premiers théâtres de l'Égypte furent ceux qu'Adrien bâtit à Arsinoë et à Alexandrie ; mais c'étaient des cités grecques et romaines, et aucune fondation de ce genre ne se trouve dans les villes de l'ancienne Égypte.

Agriculture. — Les tombeaux d'Ilythia sont les monuments les plus précieux pour nous faire connaître tout ce qui se rapporte à l'agriculture et au commerce de l'Égypte : les bas-reliefs représentent les occupations de la vie domestique, les détails de l'économie rurale, de la pêche, de la chasse, de la navigation et du commerce dans les marchés. La nature du sol de l'Égypte et le phénomène curieux de l'inondation périodique de la vallée du Nil impriment à l'agriculture de ce pays un caractère tout particulier : hors des limites où s'étendent les eaux débordées, il n'y a plus ni végétation ni culture, mais le désert, aride, immense. Quand le fleuve rentre dans son lit après avoir déposé une couche épaisse de limon, le travail de la culture commence. Voici comment Hérodote l'a décrit : « Chacun vient alors jeter les semences dans ses terres, et y lâcher ensuite ses animaux : la semence est ainsi retournée et enterrée, et il n'y a plus qu'à attendre la moisson. Les Égyptiens, particulièrement ceux qui habitent au-dessous de Memphis, sont ceux qui recueillent avec le moins de travail les fruits les plus abondants. Ils n'ont point à creuser les sillons avec la charrue ; ils n'ont ni la fatigue de retourner la terre ni celle de la bêcher ; ils ne sont assujettis à aucun des travaux auxquels les autres hommes sont condamnés pour récolter, le fleuve se répandant de lui-même dans les champs et se retirant après les avoir arrosés. »

La principale culture était celle du blé : elle faisait la grande richesse de l'Égypte[1]. Les moissons y étaient si abondantes, que l'Égypte pouvait fournir du blé à tous les peuples voisins ; et l'on sait qu'aux temps de l'empire romain elle fut le grenier de Rome et de Constantinople. Cependant, dit Pline le naturaliste, cette contrée si merveilleusement douée aurait pu s'en passer pour la nourriture de ses habitants, tant elle produisait avec largesse les autres fruits de la terre, les herbes et les légumes[2] ; la pêche et les troupeaux fournissaient les mets les plus variés. On peut se faire une idée de cette fécondité de l'Égypte en écoutant les plaintes que faisaient entendre les Hébreux après avoir quitté la terre de Gessen[3]. Parmi les productions du sol,

1. Aristote, *de Re familiari*, II, dit qu'à une certaine époque la seule défense de l'exportation du blé empêcha le payement des impôts publics.

2. Ægyptus frugum quidem fertilissima, sed ut prope sola iis carere possit, tanta est ciborum ex herbis abundantia. Plin., XXI, 15.

3. La foule pêle-mêle assise et pleurant disait : « Qui nous donnera des viandes pour nous nourrir ? Nous nous souvenons des poissons que nous mangions pour rien en Égypte ; les concombres, les melons, les poireaux, les oignons et l'ail nous reviennent à l'esprit. Notre âme est aride. » *Nombr.*, XI, 4, 5, 6. — « Puissions-nous être morts de la main du Seigneur dans la

il en est quatre qui méritent d'être remarquées : le lin, le byssus, le papyrus et le lotus ; l'Égypte faisait un grand commerce des trois premières plantes. Les procédés pour la préparation et la fabrication du lin sont fréquemment représentés sur les monuments et principalement sur ceux de Beni-Hassan. Les toiles de lin étaient un des principaux objets de commerce ; elles étaient fort recherchées pour la finesse et la blancheur de leur tissu. Le byssus était une espèce de lin plus fin et plus délié ; on en formait des bandelettes pour envelopper les momies, des vêtements pour les prêtres. Il paraît que ce byssus n'était pas autre chose que le coton : de nombreux témoignages autorisent cette opinion, et surtout celui de Pline l'ancien, qui affirme qu'on élevait des cotonniers dans la Haute Égypte. Le papyrus ou byblos est une plante qui pousse quantité de tiges triangulaires hautes de six à sept coudées[1]. L'emploi de cette plante pour la fabrication du papier dut être très-ancien, à en juger par les nombreux rouleaux de papyrus que l'on a découverts dans les catacombes de Thèbes. Les Égyptiens la faisaient aussi servir à leur nourriture ; ils en recueillaient les tiges, et, après les avoir amollies, ils les faisaient cuire au four. Le lotus était, comme le papyrus, une production particulière aux contrées marécageuses de l'Égypte. Lorsque le fleuve gonflé déborde et couvre les champs voisins, il croît dans ses eaux une espèce de lis que les Égyptiens appellent lotus. Ils moissonnent ces plantes et les font sécher au soleil ; ils réunissent la graine et en forment une pâte avec laquelle ils fabriquent un pain qu'ils font cuire. La racine du lotus était également bonne à manger et assez douce au goût. Ce sont là les plus remarquables productions de l'Égypte ; on pourrait y ajouter le dattier et le sycomore, les seuls arbres de grande espèce, une sorte de sésame nommé syllicyprion par les Grecs et kiki par les Égyptiens, et dont on retirait de l'huile ; enfin la vigne, qu'on ne cultivait qu'en petite quantité. Hérodote dit même que cette culture était inconnue ; cependant on trouve des ceps de vigne parmi les ornements d'architecture, et les peintures d'Ilythia représentent des vendanges et des pressoirs. Athénée cite les vins de la province maréotique, ceux de la Thébaïde et de Coptos.

L'Égypte était aussi riche en troupeaux ; les grandes plaines

terre d'Égypte, quand nous étions assis au-dessus des marmites pleines de viandes, et que nous mangions du pain à satiété. » *Exod.*, XVI, 5.

1. 2m,64 à 3m,08. Plin., XIII, 11.

situées au nord-ouest et au nord-est de Memphis en nourrissaient abondamment. L'existence des deux castes des bouviers et des porchers est une preuve de cette richesse. Quant aux chevaux, ils étaient de belle race et fort estimés : l'Égypte en envoyait à l'étranger ; les marchands de la Judée venaient acheter dans le pays des chevaux et des chars.

Industrie. — Les principales branches de l'industrie étaient la fabrication et la teinture des tissus, le travail des métaux, la fabrication d'ustensiles, de vases et d'instruments de toute sorte. Isaïe, au chapitre XIX, 9, Hérodote, au livre II, 35, parlent des tisseranderies de l'Égypte. Elles étaient en général établies dans les temples, et les prêtres, qui étaient en même temps les grands manufacturiers du pays, payaient pour ce privilége un revenu annuel au trésor royal. Les tombeaux de Beni-Hassan reproduisent les diverses opérations de cette industrie[1]. Les teintureries n'étaient pas moins renommées. Pour les métaux, le plus usité était l'airain ; le cuivre venait abondamment des mines d'El-Magara et de Sabout-el-Kadin, en Arabie ; elles étaient exploitées dans les temps les plus anciens : c'est ce que prouvent diverses inscriptions qui se rapportent aux rois de la dix-septième dynastie. L'ouvrage des savants français de l'expédition d'Égypte contient un mémoire sur la verrerie des Égyptiens. Strabon, Appien, Pline, ont vanté la perfection de cette industrie. Pour éviter le détail infini de cette partie de la civilisation de l'ancienne Égypte, nous renvoyons à l'ouvrage si remarquable de Wilkinson : *Manners and Customs of the ancient Egyptians*, ch. VI et IX, *passim*[2].

Commerce. — Le commerce de l'Égypte était très-actif. La position de ce pays était des plus favorables ; l'Égypte mettait la Phénicie, la Judée, l'Assyrie, la Perse, l'Arabie et l'Inde en communication avec tout le continent de l'Afrique, avec l'Éthiopie, la Libye et Carthage. Huit grandes routes reliaient entre elles ces riches contrées ; cinq partaient de Thèbes, les autres d'Abydos, de Coptos et de Memphis. La première se dirigeait de Thèbes, au nord-ouest, vers la grande oasis d'Ammon et vers la Grande Syrte d'Augila ; d'une de ses stations se détachait une route secondaire qui conduisait vers le sud-ouest, dans le pays des Garamantes, des Nasamons et des Lotophages. La seconde se dirigeait de Thèbes, à l'ouest, vers les colonnes d'Her-

1. Cf. *Genèse*, XLV, 22 ; Hérod., III, 47 ; II, 182.
2. Cf. *Exod.*, XII, 35 ; Ézéchiel, XXXII, 12 ; *Ep. Hébr.*, XI, 26.

cule et le cap Soloës; elle aboutissait à l'océan Atlantique. Ces deux routes, décrites par Hérodote, mettaient Thèbes en communication avec Carthage et avec la Mauritanie. La troisième se dirigeait de Thèbes à Méroë, en suivant la rive droite du Nil : Hérodote l'a longuement décrite[1]. La quatrième allait encore de Thèbes à Méroë, en traversant le désert de Nubie; de Méroë, une route secondaire conduisait au golfe Arabique par Axum et Adulis[2]. La cinquième joignait Thèbes à Kosséir, sur la mer Rouge. La sixième allait d'Abydos, sur le Nil, à Méroë, par la rive gauche du fleuve. La septième avait son point de départ à Coptos et se terminait à Œnnum, sur la mer Rouge. La huitième partait de Memphis; elle longeait la côte de la mer Méditerranée et pénétrait en Phénicie. Le canal de Néchao ouvrait une autre voie de communication entre le Delta et le golfe Arabique.

Le commerce maritime ne se fit d'abord que par la mer Rouge; car jusqu'à Psammétichus les Égyptiens n'établirent guère de relations avec les autres peuples par la mer Méditerranée. Dès le dix-septième siècle avant l'ère chrétienne, il est question du port d'Œnnum (Philoteras, sous les Ptolémées), situé sur la côte est du golfe Arabique, par 26°9′ de latitude nord. Coptos sur le Nil, au nord de Thèbes, était l'entrepôt de tout le commerce qui se faisait par la mer Rouge avec l'Arabie et l'Inde : sous les Ptolémées, ce commerce prit un développement prodigieux.

C'est encore aux monuments qu'il faut avoir recours pour connaître les objets d'importation et d'exportation de l'Égypte. Elle recevait de l'Éthiopie l'or, l'ivoire, les esclaves; de l'Arabie, l'encens; de l'Inde, les épices, les aromates, les tissus de soie; de la Grèce et de la Phénicie, les vins les plus renommés; de l'Afrique intérieure, le sel fin. En échange, elle donnait à ces contrées les produits variés de son sol et de son industrie, le blé, les chevaux, les riches tissus, la laine, le lin, le papyrus, les ouvrages de broderie. En outre, le commerce intérieur était très-important, comme le prouve l'existence de la caste des mariniers; la navigation était très-active sur le Nil et sur les nombreux canaux dont le pays était sillonné.

Revenus et richesse de l'Égypte. Sa population. — Au temps de sa plus grande splendeur, pendant la période bril-

1. Hérod., II, 29.
2. Pline, VI, 34.

lante des pharaons, l'Égypte avait dans les revenus publics une autre source de richesse. Parmi ces revenus il faut placer en première ligne les tributs annuels que payaient les peuples soumis. On voit sur les monuments ces tributs présentés aux rois, tandis qu'un scribe, muni d'un stylet, les enregistre. C'était de l'or, de l'argent, de l'ivoire et en général tous les objets qui figurent parmi les importations de l'Égypte. En second lieu, venaient les revenus des mines. Il y avait des mines d'or en Nubie, au sud-est de Bahayreh et d'Edfoo (Apollinopolis magna), et à dix journées de marche d'Edfoo, dans les montagnes de Bisharéeh. L'époque de leur découverte est inconnue; mais elles étaient déjà exploitées sous la dix-huitième dynastie. Les peintures de tombeaux construits par le pharaon Ousortesen représentent le lavage des veines de métal où l'or se trouve renfermé[1]. Hécatée, et d'après lui Diodore (I, 49), nous apprennent que les sommes de ces revenus étaient gravées sur un temple fondé par un roi de la dix-huitième dynastie. Le revenu des mines d'argent y est évalué à trois millions deux cent mille mines égyptiennes. Sur les côtes de la mer Rouge on exploitait encore des mines de cuivre, de plomb, de fer, d'émeraudes, de porphyre et de granit rose. Les mines d'émeraudes se trouvaient dans les montagnes de Zubara, situées à six lieues du golfe Arabique, par 24° 50′ de latitude nord : une route conduisait de ces mines à Coptos.

Le trésor des pharaons s'enrichissait par une troisième source de revenus, l'impôt foncier : il était égal au cinquième du produit des terres, que chaque Égyptien payait au roi, propriétaire unique du sol. La redevance payée par les tisseranderies établies dans les temples, les produits de la pêche du lac Mœris, entraient aussi au trésor. Ce dernier revenu était d'un talent par jour pendant les six mois où l'eau entrait par le canal dans le lac, et de vingt mines seulement pendant les six autres mois : Diodore ajoute qu'il était réservé pour la parure de la reine. Strabon, pour une époque plus récente, celle des Ptolémées, évalue à 12,500 talents (65,000,000 de francs environ) le revenu total de l'Égypte; sous les pharaons, il dépassait probablement cette somme.

On peut s'expliquer, quand on connaît la richesse de l'Égypte, le chiffre élevé que sa population avait atteint dans l'antiquité.

1. Agatharchide donne de longs détails sur la position et l'exploitation de ces mines.

Diodore rapporte qu'elle nourrissait sept millions d'hommes et qu'elle comprenait plus de dix-huit mille villes; « comme on le voit par les registres sacrés; » Hérodote porte ce nombre à vingt mille sous Amasis [1]. Au temps du premier Ptolémée, elle en comptait trente mille, et ce nombre, ajoute Diodore, subsiste encore aujourd'hui [2].

Religion des Égyptiens. — La religion primitive des Égyptiens, celle qui resta vraiment populaire, fut le culte des astres et des animaux. Le soleil et la lune, dont le cours régulier ramenait chaque année les inondations fécondes du Nil, ce fleuve qui fertilisait les campagnes, les animaux qu'il nourrissait, les plantes qui croissaient sur ses bords, tout servit de matière à l'adoration; à côté de cette heureuse vallée du Nil, le désert avec ses sables mouvants, la mer, dont les flots ne reculèrent que lentement devant les progrès du limon du fleuve, prirent place dans ce culte grossier. Ainsi, comme dans la religion de Zoroastre, nous trouvons en Égypte l'idée d'un double principe, celui du bien et du mal, de la nature bienfaisante et de la nature malfaisante ; Osiris et Isis d'une part, Typhon et Nephthys de l'autre. C'est Osiris qui invente les instruments d'agriculture, qui institue le mariage, fonde la religion et les lois; Isis trouve le blé et l'orge. Tous deux représentent le soleil et la lune, le Nil et l'Égypte. Typhon, c'est le désert, ce sont les marais malsains des bouches du Nil, c'est le dieu des influences malignes, uni à Nephthys, sa sœur, déesse de la sécheresse et de la stérilité.

Avec le culte des astres et du Nil, les Égyptiens eurent un culte des animaux, considérés, il est vrai, moins comme des dieux que comme des instruments bienfaisants de la Divinité. C'était, d'un côté, l'expression d'une simple et naïve reconnaissance, de l'autre un mode de conjuration : ce fétichisme eut sa première origine, et la plus naturelle, dans les services ou les dangers que les populations avaient à espérer ou à craindre de ces animaux. Ainsi, l'ibis et le chat purgeaient l'Égypte des insectes et des vermisseaux qui y pullulaient après l'inondation; le bœuf et la vache étaient les compagnons du laboureur, les premiers instruments de la fertilité du sol.

Cette adoration des animaux prenait plusieurs formes. D'abord certaines espèces étaient partout adorées, sans distinction de nome : c'étaient le bœuf, la vache, le chien, le chat, l'ibis, l'épervier, le scarabée ; en second lieu, certains individus étaient

1. Hérodot., II, 177.
2. Diod., I, 31. Diodore était contemporain de César et d'Auguste.

choisis et consacrés comme les représentants de l'espèce. Ainsi, nous voyons trois bœufs sacrés, Mnévis, Onuphis et Apis, qui devaient avoir sur le corps quelques signes particuliers. Outre le culte général, chaque nome, chaque ville, chaque famille même, eut son animal sacré : à Thèbes, le bélier ; à Mendès, à Hermopolis, à Chemmis, le bouc ; à Tachompso, le crocodile, etc. ; les animaux adorés ainsi dans une famille étaient embaumés avec les morts : on en a retrouvé des momies.

Parmi les plantes, les Égyptiens adoraient surtout le lotus ; il figure sur les monuments, supportant les dieux et les déesses qui sortent de son calice. Il croissait après l'inondation et sa graine donnait une nourriture précieuse. On le trouve principalement sur les momies et sur les tombeaux, comme s'il eût été pour eux le symbole de l'immortalité. Les Égyptiens sont, en effet, les premiers, dit Hérodote, qui aient établi que l'âme humaine est immortelle ; qu'au moment où le corps cesse de vivre, elle passe dans celui d'un animal, et qu'après des transmigrations successives elle rentre dans un corps humain, accomplissant un cycle de trois mille ans. Telle est cette métempsycose que Pythagore emprunta peut-être à l'Égypte. Aussi les Égyptiens regardent-ils le temps de la vie comme bien peu de chose ; ils mettent peu de magnificence dans leurs habitations, qu'ils appellent des hôtelleries, beaucoup dans leurs tombeaux, qu'ils nomment leurs demeures éternelles. Les pyramides n'étaient que de vastes nécropoles. Ils avaient aussi l'opinion que l'âme humaine conserve sa force et son énergie aussi longtemps que le corps conserve sa figure : de là l'usage des momies et de l'embaumement.

Au-dessus de la religion vulgaire il y avait la doctrine sacerdotale, contenue dans les livres sacrés d'Hermès : les prêtres égyptiens reconnaissaient un dieu suprême et unique, qui donnait naissance à sept divinités du premier ordre ; et de celles-ci dérivaient à leur tour douze divinités de second ordre, au-dessous desquelles venaient se ranger des satellites ou génies en si grand nombre, que chacun d'eux présidait à un des jours de l'année ou des degrés du zodiaque. On retrouve là l'influence des idées astronomiques sur la religion savante des Égyptiens.

Gouvernement de l'Égypte. — La constitution politique du pays reposait sur la distinction des castes. Les historiens ne s'accordent ni sur le nombre ni sur le nom de ces castes : Hérodote en nomme sept, Diodore cinq seulement. A vrai dire, il y eut trois grandes classes : celles des prêtres, des guerriers et du peuple; les deux premières privilégiées, la dernière maintenue dans une sorte de servitude ou de sujétion.

Le roi; castes des prêtres, des guerriers, du peuple. — Au-dessus de toutes les castes était le roi. Le gouvernement de l'Égypte, pure théocratie dans le principe, était devenu une monarchie élective. Le roi était choisi par les prêtres et par les guerriers, de telle sorte que la voix des prêtres principaux valait cent voix de guerriers, celle des prêtres de second ordre valait vingt voix de guerriers, celle enfin des prêtres inférieurs en valait dix. Il arrivait que le roi, dit Platon, était fort rarement choisi hors de la caste sacerdotale. A une époque postérieure, la caste militaire prévalut : le roi fut tiré de son sein, et, presque du même coup, la monarchie devint héréditaire. Il est impossible de retracer l'histoire de ces vicissitudes et même d'en marquer vaguement l'époque. On peut présumer que la révolution qui donna le pouvoir aux guerriers était accomplie vers le temps de la dix-septième dynastie. Les prêtres conservèrent cependant sur le roi un grand empire. Le roi vivait avec eux, il assistait au sacrifice, à la prière, et entendait la lecture des livres sacrés qui traitaient des devoirs de la royauté : la mesure de ses aliments, le temps de ses promenades, toutes les occupations de sa vie, étaient réglés par les livres d'Hermès. A l'égard du peuple, il était un maître absolu, maître des personnes et des biens; mais cette autorité, illimitée en principe, avait un frein dans le respect de la loi et dans la crainte du jugement après la mort.

Au premier rang était la caste sacerdotale, répandue dans tout le pays. Elle avait plusieurs colléges principaux à Thèbes, à Memphis, à Héliopolis, à Saïs. Chaque temple avait de grandes propriétés; car le tiers des nomes de la contrée appartenait aux prêtres, et leurs domaines étaient exempts de tout impôt : ils en percevaient et en administraient eux-mêmes les revenus. Ainsi, cette caste dut renfermer la plupart des grands propriétaires de l'Égypte; elle dominait encore par le privilége de toutes les fonctions publiques : seule elle était dépositaire de la science; ministres et interprètes des dieux, ces prêtres tiennent en main la justice, siégent aux tribunaux, remplissent l'administration. La médecine, l'astronomie, la géométrie, l'architecture, leur sont réservées; ils ont une écriture propre, celle des hiéroglyphes, à laquelle le vulgaire n'est pas initié.

L'organisation intérieure de cette caste était assez compliquée. Il y avait, pour toute l'Égypte, un président ou *grand prêtre* (ἀρχιερεύς), qui résidait à côté du roi. Au-dessous de lui venaient les *prophètes* (προφῆται), chargés d'interpréter les oracles ; il y avait trois oracles principaux : ceux de Jupiter Ammon, de Buto (*Latone*) et de Bubaste (*Artemis*) ; on consultait encore l'oracle de Méroë. Parmi les quarante-deux livres d'Hermès, qui renfermaient toute la science sacerdotale, les prophètes devaient en connaître dix, qui traitaient exclusivement du sacerdoce, des dieux et des lois. Les *stolistes* (*deorum vestitores*) étaient chargés de revêtir les statues des dieux des ornements sacrés; ils s'occupaient aussi de tout ce qui concernait l'art de préparer les victimes (μοσχοσφαγιστικά); les *ptérophores* (πτεροφόροι) ou scribes comprenaient les *hiérogrammates* (ἱερογραμματεῖς), instruits dans la science hiéroglyphique, dans la cosmographie, la géographie, la chorographie de l'Égypte, la description du Nil, l'ordre des cérémonies et des sacrifices, et les *horoscopes* (ὡροσκόποι), astrologues dont la science particulière était contenue dans quatre livres d'Hermès; les *chantres* (ἀοιδοί) possédaient deux livres d'Hermès, l'un sur les hymnes des dieux, l'autre sur les devoirs du roi ; les *sphragistes* (σφραγισταί) apposaient un cachet sur les victimes destinées à l'autel ; les *pastophores* (παστοφόροι) connaissaient les six derniers livres d'Hermès, sur la thérapeutique, la nourriture des animaux sacrés et l'entretien des temples ; les *comastes* et les *colchytes* étaient chargés de l'embaumement des corps : tel était l'ordre hiérarchique des prêtres de l'Égypte. Il est probable que cette hiérarchie se trouvait complète dans chacun des colléges sacerdotaux. Ce que l'on sait de l'élection des rois prouve qu'il y avait au moins trois ordres de prêtres. Il n'est question du *grand prêtre* (ἀρχιερεύς) de toute l'Égypte que sous les Ptolémées ; mais Hérodote parle de statues de grands prêtres qu'on lui fit voir : il y en avait sans doute un par chaque collége.

La caste des guerriers se divisait en deux grandes tribus : celle des Calasiriens et celle des Hermotybiens ; les premiers comptaient au plus cent soixante mille hommes, les seconds deux cent cinquante mille. Ils possédaient en propre certains nomes du pays, dont six appartenaient aux Calasiriens et douze aux Hermotybiens, et ces nomes, à l'exception de ceux de Thèbes et de Chemmis, étaient tous situés dans le Delta, où semble s'être concentrée toute la force militaire des Égyptiens. C'est à eux qu'était confiée la garde des frontières ; Psammétichus les avait distribués dans trois fortes garnisons : à Maréa, contre les Libyens ; à Péluse, du côté de l'Arabie et de la Syrie; à Éléphantine, pour contenir les Éthiopiens. Les guerriers ne pouvaient exercer aucun métier, aucun art mécanique. Chacun d'eux possédait douze aroures ($28^{ar},50$) de terrain, exemptes de tribut. Tous les ans, à tour de rôle, mille guerriers, choisis dans l'une ou l'autre des tribus, composaient la garde du roi et recevaient pendant la durée de ce service une forte solde, et, en outre, cinq mines de pain ($2^{kg},18$), deux mines de viande ($0^{kg},872$) et quatre arystères de vin ($1^{lit},08$), qui leur étaient distribuées par jour. On ne connaît pas les différences qu'il pouvait y avoir entre ces deux tribus, relativement à leur origine, à leur hiérarchie ou à leurs priviléges.

La caste populaire était fort inférieure aux deux précédentes: elle n'avait aucun droit politique; elle n'avait pas même le droit de propriété. Le roi était considéré comme l'unique propriétaire du sol, et chaque Égyptien lui payait le cinquième du revenu des terres qu'il possédait. Le peuple prenait aussi à ferme les terres de la caste sacerdotale et de la caste militaire; mais il n'en avait point en propre. Il se subdivisait en plusieurs classes, entre lesquelles il y avait une hiérarchie; ce qui fait qu'Hérodote et Diodore les ont aussi nommées des castes. C'étaient, suivant le premier de ces historiens, les artisans, les bouviers, les porchers, les mariniers, les interprètes; suivant le second, les agriculteurs, les artisans, les pasteurs. Diodore omet les deux dernières classes d'Hérodote, mariniers et interprètes, et il réunit les bouviers et les porchers sous l'unique dénomination de pasteurs. C'était la classe la moins estimée; ils vivaient sous la tente, dans les déserts qui sont à l'ouest et à l'est de la vallée du Nil, et on les considérait comme impurs. La classe des interprètes ne se forma que sous Psammétichus, qui fit élever de jeunes Égyptiens dans l'étude des lettres grecques; elle se développa et prit de l'importance à mesure que les relations commerciales de l'Égypte et de la Grèce devinrent plus fréquentes.

Lois, mœurs et coutumes. Jugements après la mort, embaumement des corps. — « L'Égypte, dit Bossuet, était la source de toute bonne police. » On y trouve, en effet, plusieurs lois remarquables. — Celui qui ne secourait pas son semblable en danger était puni de mort. Le meurtre d'un esclave était assimilé à celui d'un homme libre. La personne du débiteur est inviolable. En l'absence d'un contrat, celui qui nie sa dette avec serment n'est plus considéré comme débiteur. Le parjure est puni de mort. Une loi portée sous Amasis obligeait chaque

Égyptien à faire la déclaration de ses moyens d'existence ; ceux qui négligeaient de le faire étaient punis de mort. La justice était rendue par le roi, sans doute dans les cas importants ; car nous trouvons à Thèbes un tribunal de trente juges, choisis parmi les prêtres de Memphis, de Thèbes et d'Héliopolis, et il y avait en outre des tribunaux inférieurs dans les différentes villes.

Parmi les coutumes les plus remarquables, il faut citer celle des jugements après la mort : peuple et roi, tout le monde y était soumis. Chacun pouvait accuser le mort ; et, si sa vie avait été mauvaise, il était privé de sépulture. L'usage des embaumements se rattachait au dogme de la métempsycose. Quand les prêtres avaient rempli le corps d'aromates, on l'enveloppait de bandelettes de fines étoffes, on l'ornait de petits amulettes, surtout d'images d'Osiris ; par-dessus ces bandelettes on jetait un masque d'enduit gypseux, dont la partie supérieure représentait la figure du mort, et on couvrait le reste d'emblèmes hiéroglyphiques. La momie, ainsi préparée, était placée dans un étui de bois de sycomore, que l'on renfermait quelquefois dans un sarcophage de granit. Dans la poitrine de chaque momie, on introduisait un scarabée en métal, emblème de l'immortalité. On portait ensuite les cercueils dans une nécropole ; les plus grandes nécropoles se trouvaient près de Busiris, puis dans le voisinage de Memphis. Celle de Memphis était la plus belle : elle renfermait les tombeaux d'Osiris, d'Isis, d'Apis ; pour y arriver, il fallait traverser un lac nommé Achéron. Abydos avait aussi son tombeau d'Osiris et sa nécropole, antique sépulture des rois d'Égypte. Plus loin, sur la rive gauche du Nil, au sud de Thèbes, vers le désert de Libye, on trouvait encore de vastes sépultures, dont on a découvert les ruines ; dans ce même désert, Hérodote (III, 26) plaça les îles des Bienheureux (Élysée, îles Fortunées)[1]. Sur ces tombeaux étaient gravées des inscriptions parfois très-touchantes. Ainsi on lit ces mots sur la stèle n° 73 du musée de Boulaq : « Je me suis attaché Dieu par mon amour ; j'ai donné du pain à celui qui avait faim, de l'eau à celui qui avait soif, des vêtements à celui qui était nu ; j'ai donné un lieu d'asile à l'abandonné. » L'épitaphe d'un fonctionnaire de la cinquième dynastie, à Saqqarah, porte : « Ayant vu les choses, je suis sorti de ce monde, où j'ai dit la vérité, où j'ai fait la justice. Soyez bon pour moi, vous qui viendrez après, rendez témoignage à votre ancêtre. »

1. Cf., pour les mœurs et coutumes, Hérod., II, 35-98 ; Diod., I, 69-106.

CHAPITRE VIII.

Assyriens et Babyloniens.

Assyriens. — Chronologie et division des royaumes assyriens d'après les historiens anciens. — Premier empire d'Assyrie. Nemrod, Assur, Bélus. — Ninus et Sémiramis. — Ninyas et ses successeurs. — Sardanapale. Ruine et démembrement du premier empire assyrien. — Histoire des royaumes assyriens d'après les monuments. Premières populations de l'Assyrie. — Premiers empires d'Assyrie d'après les monuments et les inscriptions. — Premier royaume de Babylone. — Premier royaume de Ninive[1].

Chronologie et division des royaumes assyriens d'après les historiens anciens. — Les royaumes d'Assyrie et de Babylone sont parmi les plus anciens dont parle la Bible. Nemrod, fils de Chus, fonda Babylone. A son époque est également rapportée par la Genèse la fondation de Ninive par Assur, qui bâtit aussi Chalé et Resen. Arach, Achad et Calamé, dans la terre de Sennaar, sont placés dans le royaume de Nemrod. L'histoire de ce pays s'efface complétement dans la Bible jusqu'à l'époque où les rois de Ninive entrent en rapport avec les deux royaumes juifs. Pour cet intervalle, nous avons d'autres sources : Hérodote, Ctésias, Bérose ; mais ces écrivains ne s'accordent pas entre eux : 1° Ctésias parle de trente générations qui régnèrent 1306 ans, de Ninus à Sardanapale ; 2° Hérodote cite un premier empire assyrien qui domina en Asie pendant 520 ans ; 3° Bérose donne la liste des rois de Babylone depuis Nabonassar jusqu'à Cyrus ; 4° enfin la Bible nomme les rois chaldéens depuis Balthasar jusqu'à Nabuchodonosor, et à une époque antérieure, plusieurs rois d'Assyrie, tels que Assarhaddon, Sennachérib, etc.

Il faut concilier toutes ces données. La première série des rois dont parle la Bible se place facilement, en remontant l'ordre

1. Dans le commencement de ce chapitre nous établissons d'abord la chronologie des empires d'Assyrie et de Babylone et nous en retraçons l'histoire telles qu'on les peut établir d'après les données des historiens anciens. Dans la fin de ce chapitre et dans le suivant nous donnons cette chronologie et cette histoire rectifiées d'après les découvertes modernes. Il nous a semblé que, malgré celles-ci et les résultats auxquels elles ont conduit la science actuelle, il était impossible de laisser ignorer les faits et les traditions recueillis par les anciens et qui, on le verra, ne diffèrent guère, dans leur ensemble, des résultats acquis par l'étude et par la connaissance encore imparfaite des monuments et des inscriptions.

des temps, de Balthasar à Nabuchodonosor entre les années 536 et 606, c'est-à-dire pendant les soixante et dix ans de la captivité. La seconde suite des rois, celle des rois assyriens, se range dans l'ordre suivant, en les rapportant aux dates des rois juifs avec lesquels ils se trouvent en rapport : Assarhaddon (708), Sennachérib (712), Salmanasar (721), Téglat-Phalasar (740), Phul (770). Or ces deux séries de rois ne peuvent correspondre aux deux empires assyriens de Ctésias et d'Hérodote. Il est vrai qu'aucun de ces deux écrivains ne précise la date du premier empire, ni celle de la fin, ni celle du commencement ; mais nous savons qu'à cet empire a succédé celui des Mèdes, auquel Ctésias donne trois cent dix-sept ans de durée, et comme ce royaume des Mèdes se termine en 560, à l'avénement de Cyrus, il a dû commencer en 877. Telle serait donc, d'après Ctésias, la date de la mort de Sardanapale, c'est-à-dire de la fin du premier empire assyrien. La chronologie vulgaire place cet événement en 759.

Cet empire est donc bien antérieur à celui dont parle la Bible, qui ne remonte pas au delà de 770. Quant à Hérodote, comme il se contente de dire vaguement que les Assyriens ont dominé l'Asie pendant cinq cent vingt ans, on ne peut fonder sur ces paroles aucune chronologie. D'ailleurs, l'empire dont il parle n'a rien de commun avec celui de la Bible.

Nous reconnaîtrons donc un premier empire assyrien qui dure 520 ans selon Hérodote, et selon Ctésias 1306 ans à partir de Ninus; un second empire, qui est celui dont parle la Bible et qui finit sous Nabopolassar, roi de Babylone. Or, le canon astronomique de Ptolémée nous permet de rattacher cet empire intermédiaire au royaume chaldéo-babylonien : il nous apprend qu'en 680 Assarhaddon réunit Ninive et Babylone ; viennent ensuite Saosduchéus et Chinaladan, sous qui Ninive est détruite par Nabopolassar, qui commence la dynastie des rois chaldéo-babyloniens.

Voici donc comment on peut disposer ces différents empires :

Tableau synoptique des différents empires assyriens.

PREMIER EMPIRE ASSYRIEN.

(520 ans selon Hérodote, 1306 selon Ctésias, depuis Ninus.)

NINIVE ET BABYLONE RÉUNIES.

2208, Bélus.
2183, Ninus.

2131, Sémiramis.
2089, Ninyas et ses trente successeurs.
Sardanapale, 877, selon Ctésias. Trois royaumes se forment.

DEUXIÈME EMPIRE ASSYRIEN OU ROYAUMES SÉPARÉS DE :

NINIVE.	BABYLONE.	MÉDIE.
770, Phul.	877, Bélésis.	877, Arbacès.
740, Téglat-Phalasar.		
721, Salmanasar.	747, Nabonassar.	710, Déjocès.
712, Sennachérib.		657, Phaorte.
680, Asarhaddon[1] prend Babylone.	680, Réunion à Ninive.	635, Cyaxare I.
		595, Astyage.
667-647, Saosduchéus.		560, Cyaxare II et Cyrus.
647-625, Sarac ou Chinaladan.		

TROISIÈME EMPIRE ASSYRIEN OU ROYAUME CHALDÉEN.

625, Nabopolassar, gouverneur de Babylone, prend Ninive et fonde le royaume chaldéo-babylonien.
604, Nabuchodonosor.
562, Évilmérodach.
560, Nériglissor.
555, Laborosoarchod.
555-538, Nabonid-Balthasar.

Premier empire d'Assyrie. Nemrod, Assur, Bélus. — L'Assyrie a été sujette à de nombreuses révolutions dont l'histoire n'a pas été conservée. Elles s'expliquent par la position géographique du pays ; la vallée de l'Euphrate et du Tigre était doublement exposée aux invasions : elle est menacée d'un côté par les habitants des montagnes qui longent le Tigre au nord, de l'autre par les Arabes nomades qui vivent au sud de l'Euphrate. « De tous les pays que nous connaissons, disait Hérodote, c'est sans contredit, le meilleur et le plus fertile en blé ; la terre y est si propre à toute espèce de grain, qu'elle rapporte deux cents fois autant qu'on y a semé, et dans les années où elle se surpasse elle-même, elle rend trois cents fois autant qu'elle a reçu. »

L'histoire du premier empire assyrien se divise en deux

1. Pour ces cinq rois, la date n'indique qu'un des événements de leur règne, leurs rapports avec les Juifs ou avec Ninive. Pour les Mèdes, depuis Déjocès, et pour le royaume chaldéo-babylonien, il y a succession régulière, et nous indiquons la date de l'avénement.

périodes bien distinctes : la première depuis Nemrod et Assur jusqu'à Bélus, la seconde depuis Bélus jusqu'à Sardanapale.

Suivant la Bible, peu de temps après la dispersion des peuples, Nemrod fonda Babylone, tandis qu'Assur bâtissait Ninive. Ces deux villes eurent d'abord leurs dynasties séparées ; mais on ne connaît pas les rois qui se succédèrent à Ninive depuis Assur jusqu'à Bélus. Les noms des rois de Babylone nous ont été conservés. Evechœus succéda à Nemrod, son père. On croit que c'est lui qui fit adorer Nemrod comme un dieu sous le nom de Bel ou Baal. Le troisième roi de Babylone, Chomas-Bel ou Bel-Chomas, figure aussi parmi les divinités babyloniennes : il en est de même du quatrième, Por ou Pong, adoré sous le nom de Bel-Phégor. Vinrent ensuite Néchubès, Abo, Anibal et Chinzir. Sous ce dernier prince, les Arabes s'emparèrent de la Babylonie, et un de leurs chefs, nommé Mardocentès, fonda dans cette contrée une dynastie qui dura deux cent quarante-cinq ans. Bérose porte à neuf le nombre de ces rois arabes ; d'autres écrivains n'en comptent que sept, parmi lesquels on peut remarquer Nabius ou Nabo, qui reçut les honneurs divins, et Naboned, qui, la vingt-cinquième année de son règne, fut attaqué et tué par Bélus, roi de Ninive. Sa mort mit fin à la domination des Arabes, et Bélus réunit le royaume de Babylone à celui de Ninive[1].

Bélus régnait depuis trente ans à Ninive, quand il chassa les Arabes de Babylone. Il gouverna encore pendant vingt-cinq ans les deux royaumes réunis et laissa en mourant le trône à son fils Ninus, qu'on peut considérer comme le véritable fondateur de la monarchie assyrienne.

Ninus, Sémiramis. — Les traditions prennent un caractère plus certain avec Ninus, fils de Bélus. Ce prince s'associe à un chef arabe et s'empare de la Médie, de l'Arménie ; il échoue dans une première attaque contre la Bactriane : c'est alors qu'il bâtit Ninive sur le Tigre. Ninive fondée, il retourne à la

1. Si l'on suit le calcul de Ctésias, qui donne, ainsi qu'on l'a vu plus haut, 317 ans de durée à l'empire des Mèdes et 1300 à celui d'Assyrie depuis Ninus, l'empire des Mèdes ayant fini en 560, on aurait 877 pour la mort de Sardanapale et 2183 pour l'avénement de Ninus. Bélus régna vingt-cinq ans à Babylone, ce qui place en 2208 la fin de la domination arabe, laquelle a duré 245 ans, c'est-à-dire depuis 2453. Au delà, Bérose cite quarante-neuf rois chaldéens et huit rois mèdes ayant régné ensemble 692 ans ; il les fait précéder d'une suite fabuleuse de princes jusqu'à Xisuthrus, contemporain du déluge.

conquête de la Bactriane, prend Bactres par le secours de Sémiramis, femme d'un de ses officiers. Sémiramis devient ensuite l'épouse de Ninus et lui succède; elle fonde Babylone sur les deux rives de l'Euphrate. Les traditions ne s'accordent pas, d'ailleurs, sur les travaux et sur les monuments de Babylone. Volney les analyse avec beaucoup de sagacité ; il distingue les traditions chaldéennes, qui attribuent tous ces ouvrages à Nitocris, femme de Nabuchodonosor, et suivies par Hérodote, qui consulta à Babylone les prêtres chaldéens, et les traditions assyriennes qui rapportent tout à Sémiramis. Ctésias et après lui Diodore les reproduisent. On peut avec assez de vraisemblance adopter la tradition assyrienne en laissant, comme Bérose le fait, l'honneur des réparations et des embellissements à la dynastie chaldéenne.

Voici, d'ailleurs, comment Diodore rapporte ces traditions sur Ninus et sur Sémiramis : aucun historien n'a conservé le nombre des batailles gagnées ni des nations vaincues ; ainsi nous nous en tiendrons aux faits les plus remarquables, à l'exemple et sur la foi de l'historien Ctésias de Cnide. D'abord l'Arménie et la Médie furent conquises les premières. Ninus voulut ensuite enfermer dans son empire toute la partie de l'Asie comprise entre le Tanaïs et le Nil. Suivant les côtes de la mer et s'enfonçant dans le continent, il conquit l'Égypte, la Phénicie, la Célésyrie, la Cilicie, la Pamphylie, la Lycie, la Carie, la Phrygie, la Mysie et la Lydie. Il réduisit encore la Troade, la Phrygie vers l'Hellespont, la Propontide, la Bithynie, la Cappadoce et toutes les nations barbares qui bordent la mer jusqu'au Tanaïs. Il se rendit maître des Cadusiens, des Tapyriens, des Hyrcaniens et des Daces, ainsi que des Derbices, des Carmaniens et des Chorasmiens, et même des Borcaniens et des Parthes; il pénétra jusque dans la Perse, dans la Susiane et dans la Caspiane.

Sémiramis, exposée par sa mère, la déesse Dercéto, dans un lieu désert et plein de rochers, fut sauvée et nourrie par des colombes. Un berger qui n'avait pas d'enfants l'adopta et la nomma Sémiramis. Devenue la femme d'un officier du roi, elle l'accompagne dans ses expéditions, prend part au siége de Bactres, s'empare de la ville par surprise et plus tard épouse le roi Ninus, à qui elle succède. Ses expéditions militaires ne sont qu'une marche triomphale à travers l'Asie. Elle dompte les rochers, les fleuves, les précipices ; elle parcourt la Médie, la Perse et tous les pays qu'elle possédait, changeant partout en plaines les montagnes et les ravins, pour y tracer des routes magnifiques : élevant dans les lieux plats des collines pour y bâtir des villes et des forteresses. Plusieurs de ces travaux subsistaient encore en Asie au temps de Diodore, et on les appelait les ouvrages de Sémiramis. Elle poussa même plus loin que Ninus ses conquêtes à l'est et à l'ouest et pénétra dans l'Éthiopie et dans l'Inde.

A Babylone, capitale de son empire, et qu'elle agrandit certainement plutôt qu'elle ne la fonda, elle accomplit d'immenses travaux : la ville fut entourée d'un double mur d'une grande épaisseur, surmonté d'un grand nombre de tours ; un pont en joignait les deux quartiers. Les maisons étaient sillonnées de canaux souterrains et un grand lac creusé par la reine recevait les eaux du fleuve quand il venait à déborder. Des constructions difficiles rendant oblique et tortueux le cours de l'Euphrate brisaient la violence de ses eaux. Hérodote et plus tard les soldats d'Alexandre ont à l'envi admiré ces travaux, parmi lesquels figurent en premier rang ces fameux jardins suspendus regardés comme une des merveilles du monde.

Repoussée par les Indiens, Sémiramis était revenue mourir à Bactres. Ayant cédé la couronne à son fils, elle disparut aux yeux de ses sujets. Quelques-uns content qu'elle fut changée en colombe et qu'une bande de ces oiseaux s'étant venue placer sur son palais, elle s'était envolée avec eux. C'est une des raisons pour lesquelles les Assyriens, qui ont placé Sémiramis parmi les immortels, ont rendu les honneurs divins à la colombe. Cette grande reine avait fait elle-même son épitaphe : « La nature, y disait-elle, m'a donné le corps d'une femme ; mes actions m'ont égalée au plus vaillant des hommes. J'ai régi l'empire de Ninus, qui vers l'orient touche au fleuve Hinamaüs (Indus), vers le sud au pays de l'encens et de la myrrhe (l'Arabie), vers le nord aux Saces et aux Sogdiens. Avant moi, aucun Assyrien n'avait vu de mers ; j'en ai vu quatre que personne n'abordait, tant elles étaient éloignées. J'ai contraint les fleuves de couler où je voulais, et je ne l'ai voulu qu'aux lieux où ils devaient être utiles. J'ai fécondé les terres stériles en les arrosant de mes fleuves ; j'ai élevé des forteresses inexpugnables ; j'ai percé avec le fer des routes à travers des rochers impraticables ; j'ai ouvert à mes chariots des chemins que les bêtes féroces elles-mêmes n'avaient pas parcourus, et au milieu de ces travaux j'ai trouvé du temps pour mes plaisirs et pour mes amis. »

Ninyas et ses successeurs. Sardanapale. Ruine et démembrement du premier empire assyrien. — Après Sémiramis régnèrent Ninyas, son fils, qui peut-être l'assassina, et une longue suite de rois qui forment trente générations selon Diodore, Velléius Paterculus et Ctésias. C'est une époque très-obscure : les chronologistes ont conservé la liste de ces rois ; mais ils ne s'accordent nullement sur la durée de cette période qui s'étend de Ninyas à Sardanapale. Ctésias lui assigne 1306 ans, Diodore 1310, Velléius Paterculus 1070. Hérodote reste encore bien au-dessous de ces calculs et ne donne que 520 ans de durée au premier empire assyrien ; mais on peut croire qu'il n'a entendu parler que du temps de sa plus grande puissance. Les historiens anciens ne donnent guère pour toute cette période que quelques détails sur le gouvernement de ces princes. Chaque année, le roi appelait à Ninive quatre cent mille soldats tirés des pays qui leur étaient soumis, et après l'année expirée, on les renvoyait dans leur patrie ; d'autres venaient les remplacer dans la capitale. Cette institution d'une armée nombreuse donne assurément l'idée d'une domination vaste et bien établie : par quelles causes est-elle tombée ? Sans doute elle réunissait des peuples trop lointains, trop étrangers les uns aux autres, et sur lesquels le pouvoir royal ne pouvait exercer son action qu'avec de grandes difficultés. L'empire de Ninus tomba, comme plus tard celui de Darius, comme celui d'Alexandre, par les antipathies des peuples, la révolte des satrapes, l'ambition des généraux. Pendant que des rois à peu près inconnus se succèdent sur le trône de Sémiramis, les Égyptiens s'affranchissent à leur tour et conquièrent l'Asie jusqu'à l'Indus, les cités phéniciennes recouvrent leur indépendance et commencent leurs expéditions maritimes, les Juifs, sous David et sous Salomon, s'avancent victorieux jusqu'à l'Euphrate. Toute l'Asie Mineure se détache aussi, à une époque et par des causes que nous ne cherchons pas à déterminer, de ce vaste empire qu'avait fondé Ninus : les royaumes de Troie, de Lydie, les républiques de la Lycie, paraissent en effet avec la qualité d'États indépendants. Enfin sous un prince nommé Empacmès ou Tonos-Concoléros, et par les Grecs Sardanapale, un prêtre chaldéen, Bélésis, et un satrape de Médie, Arbacès, se révoltent. Abandonné et trahi par une armée bactrienne qu'il avait appelée à son secours, Sardanapale s'enferme à Ninive et s'y défend pendant deux années avec courage ; mais les eaux débordées du Tigre ayant abattu une partie de la muraille, il fit dresser au milieu de son palais un grand bûcher et s'y brûla avec ses femmes, ses serviteurs et ses trésors. On en a fait comme le type des monarques efféminés et débauchés. Sa mort est celle d'un roi; sa vie fut peut-être marquée par de grands travaux : au moins savons-nous qu'il fonda en Cilicie les villes d'Anchiale et de Tarse.

L'empire assyrien fut alors démembré en un grand nombre de royaumes. Nous avons déjà cité ceux de Troie, de Lydie ; il faut y ajouter presque toutes les contrées de l'Asie Mineure, la Cappadoce, la Bithynie, la Phrygie, etc., dont l'indépendance fut assurée jusqu'à ce que la plupart d'entre elles tombassent sous le joug des rois de Lydie. L'Orient ne fut pas moins divisé : la Bactriane et les pays situés entre la mer Caspienne, le golfe Persique et l'Indus se séparèrent de l'Assyrie et formèrent des États indépendants dont l'histoire ne nous est pas connue. Enfin au cœur même de l'empire assyrien s'élevèrent trois royaumes importants, ceux de Médie, de Babylonie, et le second empire assyrien de Ninive.

Histoire des royaumes assyriens d'après les monuments. Premières populations de l'Assyrie. — Nous venons de présenter l'histoire de l'Assyrie et des empires qui s'y sont formés aux époques les plus reculées, telle qu'elle résulte des témoignages des auteurs anciens, comparés entre eux; mais l'étude des inscriptions et des monuments retrouvés dans les pays assyriens a amené de nombreuses et importantes découvertes qui ont permis à la critique moderne de contrôler, rectifier et compléter les données de la science antique.

Au début de l'histoire d'Assyrie, c'est-à-dire à l'époque la plus reculée où nous permettent de remonter les données probables fournies par les traditions ou par les monuments, on trouve établies dans les vallées de l'Euphrate et du Tigre, entre la mer Caspienne et le golfe Persique, deux peuples principaux, distincts par leurs origines, leur langue et leurs usages. Ils portaient les noms de Soumir et d'Accad : le premier, au nord, paraît devoir être rattaché à la race touranienne, dont les nombreux rameaux s'étendaient jusqu'au pied de l'Altaï, leur berceau commun; le second, au midi, appartenait à la branche kouschite de la race sémitique de Cham. Aux Soumir ou Touraniens on croit pouvoir rapporter l'invention de ce système d'écriture qu'on désigne sous le nom de cunéiforme, parce que chacun des caractères qu'on y emploie est formé de la réunion de plusieurs coins diversement combinés et juxtaposés ; aux Accad ou Kouschites on attribue la langue assyrienne. Outre ces deux peuples, on trouve encore dès la plus haute antiquité, soit confondus avec eux, soit établis séparément, d'autres tribus d'origines distinctes, les Assyriens proprement dits, habitant le pays de Sennaar, les Taréchites, qui séjournèrent d'abord à Our (en Chaldée), puis à Harran (en Mésopotamie), et dont une tribu émigra en Palestine sous la conduite d'Abraham ; ces deux peuples descendaient de la branche de Sem. A côté ou au milieu d'eux vivaient diverses tribus de la race araméenne, au nord-ouest de la Mésopotamie, entre le Chaboras et l'Euphrate, d'où elles descendirent jusqu'à Babylone, où leur idiome était déjà vulgairement employé dès le dixième siècle avant Jésus-Christ. Quant aux Chaldéens, à qui devait revenir dans des temps de beaucoup postérieurs à ces antiques origines la domination d'une grande partie de l'Asie en deçà du Taurus, ils se rattachaient sans doute à la famille touranienne. Quelle que soit l'obscurité qui enveloppe encore leur origine, il est avéré qu'ils finirent par acquérir, soit par la force des armes, soit par l'influence d'une civilisation supérieure, une prépondérance marquée sur les autres populations que nous venons d'énumérer. Ils s'élevèrent au rang d'une caste sacrée, sur laquelle nous donnons dans un des chapitres suivants d'intéressants détails.

Premiers empires assyriens, d'après les monuments et les inscriptions. Royaume de Babylone. — Les témoignages de la Bible et de Bérose relativement à la fondation du premier royaume de Babylone sont généralement confirmés par les découvertes modernes. Le premier roi de cet État, Nemrod, paraît avoir été le chef d'une dynastie kouschite à laquelle les traditions anciennes donnent une durée de plusieurs centaines de mille ans et pour laquelle nous n'avons aucune donnée sérieuse. Les deux dynasties suivantes, indiquées par Bérose, ont dû régner pendant près de six siècles. Pour toute cette période de l'histoire de la Chaldée, on ne rencontre sur les monuments qu'un très-petit nombre de noms de rois. On cite comme le plus ancien nom qui figure dans les inscriptions celui d'Ouroukh ou Ourkham, qui avait sa capitale à Our; on le trouve dans la Chaldée entière, à Larsam, à Nipour, à Sippar. « Tout ce qui nous reste de lui porte le caractère d'une antiquité incontestable. Non-seulement les briques estampées à son nom sont enfouies plus profondément que celles des autres princes chaldéens, mais le style même des monuments où on les trouve employées est rude et primitif: ce sont des temples de proportions gigantesques dont les quatre angles étaient orientés soigneusement sur les quatre points cardinaux du ciel. Les débris du plus grand d'entre eux forment un monticule d'environ soixante-dix mètres de côté et trente-cinq mètres de haut. Près de trente millions de briques ont dû entrer dans sa construction. » (*Maspéro.*) On cite encore, parmi les rois de cette époque reculée, Sagaraktiyas, Chodorlahomor, dont la Bible a conservé le nom, Chodornakhountâ, Kourigalzou, etc.

Il résulte des dernières recherches que ce premier royaume chaldéen eut une existence très-florissante jusqu'à l'époque de l'invasion de l'Asie moyenne par Thotmès III. Cet événement paraît devoir être placé exactement à l'année 1559 avant J. C., date assignée par Bérose à la fin de la dynastie chaldéenne, et qui coïncide avec la trente et unième année du règne de Thotmès, année où ce prince s'empara de Babylone, comme le témoignent les inscriptions carnaques. C'est après cette date que Bérose place une dynastie de neuf rois arabes qui ne doivent être autre chose que des gouverneurs installés à Babylone par les rois d'Égypte ; ces princes, selon l'opinion de M. Lenormant, auraient régné 245 ans (1559-1314). C'est à cette dernière époque qu'il conviendrait de placer l'origine du premier empire assyrien, illustré par les noms légendaires de Ninus et de Sémiramis.

Premier royaume de Ninive. — Le premier royaume de Ninive n'est autre chose que l'ancien État d'Assur, dont la Bible et les monuments font remonter l'origine à peu près à la même époque que la fondation du royaume chaldéen par Nemrod. L'histoire des premières époques de ce royaume ninivite est racontée dans une précieuse tablette du Musée britannique, document fondamental étudié et analysé par M. Lenormant et qui nous reporte probablement aux premiers temps de ce royaume, plus d'un siècle avant la date de 1314 citée plus haut, laquelle ne représente pas les commencements de l'État ninivite, mais l'époque où les princes de cet État s'emparèrent de Babylone. Le plus ancien roi portait le nom d'Assour-Narara et régnait vers l'an 1500. Après lui, nous nous contenterons de citer Salmanasar Ier (vers 1290), Touklat-Adar Ier (1270), Bel-Koudour-Oussour (1260), sous qui Babylone se révolta, Touklat-Habat-Asar Ier (1130), dont une inscription trouvée dans le temple d'Elassar raconte les nombreuses guerres : il replaça Babylone sous l'autorité de Ninive. Cette première dynastie assyrienne se termine par le règne d'Assour

Rab-Amar, qui régnait vers 1080-1060. A cette dernière date commence une nouvelle dynastie, fondée par Bel-Kat-Irassou, et que devait rendre célèbre les noms des Salmanasar, des Théglat-Phalasar, et enfin de Sardanapale, avec qui finit ce second empire assyrien.

CHAPITRE IX.

Royaumes de Ninive ou d'Assyrie.

Fin du premier royaume de Ninive. — Salmanasar IV. Sardanapale. — *Deuxième royaume d'Assyrie ou de Ninive.* — Ses rapports avec les peuples voisins, Syriens, Phéniciens, Juifs, Égyptiens. — Phul ou Sardanapale II. Expédition au secours de Manahem, roi d'Israël (770).— Téglat-Phalasar II s'empare d'une partie du royaume d'Israël. Conquête de la Syrie (758-733). — Prise de Samarie ; fin du royaume d'Israël (721). — Sargon ou Sarykin. Expédition contre les Tyriens. — Sennachérib attaque Ézéchias, roi de Juda (712), ruine de son armée. — Assarhaddon s'empare de Babylone (680). — Saosduchéus (667-647). Judith et Holopherne. — Sarac ou Chinaladan (647-625). Ruine de Ninive (625).

Fin du premier royaume de Ninive. Salmanasar IV. Sardanapale. — Bel-Kat-Irassou, nommé Bentaras par les historiens grecs, était intendant des jardins royaux lorsqu'il renversa Assour-Rab-Amar et fonda le second royaume de Ninive. On ne sait rien ou presque rien ni de lui ni de ses premiers successeurs de 1070 à 930, parmi lesquels figurent deux princes du nom de Salmanasar. Assour-Nazirpal, contemporain de Josaphat, roi de Juda, et d'Achab, roi d'Israël, et qui régna de 930 à 905, fit une guerre heureuse contre le roi de Babylone, Nabobaladan, conquit tout le pays entre l'Euphrate et l'Oronte et soumit au tribut les villes de la Phénicie. Son fils, Salmanasar IV (905-865), illustra son règne de quarante ans par de nombreux et brillants exploits, dont la Syrie fut le principal théâtre. Dans l'intervalle des guerres qu'il entreprit dans ce pays, il fit une expédition à Babylone, dont il rétablit le roi Mardochinaddinsou, renversé par son frère ; puis il parcourut en vainqueur l'Arménie, où il mit au pillage la grande cité de Van, ensuite la Médie et les pays voisins de la mer Caspienne, habités par les Scythes. Son petit-fils et son second successeur, Binlikhous III, érigea la statue de Nebo, un des dieux adorés à Babylone. Sur ce monument, aujourd'hui conservé au Musée britannique, on lit le nom de la femme de ce dernier roi, Sammouramit: c'est évidemment la fameuse Sémiramis, dont nous avons raconté l'histoire traditionnelle dans le chapitre précédent. De la mort de Binlikhous III à l'avénement d'Assourlikhous, c'est-à-dire de 828 à 800 avant J. C., l'empire ninivite décroît rapidement.

Ce dernier prince, qu'il faut identifier avec le Sardanapale des Grecs, fut renversé par une conspiration d'Arbacès le Mède, un des officiers de son armée, et de Belès V, nommé aussi Phul, prêtre chaldéen, gouverneur de Babylone. Ninive fut prise et détruite. M. Lenormant, dont nous avons suivi la chronologie pour l'histoire de ces premiers royaumes assyriens, place cet événement l'an 789 avant l'ère chrétienne.

Deuxième royaume d'Assyrie ou de Ninive. Ses rapports avec les peuples voisins, Syriens, Phéniciens, Juifs, Égyptiens. — Après la mort de Sardanapale, plusieurs royaumes s'élevèrent sur les débris de l'ancien empire assyrien. On en compte trois principaux : ceux de Babylone et de Médie, et le deuxième royaume d'Assyrie, à Ninive.

L'histoire du deuxième royaume d'Assyrie est très-obscure. Il ne nous reste aucun renseignement exact et certain sur les années qui suivirent la mort de Sardanapale. Il est probable que les nouveaux rois de Ninive conservèrent la prépondérance en Occident. Tenus en respect par les Mèdes à l'est et par les Babyloniens au sud, ils tournèrent leurs vues vers les régions situées à l'ouest de l'Euphrate, vers la Syrie, la Phénicie et la Judée. Au commencement du huitième siècle, ils entreprirent la conquête de ces contrées. L'état de ce pays ne pouvait qu'exciter et favoriser leur ambition. La Syrie était alors partagée en sept royaumes, ceux de Gessur, d'Amath ou Émèse, de Sobah ou Sophène, de Damas, d'Istob, de Rohob et de Machaa. David s'en empara et les réunit à ses États : mais vers la fin du règne de Salomon , Résin se souleva à Damas et affranchit cette ville de la domination des Juifs; peu à peu les rois de Damas établirent leur autorité sur toute a Syrie, et nous voyons en 901 Benhadad II, roi de Damas, envahir la Judée, suivi de trente-deux rois ou chefs de tribus, ses vassaux. Depuis cette époque les Juifs et les Syriens furent toujours en guerre. Jéroboam II, roi d'Israël (825-784) replaça sous son autorité tous les pays situés au nord du lac de Génésareth, depuis la mer Méditerranée jusqu'à l'Euphrate, et rendit à la domination des Juifs les limites qu'elle avait eues au temps de David. Mais sous ses successeurs le royaume d'Israël fut livré aux discordes et tomba en décadence. Les Syriens s'affranchirent de nouveau, et Résin, roi de Damas, contemporain d'Achaz, roi de Juda, et de Phacée, roi d'Israël, étendit son empire sur la rive gauche du Jourdain, jusqu'au golfe Arabique : il s'empara d'Élath et y fonda une colonie ou un comptoir appartenant aux Syriens.

Cette lutte des Syriens et des Juifs et les désordres qui signalèrent dans le royaume d'Israël le règne des successeurs de Jéroboam II furent favorables à l'ambition et aux projets d'agrandissement des rois ninivites. La Phénicie, puissante par son commerce et par sa marine, était peut-être une proie moins facile à saisir ; mais sa richesse, qui rivalisait avec celle de la Judée, excitait la convoitise de ces princes, et la désunion qui existait entre les diverses cités maritimes de la Phénicie permettait aux rois d'Assyrie de concevoir les plus brillantes espérances. Tout l'intérêt de l'histoire du second royaume assyrien de Ninive se concentre donc dans les efforts que firent les successeurs de Sardanapale pour soumettre tout l'Occident à leurs lois, depuis l'Euphrate jusqu'à la mer Méditerranée et jusqu'à la mer Rouge. Ils n'accomplirent ce dessein qu'à moitié : c'était aux rois babyloniens ou chaldéens qu'il était réservé de mener à bout cette entreprise.

Phul ou Sardanapale II. Expédition au secours de Manahem, roi d'Israël (770). — Le premier roi du second empire assyrien dont le nom nous ait été révélé est Phul ou Pul, appelé aussi Sardanapale II : il faut l'identifier avec Bélésis. Le nom de Sardanapale, qui, en langue assyrienne, signifiait *seigneur des seigneurs*, paraît avoir été porté par un assez grand nombre de rois. C'est par la Bible que nous connaissons Phul, à propos de l'expédition qu'il entreprit contre le royaume d'Israël, au commencement du règne de Manahem. Ce règne, qui s'étend de 771 à 760, nous permet de fixer approximativement la date de celui de Phul. Voici les paroles du texte sacré : « Phul, roi des Assyriens, vint dans la terre d'Israël, et Manahem lui donna mille talents d'argent (6,172,820 fr.), afin que Phul le secourût et affermît son règne ; Manahem leva cet argent sur toutes les personnes puissantes et riches, pour le donner au roi des Assyriens, cinquante sicles (10 fr. 30 c.) par chaque personne. Le roi des Assyriens s'en retourna et ne séjourna pas dans le pays. » Il faut se rappeler que Manahem était monté sur le trône d'Israël par une révolution qui renversa l'usurpateur Sallum. L'intervention de Phul en faveur du nouveau roi, dont l'autorité était encore mal assurée, s'explique facilement, et elle nous donne une idée de la puissance où étaient déjà parvenus les rois de Ninive. Appelés par les rois d'Israël, ils commencèrent à considérer la Palestine comme un royaume vassal. Le tribut payé par Manahem fut fatal à l'indépendance du royaume d'Israël.

Téglat-Phalasar II s'empare d'une partie du royaume d'Israël. Conquête de la Syrie (758-733). — Environ vingt ans après l'expédition de Phul, Théglat-Phalasar, son successeur, nommé aussi Ninus II, éleva de plus hautes prétentions. Il affranchit Ninive de la domination qu'avait exercée sur elle Bélésis. On croit qu'il appartenait à la race de Bel-Kat-Irassou. Ses vues se portèrent aussi sur la Palestine. Sous le règne de Phacée (758-738), il envahit le royaume d'Israël, prit les villes d'Aïon, d'Abel, de Maacha, de Janoë, de Cédès et d'Asor. Il conquit tout le pays de Galaad, la Galilée et le territoire entier de la tribu de Nephtali; il en transporta les habitants dans l'Assyrie. D'après la Bible[1], cette expédition aurait eu lieu la première année du règne de Phacée, en 758; car elle est rapportée avant qu'il ne soit fait mention de l'avénement de Joatham, roi de Juda, qui commence à régner en 758, la seconde année du règne de Phacée. C'est aussi pendant la vie de Joatham (758-741) que la Bible place la ligue de Résin, roi de Damas, et de Phacée, roi d'Israël, contre le roi de Juda. Cette ligue amena une nouvelle intervention du roi d'Assyrie. Résin venait d'enlever aux Juifs le port d'Élath, sur lequel, depuis David, les rois de Juda élevaient des prétentions, et il l'avait restitué aux Iduméens. Achaz, fils et successeur de Joatham (741-726), déclara la guerre aux Syriens, aux Iduméens et au roi d'Israël. Celui-ci envahit la Judée, suivi de Résin, son allié, et tous deux entreprirent le siége de Jérusalem, après avoir pillé tout le royaume de Juda de concert avec les Iduméens[2]. C'est alors que le roi Achaz, désespérant de leur résister, envoya des courriers à Téglat-Phalasar et lui fit parler en ces termes: « Je suis ton esclave et ton fils. Monte et sauve-moi des mains du roi de Syrie et des mains du roi d'Israël, qui se sont levés contre moi. » Ayant rassemblé tout ce qu'il put trouver d'or et d'argent dans la maison du Seigneur et dans les trésors royaux, il l'envoya en présent au roi d'Assyrie, qui

1. *Rois*, liv. II, chap xv, 29, 32, 37, 38. Cf. *Isaïe*, chap. VII.
2. *Paralipom.*, liv. IV, chap. XXVIII. Il y eut aussi une incursion des Philistins au sud-est, *Id.*, XXVIII, 18.

acquiesça à son désir : en effet, le roi des Assyriens monta vers Damas et la ravagea ; il en transporta les habitants à Cyrène [1] et fit mourir Résin. Le roi Achaz alla à la rencontre de Téglat-Phalasar à Damas.

Tel est le récit du *Livre des Rois* [2]. Il est complété par une phrase très-expressive des Paralipomènes, où il est dit : « Dieu amena contre Achaz Téglat-Phalasar, roi des Assyriens, qui le battit et *ravagea* [3] tout sans résistance. Achaz dépouilla la maison du Seigneur, celle des rois et des princes, fit des présents au roi d'Assyrie ; *mais cela ne lui servit de rien* [4]. » Qu'il faille entendre ici que Téglat-Phalasar dépouilla le roi de Juda de tous ses trésors ou qu'il ravagea le royaume, il n'en est pas moins certain que cette expédition fut très-funeste aux Juifs, et que le roi d'Assyrie y figure encore comme un puissant suzerain rançonnant un vassal.

Téglat-Phalasar se retire, laissant les Juifs en proie aux attaques des Iduméens et des Philistins, et considérablement affaiblis depuis que la destruction de Damas leur donnait pour voisins les Assyriens. Avec le royaume de Damas tombèrent aussi ceux de Machaa ou Maacha [5], d'Istob, de Rohob, de Sophène et de Gessur, dont le premier fut pris aux Israélites ; les autres furent conquis sur les Syriens. Mais le royaume d'Amath ou d'Émèse conserva son indépendance jusqu'au règne suivant.

Prise de Samarie ; fin du royaume d'Israël (721). — Salmanasar succéda à son père Téglat-Phalasar II. La quatrième année du règne d'Ézéchias en Juda et la septième d'Osée en Israël (723) [6], il envahit le royaume d'Israël. Voici comment la Bible rapporte cette mémorable expédition : « Osée régna neuf ans sur Israël... Il faisait le mal devant le Seigneur... Salmanasar, roi des Assyriens, monta contre lui, et Osée devint son esclave, et il lui payait tribut. Le roi des Assyriens ayant découvert qu'Osée, s'efforçant de se révolter contre lui, avait envoyé des courriers à Sua (Sevechus), roi d'Égypte, afin de ne pas payer le tribut au roi des Assyriens, comme il avait

1. Position inconnue : peut-être la Sarrana de Ptolémée, 38° 15' de latit. N, 74° de long. E. Ces degrés sont ceux de Ptolémée.
2. *Rois*, liv. IV, chap. XVI, 5-10.
3. « Vastavit, » dit le texte latin.
4. *Paralipom.*, liv. II, chap. XXVIII, 20, 21.
5. Voir plus haut.
6. *Rois*, liv. IV, chap. XVIII, 9.

coutume de le faire chaque année, il l'assiégea et l'ayant chargé de chaînes il le fit jeter en prison. Il parcourut toute la terre d'Israël, et étant monté vers Samarie, il la tint assiégée pendant trois ans. La neuvième année d'Osée, le roi des Assyriens prit Samarie et *transporta Israël chez les Assyriens;* il établit les exilés dans les villes de Hala et de Habor, près du fleuve Gozan, dans le pays des Mèdes. Le roi des Assyriens fit venir des habitants de Babylone, de Cutha, d'Avah, d'Émath et de Sépharvaïm, et il les établit dans les villes de Samarie, à la place des fils d'Israël [1]. » La nouvelle population prit dès lors et conserva le nom de Cuthéens, ce qui fait voir que la plus grande partie des colons qui repeuplèrent le royaume de Samarie venait de la ville de Cutha, voisine de Babylone. Celle de Sépharvaïm se retrouve dans la Sipphara de Ptolémée, en Mésopotamie [2]. Le nom du fleuve Gozan rappelle la province de Gauzanitis, qui faisait aussi partie de la Mésopotamie.

C'est à cette expédition que se rattache la destruction du petit royaume syrien d'Émath, d'où fut tirée une colonie destinée au royaume d'Israël.

Sargon ou Saryukin. Expédition contre les Tyriens. — Salmanasar VI ne régna que quelques années, de 727 à 721 selon M. Lenormant. Il résulte de l'étude des monuments qu'il n'acheva pas la conquête du royaume d'Israël. Il mourut pendant le siége de Samarie, laissant un fils en bas âge qui ne devait pas régner. La couronne passa au général en chef de l'armée assyrienne, Sargon ou Saryukin, qui donna son nom à la dynastie nouvelle des Sargonides. Il faut donc rectifier en ce sens le récit de la Bible que nous venons de reproduire et restituer à Sargon les exploits que les historiens anciens et la Bible ont attribués à Salmanasar.

La conquête de la Galilée par Téglat-Phalasar, celle du royaume d'Israël tout entier par Sargon, ouvraient aux rois de Ninive l'accès de la Phénicie. Cette province était alors fort divisée. Tyr avait élevé sa domination sur les principales cités de l'intérieur et des côtes et faisait peser sur elles un joug insupportable. Elle attira ainsi sur la Phénicie une guerre funeste, dont elle sortit d'abord avec honneur; mais plus tard elle devait succomber elle-même sous les armes d'un roi chal-

1. *Rois*, liv. IV, 1-6, 24. Tobie faisait partie des Israélites transportés en Médie. — *Tobie*, I, 2.

2. Position, 35° 40' latit. N.; 78° 15' long. E. (degrés de Ptolémée).

déen, du grand Nabuchodonosor. Salmanasar fit deux expéditions en Phénicie; l'historien juif Josèphe nous en a conservé le récit, emprunté à un fragment de Ménandre [1]. « Le nom de Salmanasar, dit Josèphe, est inscrit dans les annales des Tyriens, car il s'avança contre Tyr sous le règne du roi Élalée (Eloulaïos) [2]. Ménandre, qui a écrit une chronique et traduit en grec les annales des Tyriens, rapporte ainsi cet événement : — Eloulaïos, auquel les Tyriens donnent le nom de Pya, régna trente-six ans. Il entreprit une expédition maritime et soumit les Cittiens révoltés [3]. Salmanasar, roi des Assyriens, leur envoya une députation et envahit toute la Phénicie ; puis il conclut avec tous un traité de paix et retourna dans son pays. Sidon, Aké (Acco, Acre), l'ancienne Tyr et beaucoup d'autres villes se révoltèrent contre les Tyriens et se livrèrent au roi des Assyriens. Comme les Tyriens ne voulurent pas reconnaître son pouvoir, le roi marcha de nouveau contre eux. Ceux des Phéniciens qui étaient ses alliés lui équipèrent une flotte de soixante navires et de huit cents rameurs. Les Tyriens les attaquèrent avec douze navires, dispersèrent la flotte ennemie et firent environ cinq cents prisonniers. Ce glorieux exploit fut universellement célébré à Tyr. Le roi des Assyriens se retira en établissant des postes militaires autour du fleuve et autour des courants d'eau [4] pour empêcher les Tyriens de venir y puiser. Les Tyriens furent ainsi réduits, pendant cinq ans, à boire dans des puits forés [5]. —

« Voilà ce qui est écrit dans les annales de Tyr et ce qui arriva sous Salmanasar, roi des Assyriens. »

Ces deux expéditions sont fort remarquables : elles nous donnent des renseignements curieux sur l'état intérieur de la Phénicie, et rapprochées de celles que les rois de Ninive ont entreprises contre les Juifs, elles font comprendre la politique de ces princes. Il est difficile d'en fixer exactement la date; on peut

1. Josèphe, *Antiq. Jud.*, IX, 14, 2.

2. Ces expéditions tombent précisément au milieu de l'époque la plus obscure de l'histoire de la Phénicie: celle qui s'étend du règne de Pygmalion au siége de Tyr par Nabuchodonosor.

3. Ketim, dans la Bible, les Kittiens ou Cittiens, désignent l'île de Chypre, où on trouvait la ville de Citium.

4. J. de Bertou, *Topographie de Tyr*, présume que ce fleuve est le Léontès (aujourd'hui Kassmyé ou Qâsmîé) et que l'aqueduc en question est celui dont on voit les ruines entre Tyr et le Léontès.

5. Ce sont sans doute ces puits que l'on appelle dans le pays Ras-el-aïn (tête de la source) et que certains voyageurs ont nommés *puits de Salomon*.

toutefois assurer qu'elles eurent lieu à peu près à la même époque que celles qui furent faites contre Osée, roi d'Israël, si toutefois elles n'y doivent pas être directement rattachées. Il faut, en effet, distinguer, d'après la Bible, deux guerres de Salmanasar contre Osée : l'une en 723, terminée au bout de trois ans par la prise de Samarie (721 ou 720) ; l'autre au commencement du règne d'Osée, puisque ce prince paya plusieurs années le tribut au roi d'Assyrie. Le résultat de toutes ces guerres est d'ailleurs évident. Toute la Phénicie, à l'exception de Tyr, fut soumise aux rois de Ninive ; Sidon, Acco, reconnurent leurs lois ; l'île de Chypre se plaça sous leur protection. Cette suprématie ne fut pas de longue durée : la ruine de Ninive y mit fin en 625, comme on le verra dans la suite.

Sennachérib attaque Ézéchias, roi de Juda (712), ruine de son armée. — Sennachérib succéda à son père Sargon. Le principal fait de son règne est sa grande expédition contre Ézéchias, roi de Juda. Les victoires importantes que les rois ninivites avaient remportées sur les Phéniciens et sur les Israélites, la conquête de la Phénicie presque entière et du royaume d'Israël, qui avait été le prix de ces victoires, l'ambition et la fortune croissantes de ces princes, avaient jeté l'alarme dans la Judée et même en Égypte. Aussi vit-on à cette époque les rois de Juda suivre l'exemple que venait de leur donner Osée, le dernier roi d'Israël, et former une alliance étroite avec les pharaons. De nombreux passages de la Bible rappellent cette alliance. « Malheur à vous, mes fils, qui m'abandonnez.... qui descendez en Égypte, et n'interrogez plus ma parole, espérant du secours dans le courage de Pharaon et vous confiant dans l'ombre de l'Égypte ! Vos princes ont été dans Tanis [1], et vos courriers se sont avancés jusqu'à Hanès [2]. — Malheur à ceux qui descendent en Égypte pour y chercher du secours, mettant leur espoir dans les chevaux et leur confiance dans les chars, parce qu'ils sont nombreux, et dans les cavaliers, parce qu'ils sont vaillants !... l'Égypte est homme et non pas Dieu [3]. »

Ézéchias, voulant affranchir le royaume de Juda des craintes où le tenait la puissance des rois de Ninive, s'adressa au roi

1. Il y avait deux villes de ce nom en Égypte : l'une, Tanis Sjani, dans le Delta ; l'autre, Tanis Thôni, dans l'Égypte moyenne. Tanis était leur nom commun chez les Grecs.

2. Position inconnue : peut-être Kanesch, dans le nome de Pemsjé, plus tard nome d'Oxyrynchus, au sud de Memphis, dans la moyenne Égypte.

3. *Isaïe*, xxx, 1, 2, 4 ; xxxi, 1, 3.

d'Égypte Tarakha, qui avait succédé à Sua ou Sevechus, et comptant sur son allié, il refusa le tribut que son père Achaz avait payé à Téglat-Phalasar et, on peut aussi l'affirmer, à Salmanasar. C'est la seule cause qu'on ait indiquée jusqu'ici de la guerre qui éclata entre Ézéchias et Sennachérib. Il y en eut une autre, plus grave peut-être, que la Bible nous indique et que l'on n'a pas encore fait ressortir. La première année et le premier mois de son règne, le pieux roi de Juda avait rouvert les portes de la maison du Seigneur, fermées par Achaz à la suite de l'expédition de Téglat-Phalasar ; il avait, en outre, envoyé dans tout Juda et dans tout Israël, afin de convoquer le peuple pour célébrer la pâque à Jérusalem. Ses messagers avaient parcouru toutes les tribus pour y ranimer le zèle du vrai Dieu. Une grande partie de la population d'Éphraïm, de Manassé, d'Issachar, de Zabulon et d'Aser se rendirent à ce saint appel, et Jérusalem vit célébrer dans ses murs une solennité qui au temps de Salomon, fils de David, n'avait pas rassemblé une plus grande foule. En quittant Jérusalem pour retourner dans leur pays, les habitants d'Israël avaient détruit toutes les idoles et tous les autels profanes qu'on avait élevés, principalement dans les tribus d'Éphraïm et de Manassé [1]. Or, cet événement paraît postérieur à l'expédition de Salmanasar, glorieusement achevée par Sargon ; car les messagers d'Ézéchias aux Israélites disaient : « Fils d'Israël, revenez au Dieu d'Abraham, d'Isaac et d'Israël, et lui reviendra *aux débris qui ont échappé à la main du roi des Assyriens*... Si vous revenez au Seigneur, vos frères et vos fils trouveront miséricorde *devant leurs maîtres qui les ont amenés captifs*, et ils reviendront dans cette terre [2]. »

Ce réveil de la foi nationale chez les Juifs, cette guerre aux idoles, que la Judée avait souvent empruntées aux Syriens et qu'elle recevait maintenant de l'Assyrie [3], pouvaient d'un jour à l'autre menacer la domination de Ninive, rendre au royaume d'Israël son indépendance et détruire le fruit des victoires de Sargon.

1. *Paralipom.*, liv. II, chap. XXIX, XXX, XXXI.
2. *Id.*, chap. XXX, 6, 9.
3. Les colons assyriens que Sargon transporta dans le royaume d'Israël y introduisirent les dieux de leur pays : ceux de Babylone adorèrent Soccothbenoth ; les Cuthéens, Nergel (on retrouve ce nom dans Neriglisor) ; ceux d'Émath, Asima ; les Hévéens, Nebahaz et Tharthac ; ceux de Sépharvaïm faisaient des sacrifices humains et brûlaient leurs enfants en honneur de leurs dieux Adramelech et Anamelech. Cf. *Rois*, liv. IV, chap. XVII, 24-41.

Sennachérib déclara donc la guerre à Ézéchias. Il s'avança jusqu'à Lachis, au sud-est de Jérusalem, dans la tribu de Juda, sur les confins de celle de Siméon. Son armée montait à plus de deux cent mille hommes, car elle était destinée à agir à la fois contre les Juifs et contre l'Égypte. Il s'empara de toutes les places fortes du royaume de Juda, à l'exception de Jérusalem. Comme il était occupé au siége de Lachis, Ézéchias lui envoya une humble ambassade. Le récit de la Bible, « très-dramatique, commence par des détails abondants sur les menaces du monarque assyrien devant Jérusalem, passe légèrement sur son expédition en Égypte et termine avec une brièveté mystérieuse par le grand échec qu'il essuya à son retour. »

« La quatorzième année du roi Ézéchias (712), dit la Bible, Sennachérib, roi des Assyriens, monta contre toutes les villes fortes de Juda et les prit.

« Alors Ézéchias, roi de Juda, envoya des messagers au roi des Assyriens, à Lachis, lui disant : J'ai fait une faute, retire-toi de moi, et tout ce que tu m'imposeras, je le payerai ; le roi des Assyriens imposa donc à Ézéchias, roi de Juda, trois cents talents d'argent et trente talents d'or.

« Ézéchias donna tout l'argent qui se trouva dans la maison du Seigneur et dans le trésor royal.

« En ce temps-là, Ézéchias mit en pièces les portes du temple du Seigneur et les lames d'or qu'il y avait appliquées lui-même, et il les donna au roi des Assyriens.

« Or le roi des Assyriens envoya de Lachis au roi Ézéchias Tharlan, Rabsaris et Rabsacé, avec de grandes forces, à Jérusalem : ils montèrent et vinrent à Jérusalem et se présentèrent près de l'aqueduc de l'étang supérieur, qui est sur la voie du champ du Foulon.

« Ils appelèrent le roi : alors Éliacim, fils d'Helcia (Hil-Kija), préposé au palais (maître d'hôtel), et Sobna, le secrétaire, et Joahe, fils d'Asaph, commis aux registres, sortirent vers eux.

« Rabsacé leur dit : Dites à Ézéchias : Voici ce que dit le grand roi, le roi des Assyriens : Quelle est cette confiance sur laquelle tu t'appuies ?

« Peut-être as-tu formé le dessein de te préparer au combat : en qui te confies-tu pour oser te révolter ?

« Espères-tu en l'Égypte, roseau brisé qui, si quelqu'un s'appuie sur lui, entrera dans sa main et la percera ? Tel est Pharaon, roi d'Égypte, à tous ceux qui se confient sur lui.

« Que si vous me dites : Nous nous confions en Dieu, notre Seigneur ; n'est-ce pas celui dont Ézéchias a détruit les hauts lieux et les autels, et a ordonné à Juda et à Jérusalem en disant : Vous adorerez à Jérusalem devant cet autel-ci ?

« Passez donc maintenant à mon maître, le roi des Assyriens, et je vous donnerai deux mille chevaux : voyez si vous aurez assez de guerriers pour les monter.

« Comment pouvez-vous résister à un seul des satrapes des moindres esclaves de mon maître ? Avez-vous confiance dans l'Égypte, à cause de ses chariots et de ses cavaliers ?

« Est-ce donc contre la volonté du Seigneur que je suis monté en ce lieu pour le détruire ? Le Seigneur m'a dit : Monte vers cette terre et détruis-la.

« Alors Éliacim, fils d'Helcia, et Sobna, et Joahe, répondirent à Rabsacé : Nous te prions de parler à tes serviteurs en langue syriaque, car nous comprenons cette langue ; ne nous parle pas en langue judaïque : le peuple qui est là sur les murs nous entend.

« Rabsacé repartit : Est-ce donc vers votre maître et vers vous que mon maître m'a envoyé pour tenir ce langage ? n'est-ce pas plutôt pour que je m'adresse aux hommes qui se tiennent sur les murs pour leur dire qu'ils seront réduits *aux dernières extrémités ?*

« Rabsacé se dressa donc et s'écria à haute voix en langue judaïque : Écoutez la parole du grand roi, le roi des Assyriens.

« Voici ce que dit le roi : Qu'Ézéchias ne vous abuse point, car il ne pourra point vous tirer de mes mains.

« Qu'il ne vous inspire pas non plus de confiance dans le Seigneur, en disant : Le Seigneur nous délivrera, et cette ville ne sera point livrée aux mains du roi des Assyriens.

« N'écoutez pas Ézéchias ; car voici ce que dit le roi des Assyriens : Faites avec moi ce qui vous est avantageux ; sortez et venez vers moi : chacun alors mangera de sa vigne et de son figuier et vous boirez de l'eau de vos citernes.

« Jusqu'à ce que je vienne et que je vous transporte dans une terre qui est semblable à la vôtre, terre abondante en fruits, fertile en vin, terre de pain et de vignes, terre d'olives, d'huile et de miel, jusque-là vous vivrez et vous ne mourrez point ; mais n'écoutez pas Ézéchias, qui vous trompe quand il dit : Le Seigneur nous délivrera.

« Les dieux des nations ont-ils délivré leur pays de la main du roi des Assyriens ?

« Où est le dieu d'Émath et d'Arphad? où est le dieu de Sépharvaïm, Ana et Ava [1]? Ont-ils délivré Samarie de ma main?

« Parmi tous les dieux de la terre, en est-il qui aient délivré leur pays de ma main, pour que le Seigneur puisse en délivrer Jérusalem?

« Le peuple se tut et ne répondit pas un mot; car le roi avait ordonné qu'on ne répondît pas.

« Éliacim, fils d'Helcia, préposé au palais, Sobna, le secrétaire, et Joahe, fils d'Asaph, commis aux registres, revinrent vers Ézéchias, et déchirant leurs habits, ils lui annoncèrent les paroles de Rabsacé.

« Le roi Ézéchias, les ayant entendues, déchira ses vêtements, se couvrit d'un sac et entra dans la maison du Seigneur.

« Et il envoya Éliacim, préposé au palais, Sobna, le secrétaire, et les plus vieux des prêtres, couverts de sacs, vers le prophète Isaïe, fils d'Amos. . . . .

« Isaïe leur dit : Vous direz ceci à votre maître : Le Seigneur a dit : Ne craignez rien des discours par lesquels les esclaves du roi des Assyriens ont blasphémé contre moi et que j'ai entendus.

« Je lui enverrai un esprit, et il apprendra une nouvelle; et il retournera dans son pays, et dans son pays je l'abattrai par le glaive [2].... »

Ici finit la première partie du récit de la Bible. En suivant la narration du *Livre des Rois*, on voit que Sennachérib interrompit ses projets contre Jérusalem pour attaquer l'Égypte. De Lachis, où il reçut la première ambassade d'Ézéchias, il s'était avancé jusqu'à Lobna, se rapprochant de Jérusalem. C'est là que Rabsacé vint le trouver au retour de l'entrevue que nous venons de raconter. Il était à peine revenu auprès de son maître qu'on apprit au camp des Assyriens que Tharaca, roi d'Égypte, s'avançait vers la Judée au secours d'Ézéchias. Sennachérib en-

1. Contrairement aux traducteurs, qui prennent Hana et Ava pour des noms de villes et qui les transforment en Hénah et Héva, nous croyons qu'Ana et Ava sont des noms de dieux. « Hi autem qui erant de Sepharvaim comburebant filios suos igne, Adra-Melech et *Ana*-Melech, *diis Sepharvaïm. Rois*, liv. IV, chap. XVII, 31. » On sait que *melech* signifiait roi et s'appliquait à plus d'un dieu des Phéniciens et des Assyriens. Ce passage que nous venons de citer nous paraît décisif en faveur de notre interprétation : *Ana* y est bien désigné comme un dieu de Sépharvaïm.

2. *Rois*, liv. IV, chap. XVIII, 13-37; XIX, 1-7.

voya aussitôt un second message au roi de Juda, avec les mêmes menaces qu'il lui avait fait entendre, et ajournant sa vengeance, il tourna ses armes contre les Égyptiens. Hérodote et Bérose[1] ont raconté cette guerre, qui ne se termina pas à l'avantage du roi d'Assyrie. Suivant la tradition égyptienne, suivie par Hérodote, Séthos, prêtre de Phtha ou Vulcain, qui gouvernait alors l'Égypte, mena contre les Assyriens une armée composée de marchands, d'artisans et de gens pris parmi les dernières castes. Il rencontra à Péluse l'armée ennemie; pendant la nuit une multitude effroyable de rats se répandit dans le camp des Assyriens, rongea les cordes de leurs arcs et les courroies de leurs boucliers et les mit hors d'état de se défendre. Sennachérib s'enfuit après avoir perdu une grande partie de ses troupes. Ce récit s'accorde mal avec le témoignage d'Isaïe[2], qui avait prédit à plusieurs reprises que l'alliance des Juifs avec les Égyptiens et les Éthiopiens tournerait à la ruine de l'Égypte elle-même, qui serait ravagée. Isaïe était contemporain de ces événements, et les termes dans lesquels il parle de l'expédition du roi d'Assyrie en Égypte ne permettent pas de mettre en doute le triomphe complet de Sennachérib. On pourrait encore en trouver un souvenir dans la prophétie de Nahum, qui vécut aussi à cette époque : il y est question de la ruine d'une ville égyptienne, No-Amon, dont le nom se retrouve dans celui de Namoun du nome d'Athribi, situé à l'est du Nil[3]. Vainqueur des Égyptiens et des Éthiopiens réunis, Sennachérib rentra dans le royaume de Juda. Il détacha une partie de son armée, sous le commandement de Tharthan, pour faire le siége d'Asdod ou Azoth, principale ville des Philistins : elle fut prise[4]. Mais quand l'armée assyrienne eut établi son camp près de Jérusalem, un ange exterminateur, envoyé par Dieu, tua en une nuit cent quatre-vingt-cinq mille hommes et Sennachérib s'en retourna honteusement dans son pays. « Comme il adorait dans son temple son dieu Nesroch, Adramelech et Sarasar, ses fils, le frappèrent d'un coup d'épée et s'enfuirent dans le pays des Arméniens, et Assarhaddon, son fils, régna à sa place[5]. »

1. Bérose, apud Hieronym. *Comment. in Isai.*, c. 37.
2. *Isaïe*, XVIII, XIX, XX, XXX, XXXI.
3. *Nahum*, chap. III, 8-10. La *Vulgate*, par un singulier anachronisme, donne le nom d'Alexandrie à cette ville que le texte hébreu appelle Noamon. Bochart nous paraît aussi dans l'erreur quand il confond cette ville avec Thèbes Diospolis.
4. *Isaïe*, XX, 1.
5. La Bible parle souvent de la mort de Sennachérib. *Rois*, liv. IV,

C'est ainsi que se termine, dans la Bible, par une vengeance mystérieuse du Dieu des Juifs, cette formidable expédition qui bouleversa la Phénicie, la Judée et l'Égypte[1].

On trouve encore la trace d'autres guerres entreprises par Sennachérib. Bérose rapporte qu'il fit des expéditions dans la Babylonie, et jusque dans l'Asie Mineure, et un fragment d'Abydème, cité par Eusèbe, nous apprend qu'il battit une flotte grecque sur les côtes de la Cilicie[2].

Assarhaddon s'empare de Babylone (680). — Assarhaddon ou Asénaphar (Assour-Akhiddin, d'après les monuments) porta la puissance de Ninive au plus haut degré de splendeur. En 680, il s'empara de Babylone, qui devint la seconde capitale de l'empire assyrien. Il reprit ensuite les projets de son père contre la Judée. Le grand désastre qui avait frappé l'armée de Sennachérib sous les murs de Jérusalem avait eu sans doute pour conséquence de soustraire la Palestine et peut-être aussi la Syrie au joug des Assyriens. Assarhaddon, suivant Bérose, fit la guerre aux Juifs, aux Philistins et aux Égyptiens pour les replacer sous la dépendance de Ninive. Nous connaissons, par la Bible, le résultat de son expédition en Égypte, dont il s'empara jusqu'aux cataractes de Syène. Ses lieutenants s'emparèrent de la personne du roi Manassès, fils d'Ézéchias (697-642), et l'emmenèrent chargé de chaînes à Babylone[3]. Dans la suite, on lui rendit la liberté et il retourna à Jérusalem. Assarhaddon ne régna que treize ans sur les Babyloniens (680-667), selon le canon de Ptolémée; mais son règne total fut beaucoup plus long : on lui donne communément quarante ans de durée, depuis son avénement au trône de Ninive (707-667).

Saosduchéus (667-647), Judith et Holopherne. — Saosduchéus succéda à son père Assarhaddon et régna vingt ans (667-647) ; l'Écriture sainte l'appelle Nabuchodonosor. C'est le même prince qui dans les inscriptions assyriennes porte le nom d'Assourbanipal. Son règne fut signalé par deux événements importants : une guerre contre les Mèdes et l'expédition d'Ho-

chap. XIX, 37. — *Paralipom.*, liv. II, chap. XXXII, 21. — *Isaïe*, XXXVII, 38. — *Tobie*, I, 24.

1. La Bible contient trois récits détaillés de cette guerre. *Rois*, liv. IV, chap. XVIII, XIX. *Paralipom.*, liv. II, chap. XXXII. *Isaïe*, chap. XXXVI, XXXVII. Ils se répètent et se complètent à la fois. Nous avons traduit celui du *Livre des Rois*.

2. « Ad littus maris Ciliciæ Græcorum classem profligatam depressit. » Abydem. ap. Euseb.

3. *Paralipom.*, liv. II, chap. XXXIII, 11.

lopherne en Judée. Phraorte régnait alors sur les Mèdes, dont la puissance, rétablie par Déjocès, son père, prenait chaque jour de nouveaux accroissements. Ils aspiraient à gouverner encore une fois toute l'Asie, comme ils avaient fait jadis sous Arbacès, fondateur de leur empire. Le moment paraissait favorable. Les guerres continuelles que les rois ninivites soutenaient à l'Occident les avaient épuisés malgré leurs victoires, et Saosduchéus s'était rendu odieux aux peuples soumis par ses exactions et par la dureté de son gouvernement. Lorsque Phraorte lui déclara la guerre, il ne put rassembler qu'une faible armée. Les nations tributaires à qui il avait envoyé demander des subsides lui en refusèrent. Cependant il présenta la bataille au roi des Mèdes dans les plaines de Ragau[1], sur les confins de la Médie et de l'Assyrie. Phraorte fut battu, poursuivi au delà d'Ecbatane, jusque dans les montagnes qui séparent la Médie de la Parthie (monts Caspiens, aujourd'hui Elbrouz), et il tomba entre les mains de son ennemi, qui le fit mourir à coups de javelots. Saosduchéus traversa la Médie en vainqueur, ravagea tout le pays, s'empara des places fortes et livra Ecbatane au pillage (655).

Le lieutenant de Saosduchéus, Holopherne, fut moins heureux en Judée. Enorgueilli par la victoire de Ragau, le roi de Ninive et de Babylone envoya des ambassades « à tous ceux qui habitaient la Cilicie, Damas, le Liban, aux nations du Carmel, de Cédar, de la Galilée, de la grande plaine d'Esdrelon, à Samarie, à Jérusalem, jusque dans la terre de Gessen, et jusqu'aux confins de l'Éthiopie, » pour exiger leur soumission. On les reçut avec mépris. Alors il leva une armée de cent vingt mille fantassins et de douze mille archers à cheval et en donna le commandement à Holopherne, chef de toute la milice. En quittant les frontières de l'Assyrie, cette immense armée franchit les hautes montagnes d'Angé, situées à gauche de la Cilicie, détruisit la ville de Meloth et ravagea toute la Cilicie (Tharsis); elle se répandit ensuite dans la Syrie : Damas, Tyr, Sidon, furent pillées; les Ismaélites, les Madianites, les Philistins, furent soumis. Alors les rois et les princes de toutes les villes et de toutes les provinces, Syrie, Mésopotamie, Soba, Lydie, Cilicie, envoyèrent des députés à Holopherne pour faire une soumis-

1. Il ne faut pas confondre Ragau, situé dans le voisinage de l'Euphrate et du Tigre et en deçà d'Ecbatane, avec Ragès, ville de Médie, qui se trouvait fort au delà d'Ecbatane, dans le voisinage de la mer Caspienne.

sion complète et implorer sa clémence. Il exigea d'eux des subsides pour grossir encore son armée ; et fidèle aux ordres de Saosduchéus, « qui avait juré d'exterminer tous les dieux de la terre, il détruisit toutes les villes, incendia les forêts et pénétra, ravageant tout, jusque dans l'Idumée. Il reçut à Gabaa[1] la soumission des villes iduméennes, et il y séjourna un mois pour y rassembler toute son armée. Enfin il mit le siége devant Béthulie, une des petites places qui, comme Lachis et Lobna, assiégées par Sennachérib, protégeaient Jérusalem au sud-est[2]. C'est là qu'il fut tué par Judith. Son armée regagna en désordre les rives de l'Euphrate et du Tigre, et tous les peuples qu'il avait soumis se révoltèrent à la fois[3]. »

A partir de ce moment le règne de Saosduchéus ne fut plus qu'une suite de revers. Les Mèdes reprirent les armes, vainquirent les Assyriens en bataille rangée, et déjà ils assiégeaient Ninive (648), lorsque leur propre pays fut assailli par une nombreuse armée de Scythes. En chassant d'Europe les Cimmériens, ces barbares s'étaient jetés sur l'Asie, et la poursuite des fuyards les avait conduits jusqu'au pays des Mèdes[4]. La ruine de Ninive fut ainsi retardée.

Sarac ou Chinaladan (647-625). **Ruine de Ninive** (625). — Chinaladan, nommé aussi Sarac, remplaça son père Saosduchéus sur le trône d'Assyrie. Il régna vingt-deux ans (647-625). On ne connaît de son règne que la catastrophe qui le termina. Cyaxare, roi des Mèdes, ayant fait alliance avec Nabopolassar, gouverneur de Babylone, assiégea Ninive et la prit; il soumit toute l'Assyrie, à l'exception de la partie babylonienne[5]. Ninive fut entièrement détruite et ne se releva jamais de ses ruines (625). « Assur, s'écriait le prophète Ézéchiel,

1. Il y a dans la Palestine plusieurs villes du nom de Gabaa, Gabaé, Gabauth, Gabala Gabaza, Gabath, Gabathon, Gabbaza, etc. On ne peut guère en fixer exactement la position. Celle dont il s'agit ici est Gabaa, de la tribu de Benjamin.

2. Bethul, Bathuel ou Béthulie, dans la tribu de Siméon. Il ne faut pas la confondre avec Bethuli, de la tribu de Zabulon, près de laquelle se trouve aussi une autre Gabaa, ni avec Béthel, de la tribu de Benjamin, célèbre par la promesse que Dieu y fit à Abraham de donner la terre de Chanaan à sa postérité. Il y avait encore une ville du nom de Béthel dans la tribu d'Éphraïm. La répétition des mêmes radicaux rend la géographie de la Palestine très-confuse.

3. Voir le livre de *Judith*. La Bible place cette expédition à la treizième année du règne de Saosduchéus, en 654; mais elle n'en fixe pas la durée.

4. *Hérod.*, I.

5. *Hérod.*, I. 106.

témoin de sa chute, s'élevait comme un cyprès du Liban; ses branches étaient touffues; sa cîme se cachait dans les nuées; tous les oiseaux du ciel nichaient dans ses branches; toutes les bêtes des forêts avaient déposé leurs petits sous ses rameaux.... à son ombre habitait la multitude des nations.... Maintenant c'est dans ses ruines que reposent les oiseaux du ciel; c'est sur son tronc que s'arrêtent les bêtes des champs. »

Le second empire d'Assyrie fut ainsi renversé après avoir duré cent trente-quatre ans (759-625), selon la chronologie de l'*Art de vérifier les dates*, et deux cent cinquante-deux ans suivant le calcul de Ctésias, que nous avons indiqué. Ces derniers temps de l'histoire du second empire assyrien sont, du reste, encore fort obscurs. Ainsi après Assourbanipal les monuments mentionnent son fils Assourédiliti III, qui aurait régné de 647 à 625; Sarac ou Assaracus, qui lui aurait succédé de 625 à 606, ne figure sur aucun monument. Il y aurait donc trois dates différentes pour la destruction de Ninive [1], 625, 606 et même 597.

CHAPITRE X.

Empire babylonien. — Captivité de Babylone. — Monuments, mœurs et coutumes des Assyriens et des Babyloniens.

Empire babylonien. Situation de la Chaldée ou Babylonie. — Bélésis fonde l'empire babylonien (877). — Nabonassar; ère fondée par ce prince (747). Assarhaddon prend Babylone — Restauration de l'empire babylonien par Nabopolassar (625), lutte contre Néchao, bataille de Circésium (604). — Nabuchodonosor (604-562), fin du royaume de Juda (588), captivité de Babylone. — Siége de Tyr par Nabuchodonosor (585-572). — Puissance et orgueil de Nabuchodonosor. — Évilmérodach (562-560). — Nériglissor (560-555).— Laborosoarchod (555). — Balthazar (555-538). Cyrus prend Babylone; fin de l'empire babylonien (538). — *Religion des Assyriens.* — Les Chaldéens. — Commerce et industrie des Babyloniens. — Monuments de l'Assyrie.

Empire babylonien. Situation de la Chaldée ou Babylonie. — La chute du second empire assyrien apporta de grands

1. Certains historiens reculent la destruction de Ninive jusqu'en 597. C'est là une des nombreuses difficultés de la chronologie assyrienne. La position de Ninive elle-même est inconnue. La Ninive de Sardanapale n'est peut-être pas la même que celle de Chinaladan; à coup sûr, elle diffère de la Ninive des Parthes dont parlent Tacite, *A.* XII, 13; *Ptolémée*, livre VI, 1; Théophane et Cédrénus. Malgré de savants travaux, ces questions sont encore insolubles.

changements dans l'état des contrées de l'Asie centrale : d'une part, les Mèdes s'agrandirent par l'acquisition de la partie septentrionale de l'Assyrie ; d'autre part, les gouverneurs de Babylone furent élevés au rang de rois et fondèrent la dynastie nommée chaldéo-babylonienne. On a quelquefois pris le peuple des Chaldéens pour un nouveau peuple venu du nord, et l'on s'est appuyé sur plusieurs passages de la Bible qui parlent, en effet, d'une nation conquérante sortie du septentrion ; peut-être même l'invasion des Scythes, qui à cette époque occupèrent l'Asie pendant vingt-huit ans, aurait pu fortifier cette opinion. Il est aujourd'hui démontré que ce peuple des Chaldéens n'est autre que celui qui s'est établi à Babylone dès la plus haute antiquité, avec Nemrod, et qui, longtemps soumis à Ninive, s'est relevé de son abaissement. La Chaldée comprenait la partie méridionale de la Babylonie et s'étendait au sud-ouest de l'Euphrate et du Chat-el-Arab jusque dans le désert d'Arabie et le long du golfe Persique : c'est là que Strabon et Ptolémée la placent. Dans la Bible même, le nom de Chaldée est synonyme de Babylonie, et les habitants de Babylone se donnaient à eux-mêmes le nom de Casdim[1].

Bélésis fonde l'empire babylonien (877). — Babylone, comme on l'a vu dans les chapitres précédents, avait jadis formé un empire puissant, dont il suffira de rappeler les principales vicissitudes. Fondée par Nemrod, conquise par les Arabes vers 2453 et par Bélus, roi des Ninivites, en 2208, elle fit partie, depuis cette dernière époque, de l'empire assyrien, jusqu'à la fin du règne de Sardanapale. En 880, selon le calcul de Ctésias, Bélésis, commandant de Babylone, se ligua avec Arbacès, chef des Mèdes, pour renverser Sardanapale, qui succomba la troisième année (877)[2]. Les armées rebelles proclamèrent roi Arbacès, principal auteur du complot, le revêtirent du manteau royal et lui déférèrent l'autorité souveraine. Bélésis ne joua qu'un rôle secondaire dans cette révolution, et fut confondu dans la foule des satrapes à qui Arbacès distribua les gouvernements, en qualité de successeurs des rois de Ninive ; toutefois il obtint des conditions plus favorables que les autres satrapes, et Arbacès lui accorda la Babylonie exempte de tribut.

1. *Isaïe*, passim ; *Ézéch.*, XXIII, 14-23 ; *Habac.*, I, 6-11.

2. La date de cet événement, comme on l'a vu dans le chapitre précédent, est fixée à l'an 789 par M. Lenormant, et à l'an 759 par la chronologie vulgaire.

On peut considérer l'avénement de Bélésis comme un effort des Babyloniens pour revenir à leur ancienne puissance. La caste des Chaldéens eut sans doute la part principale dans l'affranchissement du pays : car Bélésis était un prêtre chaldéen, et il avait prédit, à ce que l'on rapporte, le triomphe d'Arbacès. Toutefois Babylone ne s'éleva jamais au même degré de splendeur que Ninive, et pendant deux siècles et demi (877-625) sa domination ne s'étendit pas hors de la Babylonie.

Nabonassar, ère fondée par ce prince (747) ; **Assarhaddon prend Babylone.** — L'histoire des rois de Babylone est fort obscure. Longtemps après Bélésis régna Nabonassar, qui fonda une ère nouvelle, l'ère de Nabonassar, 26 février 747 avant J. C. Il détruisit, dit-on, tous les monuments élevés avant lui et toutes les archives, afin qu'il n'y eût rien dont l'origine ne remontât à son règne. Cette ère chronologique a été suivie par les écrivains de l'Orient jusqu'au temps de l'ère des Séleucides, et dans la suite ils l'ont employée concurremment avec cette dernière. Parmi les successeurs de Bélésis on remarque Mardokempad ou Mérodac-Baladan, qui vers l'an 710 envoya une ambassade à Ezéchias, roi de Juda, et Arkianus, son successeur et peut-être son fils, après lequel eut lieu un interrègne de deux ans. La couronne fut disputée entre différents seigneurs, et pendant plusieurs années Babylone fut livrée aux troubles intérieurs. Trois rois se succédèrent en dix ans (702-692) ; le quatrième, Mesessimordacus, mourut au bout de quatre ans de règne, et sa mort fut suivie d'un nouvel interrègne qui dura de 688 à 680. Asarhaddon, roi de Ninive, y mit fin en s'emparant de Babylone.

Tableau chronologique des rois de Babylone

de Bélésis à Assarhaddon.

Bélésis, 877.

Nabonassar, 747-733.
Nadius, 733-731.
Chinzirus, 731-728.
Porus, 728-726.
Jugée, 726-721.
Mardokempad, 721-709, ou Mérodach-Baladan.

Arkianus, 709-704.
Interrègne, 704-702.
Belibus, 702-699.
Apronasius, 699-693.
Rigebelus, 693-692.
Messessimordacus, 692-688.
Interrègne, 688-680.
Assarhaddon, roi de Ninive, prend Babylone, 680.

La conquête de Babylone par Assarhaddon ouvre une nouvelle période de l'histoire de la Babylonie. Redevenue une satrapie de l'empire ninivite, cette province cesse, pendant cinquante-cinq ans, d'avoir une histoire particulière (680-625). Babylone était, à cette époque, la seconde capitale des rois assyriens et la résidence d'un satrape. En 626, Nabopolassar, qui la gouvernait, se révolta contre Chinaladan et fonda le royaume chaldéo-babylonien (625). Désormais, Ninive étant détruite, le siége de la domination assyrienne est exclusivement fixé à Babylone.

Restauration de l'empire babylonien par Nabopolassar (625), **lutte contre Néchao, bataille de Circésium** (604). — Nabopolassar (Nabou-pol-Oussour, selon l'orthographe adoptée par M. Maspéro) est le chef d'une dynastie célèbre qui subsista pendant quatre-vingt-sept ans (625-538), sous six princes, dont les plus fameux sont Nabuchodonosor et Balthazar. Cette époque est peut-être la plus brillante de l'histoire de l'Assyrie, sinon par la force et l'étendue de l'empire, du moins par la magnificence de ses rois. Embellie par eux, ornée d'admirables monuments, Babylone mérita d'être surnommée, comme plus tard Alexandrie, la reine de l'Orient.

On a vu que dans les dépouilles de Ninive Cyaxare, roi des Mèdes, avait eu la plus belle part, et qu'il réunit à son empire toute l'Assyrie, à l'exception, dit Hérodote, de l'Assyrie babylonienne, c'est-à-dire de la Babylonie propre ou Chaldée. Le royaume de Nabopolassar se trouvait donc réduit à de bien étroites limites. Il chercha à l'agrandir en l'étendant vers l'occident, car à l'est les Mèdes, parvenus à leur plus grande puissance, lui opposaient une barrière infranchissable. Il renouvela donc les prétentions et les entreprises des rois ninivites, Phul, Théglat-Phalasar, etc., sur la Phénicie, sur la Judée, et même sur l'Égypte. La chute de Ninive avait produit son effet inévitable dans les contrées situées à l'ouest de l'Euphrate : elles avaient secoué le joug des Assyriens. Le roi d'Égypte, Psammétichus, avait profité des troubles de l'Assyrie pour assiéger Azoth, qui depuis l'expédition de Sennachérib (712) appartenait aux Ninivites; il s'en empara après vingt-neuf ans de siége. En Judée, Josias rétablit le culte du vrai Dieu, renversa les autels élevés soit dans le royaume de Juda, soit dans l'ancien royaume d'Israël, aux idoles assyriennes, « à Baal, au soleil, à la lune, aux douze signes (du Zodiaque) et à toute la milice du ciel [1]. » Les Juifs reprenaient courage comme au temps d'Ézéchias (622). Enfin les progrès du roi d'Égypte Néchao forcèrent

1. *Rois*, IV, XXIII, 5.

Nabopolassar de lui déclarer la guerre. Néchao, poursuivant les projets de son père Psammétichus, s'était emparé de toute la Phénicie méridionale, ou pays des Philistins, depuis Gaza jusqu'à Mageddo[1]. C'est là, selon la Bible, qu'il battit et tua le roi de Juda Josias (610). Il leva sur la contrée un impôt de cent talents d'argent et d'un talent d'or, et pendant quatre ans (610-606) il en fut le maître absolu. Nabopolassar entreprit alors de s'opposer aux progrès des Égyptiens; il envoya son fils Nabuchodonosor contre Néchao, qui, s'étant avancé jusqu'à l'Euphrate, fut vaincu à Circésium (Carchemis) et se retira en Égypte (606). La Judée et la Phénicie rentrèrent ainsi sous la domination des Assyriens. Nabopolassar mourut deux ans après cette conquête (604).

Nabuchodonosor (604-562), **fin du royaume de Juda** (588), **captivité de Babylone**. — Nabuchodonosor (Nabou-Koudour-Oussour) (604-562) fit trente ans la guerre pour assurer la soumission des pays nouvellement conquis. Joachim se révolta avec toute la tribu de Juda. Le roi de Babylone se rendit en Palestine, emmena en captivité Joachim[2] et une partie de son peuple et plaça sur le trône Sédécias, oncle du dernier roi (599). Ce changement n'empêcha pas les Juifs de regretter leur indépendance; ils reprirent les armes en 593, et s'étant concertés avec les Syriens de Tyr et de Sidon, ils résolurent de secouer le joug des Babyloniens. On peut voir dans les prophéties de Jérémie la grandeur de cette tentative. Les Iduméens, les Moabites, les Ammoniens, le roi de Tyr et celui de Sidon formèrent avec les Juifs une ligue redoutable. Mais Nabuchodonosor envahit la Judée, assiégea Jérusalem (591) et la prit au bout de trois ans (587). Il détruisit le temple de Salomon, et depuis ce moment jusqu'à l'édit de Cyrus, la Judée resta soumise aux Babyloniens. C'est le temps où le prophète exprimait en ces termes les plaintes des Juifs exilés : « Assis au bord des fleuves de Babylone, nous avons pleuré en songeant à Sion. Nos harpes étaient suspendues aux saules du rivage; — et ceux qui nous avaient emmenés captifs nous disaient : « Chantez-nous quelqu'un des cantiques de Sion! » — Mais comment chanter un cantique du Seigneur sur une terre étrangère? —

1. Hérodote appelle le lieu du combat Magdole ; ce serait alors la Magdala Sebaïa des Thalmudistes, située sur la route d'Égypte en Palestine.

2. Il resta en prison trente-sept ans (597-562). Évilmérodach lui rendit la liberté la première année de son règne (562) ; mais Joachim continua de vivre à Babylone, dans le palais du roi.

Si je t'oublie, ô Jérusalem, que ma main droite m'oublie; — que ma langue reste attachée à mon palais si tu sors de ma pensée, si tu n'es plus, ô Jérusalem, le premier objet de mes joies ! — Malheur sur toi, fille de Babylone ! Bienheureux celui qui te rendra tous les maux que tu nous as faits, qui prendra tes enfants et leur brisera la tête contre la pierre ! » Cette époque de l'histoire juive porte le nom de captivité de Babylone.

Siége de Tyr par Nabuchodonosor (585-572). — La Phénicie fut ensuite attaquée et sa soumission achevée en une seule campagne. Mais Tyr opposa une résistance acharnée, qui a rendu mémorable le siége de cette ville par Nabuchodonosor. « Ce siége, entrepris en 586 ou 585, dura treize années. Afin de serrer de plus près la ville, Nabuchodonosor construisit une chaussée dont, près de trois siècles plus tard, Alexandre trouva encore les restes. Quand les habitants virent leur ville sur le point d'être forcée, ils montèrent sur leurs vaisseaux et allèrent se réfugier dans les îles voisines. » L'ancienne Tyr fut ruinée de fond en comble; mais une nouvelle Tyr s'éleva rapidement en face de la première, et elle acquit encore une plus grande renommée.

A peine eut-il fait tomber cette ville puissante, Nabuchodonosor fut obligé de défendre la Phénicie contre le roi d'Égypte Apriès; il ne put l'empêcher de s'emparer de Sidon et d'une partie de la Phénicie. Les écrivains chaldéens, au contraire, présentent les rois d'Égypte, à cette époque, comme de simples satrapes des rois de Babylone et racontent que Nabuchodonosor envahit l'Égypte et ravagea l'Afrique jusqu'à l'Espagne.

Puissance et orgueil de Nabuchodonosor. — L'empire chaldéo-babylonien était alors à son apogée de gloire et de puissance. Nabuchodonosor fit de Babylone la plus forte et la plus belle ville du monde. Il construisit en dehors un triple mur en brique, et un autre entièrement semblable en dedans de la ville. Il bâtit un nouveau palais, dans lequel il éleva des terrasses de pierres qui figuraient des montagnes, et qui étaient plantées d'arbres de toute espèce : on appela ces terrasses les jardins suspendus. Sur la fin de son règne, Nabuchodonosor tomba dans une sorte de folie. Le gouvernement fut alors confié à sa femme Nitocris, à qui Hérodote rapporte, selon les Chaldéens, les grandes constructions de Babylone, attribuées à Sémiramis.

Suivant l'Écriture sainte, ce prince avait vu en songe un arbre immense dont les rameaux s'étendaient jusqu'aux extrémités de la terre. Puis il avait entendu une voix qui disait :

« Abattez l'arbre et coupez-en les branches... ; mais laissez en terre ses racines... ; qu'il se nourrisse de la terre avec les animaux sauvages, et qu'il passe ainsi sept années, afin que tout homme sache que le Seigneur domine sur les trônes de la terre, et qu'il les donne à qui il veut. » A son réveil, Nabuchodonosor avait consulté le prophète Daniel, qui lui déclara que cet arbre immense le désignait lui-même. Frappé de démence subite, il ne recouvra la raison qu'au bout de sept ans.

Évilmérodach (562-560). — Évilmérodach (Avil-Mar-douk), fils de Nabuchodonosor, signala son règne de deux années (562-560) par ses débauches et par sa tyrannie. Une conspiration domestique le renversa du trône. On ne connaît d'ailleurs de lui que son expédition en Médie, dans laquelle il fut battu; mais le calcul du règne de Cyrus place cet événement en 583 : il aurait donc eu lieu du vivant de Nabuchodonosor.

Nériglissor (560-555). — Nériglissor (Nirgal-sar-Oussour) porte le nom de Neregasolasar dans le canon de Ptolémée. Il était beau-frère d'Évilmérodach et chef du complot qui le renversa. Il fit la guerre aux Mèdes et fut vaincu et tué dans la bataille qu'il leur livra (555).

Laborosoarchod (555). — Laborosoarchod (Bel-labar-Iskoun), son fils, continua les hostilités contre les Mèdes et les Perses, déjà réunis. Xénophon rapporte, entre autres détails de cette guerre, la défection de Gobryas et de Gadatas, deux des principaux officiers du roi de Babylone, qui passèrent dans le parti de Cyrus. Laborosoarchod, battu par les Mèdes, fut poursuivi jusqu'aux portes de Babylone. Ses sujets l'assassinèrent au bout de neuf mois de règne, à cause de sa tyrannie.

Balthazar (555-538), **Cyrus prend Babylone, fin de l'empire babylonien** (538). — Laborosoarchod eut pour successeur Labynetos : c'est ainsi que le nomme Hérodote. Josèphe l'appelle *Naboandel;* Ptolémée, *Nabonadius ;* dans les inscriptions cunéiformes, son nom est Nabonid, Nabonahid, Nabounahid; il est plus connu sous le nom de Balthazar, qu'il porte dans la Bible. Il était fils d'Évilmérodach ; son règne dura environ dix-sept ans (555-538). Il s'allia avec Crésus, roi de Lydie, contre Cyrus (548) et fut battu dans cette première guerre. La défaite de Crésus à Thymbrée et la destruction de l'empire des Lydiens furent fatales à Balthazar ; Cyrus assiégea Babylone et la prit après deux ans de siége[1] (538). Elle ne fut point détruite

1. Voir le récit de cette guerre dans le chapitre XI.

comme Ninive l'avait été, et, sous les successeurs de Cyrus, elle resta l'une des capitales de la monarchie persane. Balthazar périt à la fin du siége, et l'empire chaldéo-babylonien cessa alors d'exister; il avait duré quatre-vingt-sept ans depuis Nabopolassar (625-538), et trois cent trente ans depuis Bélésis (877-538).

Religion des Assyriens. — La religion des Assyriens nous est peu connue : ils concevaient une intelligence supérieure, Oannès, de laquelle émanaient, à divers degrés, différentes divinités, dont l'une, Bel ou Belus, avait ordonné le monde, créé l'homme, réglé le cours des astres et fondé les lois humaines. Ainsi, il aurait quelque rapport avec l'Osiris des Égyptiens; mais à Ninive et à Babylone, bien plus encore qu'en Égypte, la doctrine religieuse reposait sur les connaissances astronomiques: Bel, confondu avec le soleil, fut adoré avec les cinq planètes Mars, Vénus, Mercure, Saturne et Jupiter, et au-dessous de ces divinités empruntées au système céleste, les astres inférieurs, les étoiles, rangées selon différents ordres, recevaient les honneurs divins. C'étaient autant de dieux qu'on portait sur soi au moyen de talismans qui représentaient l'image de ces astres et qui avaient, selon les prêtres chaldéens, une vertu singulière. Aussi l'astrologie avec toutes ses imaginations et ses supercheries, fut de bonne heure en honneur parmi les Assyriens.

Pour le vulgaire, il ne connaissait guère que deux grandes divinités, Bel ou Bal et Mylitta, que les Grecs assimilent à Jupiter et à Vénus. La première avait un fort beau temple à Babylone, où l'on brûlait tous les ans mille talents pesant d'encens; la seconde était l'objet d'un culte impur et effréné, comme l'Astarté des Phéniciens. Soixante et dix prêtres, selon Daniel, faisaient le service du temple de Bel; à leur tête était le grand prêtre, un des premiers personnages de l'État, qui accompagnait le roi partout, même à la guerre.

Les Chaldéens. — Ces prêtres sortaient tous de la caste des Chaldéens, qui, selon Diodore, formait une corporation héréditaire, où tout se transmettait, la science, les richesses et la puissance politique. Divisée en horoscopes, scribes sacrés, magiciens, conjurateurs, elle exerçait sur le peuple et dans le gouvernement une grande influence. Il est probable que, comme les prêtres égyptiens, elle avait plusieurs colléges : Strabon cite ceux de Borsippa, d'Orché, etc.

La caste des Chaldéens mérite donc, par son importance politique et par les connaissances qu'elle acquit en astronomie, de fixer particulièrement l'attention. Le nom de Chaldéens se retrouve à toutes les époques de l'histoire de l'antiquité, dans la Bible, où il est synonyme du mot même de Babyloniens, dans les écrivains grecs du siècle d'Auguste, Strabon et Diodore, dans les pères de l'Église, enfin dans les historiens et les moralistes de l'époque impériale; mais ici ce nom a subi une grave transformation et se confond pour le sens avec celui d'astrologue ou de mathématicien : et par cela même il rappelle, dans sa nouvelle signification, la gloire principale de cette caste fameuse.

Strabon et Diodore nous ont laissé des renseignements précieux sur les Chaldéens. « Il y a, dit Strabon, dans la Babylonie une caste ou colonie de philosophes indigènes, appelés Chaldéens, qui s'occupent principalement d'astronomie. Quelques-uns font aussi métier de tirer l'horoscope; mais ils n'ont pas l'approbation des autres. Il existe aussi une tribu de Chaldéens qui habite une contrée de la Babylonie voisine des Arabes et de la mer Persique. Les Chaldéens astronomes sont de différentes origines; car il y a des Orchéniens, des Borsippéniens (Orché et Borsippa, villes de la Chaldée) et plusieurs autres qui se divisent en sectes, suivant les différentes doctrines qu'ils professent. Les mathématiciens font mention de quelques-uns d'entre eux, comme Kidénas, Naburianas et Sudinas. Séleucus de Séleucie est Chaldéen, ainsi que beaucoup d'autres hommes considérables [1]. »

Diodore de Sicile est plus explicite. Voici comment il s'exprime au sujet des Chaldéens : « Les Chaldéens sont les plus anciens des Babyloniens; ils forment dans l'État une classe semblable à celle des prêtres en Égypte. Institués pour exercer le culte des dieux, ils passent toute leur vie à méditer les questions philosophiques et se sont acquis une grande réputation dans l'astrologie. Ils se livrent surtout à la science divinatoire et font des prédictions sur l'avenir; ils essayent de détourner le mal et de procurer le bien, soit par des purifications, soit par des sacrifices ou par des enchantements. Ils sont versés dans l'art de prédire l'avenir par le vol des oiseaux; ils expliquent les songes et les prodiges. Expérimentés dans l'inspection des entrailles des victimes, ils passent pour saisir exactement la vérité. Mais toutes ces connaissances ne sont pas enseignées de la même manière que chez les Grecs. La philosophie des Chaldéens est une tradition de famille; le fils qui l'hérite de

1. Strab., XV, 1.

son père est exempté de toute charge publique. Ayant pour précepteurs leurs parents, ils ont le double avantage d'apprendre toutes ces connaissances sans réserve et d'ajouter plus de foi aux paroles de leurs maîtres. Habitués à l'étude dès leur enfance, ils font de grands progrès dans l'astrologie, soit à cause de la facilité avec laquelle on apprend à cet âge, soit parce que leur instruction dure plus longtemps. Chez les Grecs, au contraire, on entre dans cette carrière sans connaissances préliminaires, on aborde très-tard l'étude de la philosophie, et, après y avoir travaillé pendant quelque temps, on l'abandonne pour chercher dans une autre occupation les moyens de subsistance. Quant au petit nombre de ceux qui s'absorbent dans l'étude de la philosophie, et qui pour gagner leur vie persévèrent dans l'enseignement, ils essayent toujours de faire de nouveaux systèmes et ne suivent point les doctrines de leurs prédécesseurs. Les Chaldéens, demeurant toujours au même point de la science, reçoivent leurs traditions sans altération; tandis que les Grecs, ne songeant qu'au gain, créent de nouvelles sectes et se contredisent entre eux sur les doctrines les plus importantes : ils jettent ainsi le trouble dans l'âme de leurs disciples, qui, ballottés dans une incertitude continuelle, finissent par ne plus croire à rien. En effet, celui qui veut examiner de près les sectes les plus célèbres de nos philosophes pourra se convaincre qu'elles ne s'accordent nullement entre elles, et qu'elles professent des opinions contradictoires sur les points les plus essentiels de la science.

« Les Chaldéens enseignent que le monde est éternel de sa nature, qu'il n'a jamais eu de commencement et qu'il n'aura jamais de fin. Selon leur philosophie, l'ordre, l'arrangement de la nature sont dus à une providence divine ; rien de ce qui s'observe au ciel n'est l'effet du hasard ; tout s'accomplit par la volonté immuable et souveraine des dieux. Ayant observé les astres depuis les temps les plus reculés, ils en connaissent exactement le cours et l'influence sur les hommes et prédisent à tout le monde l'avenir. La doctrine qui est, selon eux, la plus importante concerne le mouvement des cinq astres que nous appelons planètes et que les Chaldéens nomment *interprètes*. Parmi ces astres, ils regardent comme le plus considérable et le plus influent celui auquel les Grecs ont donné le nom de Kronos (Saturne), et qui est connu chez les Chaldéens sous le nom de Hélus. Les autres planètes sont appelées, comme chez nos astrologues, Mars, Vénus, Mercure et Jupiter. Les Chaldéens les appellent interprètes parce que les planètes, douées d'un mouvement particulier déterminé que n'ont pas les autres astres, qui sont fixes et assujettis à une marche régulière, annoncent les événements futurs et interprètent aux hommes les desseins bienveillants des dieux. Car les observateurs habiles savent, disent-ils, tirer les présages du lever, du coucher et de la couleur des astres; ils annoncent aussi les ouragans, les pluies et les chaleurs excessives.

« L'apparition des comètes, les éclipses de soleil et de lune, les tremblements de terre, enfin les changements qui surviennent dans l'atmosphère, sont autant de signes de bonheur ou de malheur pour les pays et les nations aussi bien que pour les rois et les particuliers. Au-dessous du cours des cinq planètes sont placés trente astres, appelés les dieux conseillers; une moitié regarde les lieux de la surface de la terre; ces conseillers inspectent à la fois tout ce qui se passe parmi les hommes et dans le ciel. Tous les dix jours un d'eux est envoyé, comme messager des astres, des régions supérieures dans les régions inférieures, tandis qu'un autre quitte les lieux situés au-dessous de la terre pour remonter dans ceux qui sont au-dessus; ce mouvement est exactement défini, et a lieu de tout temps dans une période invariable. Parmi les dieux conseillers il y a douze chefs, dont chacun préside à un mois de l'année et à un des douze signes du zodiaque. Le soleil, la lune et les cinq planètes passent par ces signes. Le soleil accomplit sa révolution dans l'espace d'une année, et la lune dans l'espace d'un mois.

« Chaque planète a son cours particulier; les planètes diffèrent entre elles par la vitesse et le temps de leurs révolutions. Les astres influent beaucoup sur la naissance des hommes et décident du bon ou du mauvais destin : c'est pourquoi les observateurs y lisent l'avenir. Ils ont ainsi fait, disent-ils, à un grand nombre de rois, entre autres au vainqueur de Darius, Alexandre, et aux rois Antigone et Séleucus Nicator, des prédictions qui paraissent toutes avoir été accomplies et dont nous parlerons en temps et lieu. Ils prédisent aussi aux particuliers les choses qui doivent leur arriver, et cela avec une précision telle que ceux qui en ont fait l'essai en sont frappés d'admiration et regardent la science de ces astrologues comme quelque chose de divin. En dehors du cercle zodiacal, ils déterminent la position de vingt-quatre étoiles, dont une moitié est au nord et l'autre au sud; ils les appellent juges de l'univers : les étoiles visibles sont affectées aux êtres vivants, les étoiles invisibles aux morts. La lune se meut, ajoutent les Chaldéens, au-dessous de tous les autres astres; elle est la plus voisine de la terre en raison de la pesanteur; elle exécute sa révolution dans le plus court espace de temps, non pas par la vitesse de son mouvement, mais parce que le cercle qu'elle parcourt est très-petit; sa lumière est empruntée, et ses éclipses proviennent de l'ombre de la terre, comme l'enseignent aussi les Grecs. Quant aux éclipses de soleil, ils n'en donnent que des explications très-vagues : ils n'osent ni les prédire ni en déterminer les époques. Ils professent des opinions tout à fait particulières à l'égard de la terre : ils soutiennent qu'elle est creuse, sous forme de nacelle, et ils en donnent des preuves nombreuses et plausibles, comme de tout ce qu'ils disent de l'univers. Nous nous éloignerions trop de notre sujet si nous voulions entrer dans tous ces détails; il suffit d'être convaincu que les Chaldéens sont, plus que tous les autres hommes, versés dans l'astrologie, et qu'ils ont cultivé cette science avec le plus grand soin. Il est cependant difficile de croire au nombre d'années pendant lesquelles le collége des Chaldéens aurait enseigné la science de l'univers : car, depuis leurs premières observations astronomiques jusqu'à l'invasion d'Alexandre, ils ne comptent pas moins de quatre cent soixante-treize mille ans. »

Ces Chaldéens acquirent, dès une haute antiquité, des connaissances considérables en astronomie. Callisthène envoya de Babylone à Aristote des observations qui dataient de 1903 ans avant Alexandre: on sait qu'ils calculèrent exactement l'éclipse de lune du 10 mars 721. Ils connurent l'année solaire de 365 jours, avec les cinq heures et les minutes qui la complètent, et construisirent le zodiaque.

Commerce et industrie des Babyloniens. — Les Babyloniens, par leur position, furent naturellement excités à devenir un peuple industrieux et commerçant. Entre l'Arabie et l'Inde, dont les navigateurs relâchaient dans le golfe Persique, en rapport avec la Syrie et la Perse par l'Euphrate, par le Tigre et par leurs affluents, ils acquirent d'immenses richesses par le commerce des caravanes. Quatre routes principales mettaient la Babylonie en communication avec toutes les contrées de l'Asie.

La première s'ouvrait à l'ouest, vers la Syrie : elle avait pour stations principales Tadmor (Palmyre) et Héliopolis (Balbeck), et elle aboutissait à Damas. La seconde pénétrait en Arménie et en Colchide, en remontant la vallée du Tigre pour atteindre celle du Cyrus (Kour) et du Phase (Fachs). La troisième traversait la Médie, longeait le sud-est de la mer Caspienne et s'avançait jusqu'au sein de la Bactriane. Enfin par le golfe Persique Babylone recevait les denrées de l'Inde et de la partie de l'Arabie qui avoisinait la Chaldée. L'industrie des Babyloniens fut aussi très-active. On vantait les tissus de laine et de lin de Babylone, de Sémiramocerta, de Borsippa, les robes à franges d'or, les armes ciselées, les meubles, les bijoux précieux, les amulettes, les cannes élégantes et ces cylindres babyloniens qu'on a découverts sous les ruines de Babylone.

Monuments de l'Assyrie. — Comme l'Égypte, l'antique Assyrie était couverte d'innombrables monuments, que le temps a moins respectés. Cependant voici Ninive qui, après vingt-quatre siècles, semble sortir de son tombeau. Ses ruines, que l'on explore depuis quelques années, nous donnent l'idée de ces grandes villes que Diodore et Hérodote ont décrites.

« Ninive formait un carré de 80 stades sur 50, ce qui faisait un circuit de 260. Ses murailles, hautes de cent pieds, pouvaient porter trois chariots de front sur leur épaisseur. Quinze cents tours, dont chacune s'élevait de 200 pieds, étaient disposées d'espace en espace et servaient à la défense.

« Babylone, située dans une grande plaine, est de forme carrée: chacun de ses côtés a 120 stades de long; ce qui fait, pour l'enceinte, 480 stades. C'est une ville si magnifique, qu'il n'en est pas qu'on puisse lui comparer : un fossé large, profond et plein d'eau l'entoure d'abord; on trouve ensuite un mur de 150 coudées d'épaisseur sur 200 en hauteur. Au haut et sur le bord de la muraille, il y a des tours d'un seul étage les unes vis-à-vis des autres entre lesquelles on a laissé autant d'espace qu'il en faut pour faire tourner un char à quatre chevaux. Il y a dans cette muraille cent portes d'airain massif. L'Euphrate partage la ville en deux parties : il y coule au milieu d'un mur de briques cuites. Les maisons sont à trois et à quatre étages, les rues droites et coupées par d'autres qui aboutissent au fleuve. Au centre, d'un côté du fleuve, est le palais du roi, de l'autre, le temple de Jupiter Bélus, carré régulier qui a deux stades en tous sens : au milieu s'élève une tour massive qui a un stade (185^{m}) tant en longueur qu'en largeur et qui supporte sept autres tours consécutives : on y monte par des degrés pratiqués en dehors. »

Ces villes immenses sont tombées; mais de leurs inépuisables débris se sont construites, dans le voisinage, les capitales des Parthes, Séleucie et Ctésiphon, et plus tard Bagdad, la capitale des khalifes arabes. De nos jours, on fouille ce que le temps en a encore épargné, pour étudier cette antique et puissante civilisation : à Khorsabad, village obscur d'Assyrie, M. Botta, consul de France à Mossoul, a découvert en 1843 un ancien palais de Ninive, qui porte sur son enceinte des pages entières de l'histoire de ce pays. Les inscriptions cunéiformes dont il est couvert sont déjà expliquées, comme l'ont été les hiéroglyphes de Karnak et de Louqsor. On y a reconnu, représentées par la sculpture et la peinture, des scènes complètes de la vie guerrière et domestique des anciens Assyriens ; et ces travaux donnent une haute idée de la perfection où l'art était parvenu à Ninive et à Babylone.

Tableau chronologique des rois de Babylone
d'Assarhaddon à Balthazar.

Dynastie d'Assarhaddon ou ninivite.

Assarhaddon, 680-667, roi de Ninive et de Babylone.
|
Saosduchéus, 667-647, roi de Ninive et de Babylone.
|
Sarac ou Chinaladan, 647-625, roi de Ninive et de Babylone.

Dynastie de Nabopolassar ou chaldéo-babylonienne.

Nabopolassar, 625-604.
|
Nabuchodonosor, 604-562.
|
Évilmérodach, 562-560; une fille qui épouse Nériglissor (560-555)
|
Balthazar, 555-538. — Laborosoarchod, 555.

CHAPITRE XI.

Mèdes et Perses. — Cyrus.

Mèdes et Perses. Aperçu rapide sur les Bactriens. — *Rois de Médie.* Arbacès (877). — Déjocès (710-657). — Phraorte (657-635). — Cyaxare (635-595). — Astyage (595-560). — *Perses.* — Cyrus. Enfance et avénement de Cyrus (560). — Conquêtes de Cyrus (560-530). Bataille de Thymbrée, prise de Sardes. Soumission de la Lydie. — Soumission des colonies grecques. — Soumission de l'Asie Mineure et de la haute Asie. — Prise de Babylone ; fin du royaume chaldéo-babylonien (538). — Dernières années de Cyrus, édit de 536. — Guerre contre les Massagètes. Mort de Cyrus (530).

Mèdes et Perses. Aperçu rapide sur les Bactriens. — Les Mèdes et les Perses appartiennent à cette famille de nations qui habitaient l'Ariana, c'est-à-dire, d'après Strabon, le vaste plateau compris entre l'Indus et l'Euphrate, l'Iaxarte et la mer Érythrée. Toutes ces nations de race indo-germanique parlaient la même langue, le zend, et suivaient une même religion, celle de Zoroastre. On peut en distinguer trois groupes principaux qui dominèrent successivement dans la haute Asie : les Bactriens, les Mèdes et les Perses. Les Bactriens étendirent de bonne heure leur empire sur les deux rives de l'Oxus, et, grâce aux avantages qu'ils tiraient de ce grand fleuve pour leur commerce, ils atteignirent un haut degré de richesse et de prospérité ; ils avaient pour capitale Bactres ou Zariaspa (Balk), qui fut longtemps une des villes les plus opulentes et les plus fameuses de l'Asie. Leur pays avait pour bornes, au nord, la Sogdiane, à l'est l'Inde, au sud les monts Paropamisus ; à l'ouest il s'étendait jusqu'au fleuve Ochus, qui les séparait des Hyrcaniens et des Parthes ; il était divisé en Margiane, Gurie, Bubacène, pays des Tochares et des Marucéens. Les écrivains anciens ne nous ont transmis aucun renseignement précis sur la durée de la domination des Bactriens : nous savons seulement qu'ils furent soumis par Ninus et par Sémiramis ; mais il est probable qu'ils s'affranchirent sous les premiers successeurs de Ninyas et qu'ils n'attendirent pas la chute de Sardanapale. Quant aux traditions que les historiens persans ont conservées sur ce pays, elles sont mêlées de tant de fables, qu'on ne peut même en tirer aucune induction satisfaisante sur l'histoire de la Bactriane.

Rois de Médie. Arbacès. — Les Mèdes étaient partagés, dit Hérodote, en six tribus : la première et la plus puissante était celle des Mages ; les cinq autres portaient les noms de Budiens, Struchates, Arizantes, Buses et Parétacéniens. On ne connaît pas leur origine, ni leur hiérarchie. On sait seulement que la nation des Mèdes était très-belliqueuse. Elle fut cependant soumise par Ninus et comprise dans son empire jusqu'au moment où Arbacès, ayant vaincu Sardanapale, s'empara de Ninive et la détruisit.

Cette révolution qui fit passer des Assyriens aux Mèdes l'empire de l'Asie est longuement racontée dans Diodore, qui en a emprunté le récit à Ctésias[1]. Arbacès prit le titre de roi des rois que Sardanapale avait porté, et il étendit jusqu'à l'Halys, en Asie Mineure, les frontières du royaume des Mèdes ; il y ajouta aussi toute l'Assyrie, à l'exception de l'Assyrie babylo-

1. Diod., II, 27-28.

nienne. Mais cette puissance ne se soutint pas : à sa mort, les Mèdes ne lui donnèrent pas de successeur et retombèrent dans l'anarchie. Chaque tribu retourna sous l'autorité de ses chefs ou juges particuliers.

Déjocès (710-657). — Ce régime, conforme aux habitudes d'un peuple encore barbare, ne cessa que lorsque Déjocès, qui était juge d'un des cantons de la Médie, se fut emparé de l'autorité royale. Hérodote nous a laissé le récit détaillé de cette nouvelle révolution. Il y avait, dit-il, parmi les Mèdes un sage nommé Déjocès, fils de Phraorte. Ce Déjocès, épris de la royauté, se conduisit ainsi pour y parvenir. Les Mèdes habitaient alors des villages épars. Déjocès, qui déjà dans le sien, était l'homme le plus considéré, y rendait la justice avec zèle et application, et cela au milieu du mépris qu'on avait des lois dans toute la Médie..... Témoins de ses mœurs, les citoyens de sa bourgade le choisirent pour leur juge. Il fit paraître dans toutes ses actions de la droiture et de la justice. Cette conduite lui valut de grands éloges de la part de ses concitoyens. Les habitants des autres bourgades, opprimés jusqu'alors par d'injustes sentences, apprenant que Déjocès seul se conformait aux règles de l'équité, accoururent avec plaisir à son tribunal et ne voulurent plus être jugés que par lui. Le concours du peuple pour obtenir des sentences que l'on considérait comme souverainement justes s'augmentait chaque jour. Mais quand Déjocès vit que toutes les affaires étaient actuellement dans ses mains, il ne voulut plus siéger comme par le passé, ni rendre la justice comme il avait fait jusqu'alors, prétextant qu'il était ruineux pour lui d'abandonner ses propres affaires et de passer tout le jour à terminer ou à juger celles des autres. Depuis ce refus, les vols et le désordre devinrent dans tous les villages plus fréquents qu'auparavant. Les Mèdes s'assemblèrent et tinrent conseil sur leur situation présente. Les amis de Déjocès y parlèrent à peu près en ces termes : « Puisque la vie que nous menons ne nous permet plus d'habiter ce pays, choisissons un roi ; la Médie étant alors gouvernée par de bonnes lois, nous pourrons cultiver en paix nos campagnes, sans craindre d'en être chassés par la violence et par l'injustice. » Ce discours persuada aux Mèdes de se donner un roi.

On mit sur-le-champ en délibération qui l'on ferait roi, et comme Déjocès était déjà placé par la voix publique au-dessus de tout autre, que ses louanges retentissaient partout, on décida promptement en sa faveur : il fut choisi. Il commanda qu'on lui bâtit un palais digne de la dignité royale, et qu'on mît des hommes armés à ses ordres pour lui servir de garde. Les Mèdes obéirent, et ils élevèrent dans le lieu qu'il désigna un immense palais fortifié et lui permirent de choisir ses gardes dans toutes les familles mèdes.

Quand Déjocès fut bien en possession de la puissance souveraine, il força les Mèdes à construire une ville, afin qu'en s'y attachant ils prissent moins d'intérêt à leurs anciennes habitations. Les Mèdes, dociles, la construisirent avec de vastes et solides murailles; elle reçut le nom d'Ecbatane (aujourd'hui Hamadan). Ces murailles, qui formaient une suite d'enceintes concentriques, étaient disposées de telle sorte que chacune en renfermait une autre plus élevée, qui ne la dépassait que de la hauteur des créneaux; et comme le terrain sur lequel reposaient ces constructions avait la forme d'une colline, chacun des murs intérieurs pouvait protéger, dans une attaque, celui qu'il dominait. Il y avait sept de ces enceintes successives; dans la dernière se trouvaient le palais et le trésor du roi. Le mur extérieur, dont le développement était le plus grand, peut être estimé de la même étendue que l'enceinte d'Athènes. Les créneaux de chaque muraille étaient d'ailleurs distingués par des couleurs différentes : ceux de la première étaient blancs, de la seconde noirs, de la troisième rouges, de la quatrième bleus, de la cinquième verts. Quant aux créneaux des deux dernières murailles, la sixième les avait argentés et la septième dorés.

Telles étaient les fortifications dont Déjocès entoura sa demeure. Le reste du peuple se construisit des maisons à l'entour des murs de la forteresse. Lorsqu'elles furent bâties, Déjocès établit le premier que personne n'entrerait dans le palais, que toutes les affaires s'expédieraient par l'entremise de certains officiers qui en feraient leur rapport au roi; que personne ne pourrait voir le roi, ni rire ni cracher en sa présence.... Déjocès s'enveloppait de cette gravité dans la crainte que ses concitoyens du même âge, élevés avec lui et d'une condition égale, en continuant à le fréquenter, ne vissent son élévation avec chagrin et ne conspirassent contre sa vie. Il espérait, au contraire, qu'en cessant de le voir ils s'habitueraient à le croire un être d'une nature supérieure.

Lorsqu'il eut réglé cet ordre et qu'il se fut de la sorte affermi dans la souveraineté absolue, il se montra sévère dans l'exercice de la justice. On lui faisait parvenir dans l'enceinte les mémoires des procès, et il les renvoyait au dehors avec sa décision : c'est ainsi que les jugements se rendaient. Du reste, il étendait sur tous sa police vigilante. Dès qu'il apprenait que quelque délit avait été commis, il faisait venir le coupable et lui imposait une peine proportionnelle au délit. Il entretenait, à cet effet, dans tout son royaume un grand nombre d'espions de deux genres différents : les uns, pour rapporter ce qu'ils avaient vu ; les autres, pour redire ce qu'ils avaient entendu.

C'est ainsi que Déjocès réunit en un seul État toutes les tribus différentes dont se composait la nation mède. Déjocès eut pour fils Phraorte et mourut après un règne de cinquante-trois ans (710-657) ; son fils lui succéda.

Phraorte (657-635). — Monté sur le trône, Phraorte ne se contenta pas longtemps de l'empire de Médie. Il déclara d'abord la guerre aux Perses, qu'il vainquit, et dont il fit les premiers sujets des Mèdes ; ensuite se trouvant ainsi à la tête de deux nations, l'une et l'autre puissantes, il s'en servit pour soumettre l'Asie, en attaquant l'un après l'autre les peuples qui l'habitaient. Enfin, il tourna ses armes contre les Assyriens ; j'entends ici ceux qui habitaient la ville de Ninive et qui avaient été les maîtres de toutes les autres nations. Quoique affaiblis par la perte de leurs alliés, dont la plupart les avaient abandonnés, restés seuls, ils étaient encore dans un état florissant et ils résistèrent aux attaques de Phraorte, qui perdit dans cette guerre une armée nombreuse. Il y périt lui-même, après avoir régné vingt-deux ans (657-635).

Cyaxare (635-595). — Cyaxare, fils de Phraorte et petit-fils de Déjocès, succéda à l'empire. Ce roi passe pour avoir été beaucoup plus puissant que ses ancêtres. C'est lui qui, le premier, distribua toutes les forces de l'Asie en corps de troupes et en cohortes, distinguant les différentes espèces d'armes, et séparant les lanciers, les archers et les cavaliers, qui auparavant combattaient pêle-mêle ; c'est lui qui eut avec les Lydiens ce combat pendant lequel le jour fut changé en nuit [1], et qui soumit l'Asie jusqu'au fleuve Halys. Après cette conquête, Cyaxare, ayant rassemblé toutes les forces de ses États, marcha contre Ninive pour venger la mort de son père. Déjà, après avoir vaincu les Assyriens dans une bataille, il avait commencé le siége de la ville, lorsqu'une armée formidable de Scythes parut tout à coup, sous la conduite de leur roi Madyès, fils de Proto-

1. Hérodote fait allusion ici à l'éclipse prédite par Thalès ; mais on ne s'accorde pas sur la date, qui varie entre 625, 607, 601.

thyas. Cette armée tombait sur l'Asie en poursuivant les Cimmériens, que les Scythes avaient chassés d'Europe, et c'est à la suite des fuyards qu'elle se jeta en Médie. Ce fut dans les environs du Caucase que les Scythes en vinrent aux mains avec les Mèdes, qui furent vaincus et perdirent l'Asie par cette défaite ; elle passa tout entière sous la domination des vainqueurs. Maîtres de l'Asie, les Scythes se mirent en marche pour attaquer l'Égypte; mais ils trouvèrent dans la Syrie-Palestine Psammétichus, roi d'Égypte; il venait au-devant d'eux, et, à force de présents et de prières, il les détermina à ne pas aller plus avant.

Les Scythes restèrent en possession de l'Asie pendant vingt-huit ans [1], et dans cet espace de temps tout y fut bouleversé par leurs excès et leur mépris pour les peuples. Indépendamment du tribut qu'ils avaient imposé, et qu'ils levaient par tête sur chaque habitant, ils faisaient des incursions à cheval dans le pays et ils enlevaient à chacun ce qu'il possédait. Mais Cyaxare et les Mèdes finirent par en égorger le plus grand nombre, qu'ils attirèrent à des repas où ils les enivrèrent. C'est par ce moyen que les Mèdes parvinrent à ressaisir leur puissance et à dominer en Asie comme par le passé. Ils se rendirent bientôt maîtres de Ninive et soumirent toute l'Assyrie, à l'exception de l'Assyrie babylonienne. Cyaxare mourut après un règne de quarante années (635-595), y compris le temps de la domination des Scythes.

Astyage (595-560).— Astyage, son fils, hérita de l'empire [2]; il régna trente-cinq ans (595-560). Son histoire se confond avec celle de Cyrus.

Tel est sur les rois mèdes le récit d'Hérodote. L'histoire de ces rois est bien différente dans Ctésias : ce dernier historien ne laisse aucune lacune entre Arbacès et Déjocès; au lieu de cinq rois, d'Arbacès à Cyrus, il en compte neuf. En voici les noms, avec les dates de leurs règnes, comparés au témoignage d'Hérodote :

1. C'est le calcul d'Hérodote ; suivant M. Maspéro, l'invasion des Scythes aurait commencé vers l'an 634, et leur domination aurait duré tout au plus sept ou huit ans, de 634 à 627.
2. Hérodote, I, 95-106.

Tableau comparé des rois mèdes,
d'après Hérodote et Ctésias.

Selon Hérodote.	*Selon Ctésias.*
Arbacès.	Arbacès, 877-839.
Long interrègne.	Mandacès, 839-789.
Déjocès, 710-657.	Sosarmus, 789-759.
|	Artycas, 759-709.
Phraorte, 657-635.	Arbianes, 709-687.
|	Artœus, 687-647.
Cyaxare, 635-595.	Artynès, 647-625 (grandes guerres avec les peuples de l'Orient, les Saces et les Cadusiens).
|	
Astyage, 595-560.	
Cyrus, 560.	Astybaras, 625-585.
	Aspadas ou Astyage, 585-560.

Xénophon ajoute, après Astyage, un second Cyaxare, dont il place le règne entre 560 et 538 : il ne donne ainsi que huit ans de règne à Cyrus sur les Mèdes et sur les Perses réunis.

Perses. — La monarchie des Perses succéda à celle des Mèdes et jeta encore un plus vif éclat. Elle dura deux cent vingt-huit ans, de 560 à 332, depuis l'avénement de Cyrus jusqu'à la conquête de son empire par Alexandre.

Cyrus : enfance et avénement de Cyrus. — Les traditions sur la naissance, la jeunesse, les exploits et la mort de Cyrus sont fort diverses : les deux principales sont celles d'Hérodote et de Xénophon.

Selon Hérodote, Astyage, craignant, sur la foi d'un songe, que le fils qui naîtrait de sa fille Mandane ne le détrônât, lui fit épouser un Perse nommé Cambyse, parce que tout Perse même de haute naissance, était regardé comme inférieur à un Mède de basse condition. Effrayé par un nouveau songe, il résolut de tuer l'enfant que Mandane avait mis au monde, et le livra à Harpage, son parent et son ami, pour qu'il le fît périr. Mais Harpage, soit qu'il fût touché de compassion, soit qu'il craignît que Mandane, devenue reine, ne le punît du meurtre de son fils, remit l'enfant à un berger pour l'exposer sur les montagnes. Le berger Mithradate, ému de pitié, substitua son enfant mort-né au fils de Mandane, qu'il éleva comme son propre fils. Plus tard, Cyrus est reconnu par Astyage à ses traits et à la conduite fière qu'il tient avec les autres enfants, qui dans leurs jeux l'avaient créé roi. Les mages virent dans cette royauté l'accomplissement de l'oracle. Cyrus est donc renvoyé auprès de ses parents véritables, et Harpage puni par une horrible vengeance pour avoir sauvé le jeune prince. Parvenu à l'âge viril, Cyrus se décide, sur les conseils d'Harpage, à soulever les Perses contre les Mèdes et vient à leur tête attaquer Astyage, qui, abandonné par une grande partie de son armée, tombe au pouvoir du vainqueur. Cyrus s'empare de la couronne et laisse la vie à son aïeul[1].

Le récit de Xénophon est tout différent. Selon cet auteur, Cyrus, fils de Cambyse, roi de Perse, et de Mandane, fille d'Astyage, est élevé selon les usages de sa nation, où toute la vie n'est qu'une éducation continuelle. A douze ans, Mandane le conduit à la cour d'Astyage, et plus d'une fois le jeune héros fait la leçon à son grand-père. Après avoir contribué à une victoire des Mèdes sur les Assyriens, il retourne en Perse pour y continuer son éducation et il y rentre dans la classe des enfants. Cependant Cyaxare II, fils et successeur d'Astyage, appelle Cambyse à son aide dans une nouvelle guerre contre les Assyriens. Celui-ci envoie son fils Cyrus, qui commence alors ses grandes guerres comme général de l'armée de Cyaxare.

On a souvent attaqué, même dans l'antiquité, le récit de Xénophon. Il y a dans la *Cyropédie* beaucoup de choses qui tiennent du roman plus que de l'histoire, et il se pourrait que Xénophon eût voulu montrer avant tout dans Cyrus le modèle des princes et celui des peuples dans les Perses[2]. Les mœurs qu'il leur donne se rapprochent des mœurs de Sparte, qu'il a tant vantées. Ce héros si accompli, cette nation si sage et si bien réglée, toute cette perfection met le lecteur en défiance. La spoliation d'Astyage, rapportée par Hérodote, confirmée par Ctésias, explique mieux l'origine de la domination persane, l'assujettissement des Mèdes, et, plus tard, la révolte des mages sous Cambyse.

Conquêtes de Cyrus (560-530). **Bataille de Thymbrée, prise de Sardes. Soumission de la Lydie** (548). — Le règne de Cyrus fut tout entier occupé par des guerres de conquêtes. Dans le récit des premières, Xénophon est beaucoup plus complet que les deux autres historiens. Hérodote n'indique aucun événement entre la déposition d'Astyage et la guerre de Lydie; Ctésias place dans cet intervalle une guerre contre les Bactriens

1. Le récit de Ctésias se rapproche beaucoup de celui d'Hérodote, mais Cyrus n'y est pas parent d'Astyage. Isocrate seul prétend que Cyrus mit à mort Astyage.

2. Cyrus ille a Xenophonte non ad fidem historiæ scriptus, sed ad imaginem justi imperii. (Cicer., *Epist. ad Quintum fratrem*, I, 1.)

et contre les Saces. Xénophon nous montre une ligue terrible formée contre les Perses par les Assyriens, les Lydiens, les Arméniens, etc. Cyrus porte secours à Cyaxare II, soumet l'Arménie, bat deux fois les Babyloniens et poursuit leur roi jusqu'en Lydie, où il s'était réfugié avec tous ses trésors.

Alors seulement commence la guerre de Lydie : ici tous les témoignages sont d'accord. Crésus, poussé par le destin qui poursuit en lui le crime de Gygès, son aïeul, veut réprimer la puissance des Perses, qui chaque jour devient plus redoutable ; il passe l'Halys. Cyrus marche contre lui, et les deux armées se rencontrent en Cappadoce, dans la Ptérie. Après un premier combat dont l'issue est douteuse, Crésus rentre dans ses États et envoie demander du secours à ses alliés, aux Égyptiens, aux Babyloniens, aux Lacédémoniens. Mais avant qu'il rassemble de nouvelles forces, Cyrus pénètre jusqu'à Sardes. Un combat a lieu dans la plaine située près de cette ville, à Thymbrée (548), et les Lydiens sont repoussés. Enfin Sardes est prise après quatorze jours de siége. Crésus est sauvé par le cri de son fils, qui, muet depuis sa naissance, recouvre tout à coup la parole à la vue de son père sur le point d'être frappé par un soldat. On le charge de fers et on le conduit au bûcher par ordre de Cyrus. Il se rappelle alors les paroles de Solon sur l'instabilité des choses humaines et sur les retours soudains de la fortune, et, près de mourir, il prononce trois fois en soupirant le nom du sage Athénien. Ce souvenir lui sauve une seconde fois la vie. Cyrus, frappé de ses réponses, lui pardonne et l'attache à sa personne; désormais le roi de Lydie devient le conseiller, l'ami de son vainqueur.

Soumission des colonies grecques. — La prise de Sardes fut suivie de la soumission des colonies grecques. Elles avaient d'abord refusé d'abandonner le parti de Crésus. Quand ce prince eut succombé, elles implorèrent l'alliance du roi de Perse, aux mêmes conditions qu'il leur avait d'abord proposées; Cyrus refusa et chargea Mazarès, puis Harpage, de faire la guerre aux Grecs d'Asie. La lutte fut vive et acharnée, et les Grecs y donnèrent de grands exemples de leur amour pour la patrie. Les Phocéens, à qui l'on ne demandait que d'abattre un créneau et de consacrer une seule maison en signe de soumission, pour toute réponse lancèrent leurs vaisseaux à la mer et firent voile vers Chio. Les habitants de cette île ayant refusé de leur vendre les îles Œnuses, ils se dirigèrent dans l'île de Cyrne (Corse), où, vingt ans auparavant, ils avaient fondé Alalie. Les Carthaginois et les Étrusques les en chassent et les forcent de se réfugier à Hyela (Vélia) et à Massalie (Marseille), fondée par eux en l'an 600. Les Grecs de Téos préférèrent aussi l'exil à la servitude ; ils allèrent fonder Abdère en Thrace. En Lycie, la résistance fut désespérée ; les Xanthiens se firent tuer jusqu'au dernier. Toute l'Ionie fut asservie ; les îles même firent leur soumission

Soumission de l'Asie Mineure et de la haute Asie. — Pendant qu'Harpage achevait la conquête des colonies grecques, Cyrus, dit Hérodote, subjuguait toutes les nations de l'Asie supérieure, sans en excepter aucune. Cet historien se contente de raconter la guerre la plus importante, celle d'Assyrie ; mais Xénophon énumère les pays que soumit Cyrus avant d'attaquer Babylone : la Grande Phrygie, la Cappadoce, l'Arabie, furent successivement visitées et conquises (548-538).

Prise de Babylone ; fin du royaume chaldéo-babylonien (538). — Enfin Cyrus vint mettre le siége devant Babylone. Les rois chaldéens avaient été les alliés fidèles des Lydiens, et, quoique fort affaiblis depuis Nabuchodonosor, ils étaient encore pour les Perses de trop dangereux voisins. Déjà, en 555, Nériglissor avait eu à repousser une attaque des Mèdes et des Perses ; il les avait chassés de ses États ; Balthazar fut moins heureux. Toutefois la lutte fut difficile et opiniâtre. La ville, bien approvisionnée, défia longtemps les attaques de Cyrus. « Enfin il eut recours à cet expédient : il distribua tout le fort de son armée sur le fleuve, partie au point où il entre dans Babylone et partie en arrière, au point où il en sort, et il ordonna à ses troupes de pénétrer dans la ville de ces deux côtés aussitôt qu'elles verraient le lit du fleuve devenu praticable. Ces dispositions faites et toutes les instructions ayant été données, Cyrus se mit en marche avec les hommes inutiles dans l'armée active et se rendit sur les bords du lac que Nitocris avait fait creuser ; il détourna le fleuve pour le jeter dans le lac, devenu un marais, et rendit l'ancien lit praticable en le mettant à sec. Dès que ses soldats virent les eaux se retirer et qu'il n'en resta plus dans le cours de l'Euphrate que jusqu'à la hauteur de la moitié de la jambe, ils se jetèrent dans la ville comme il leur avait été ordonné. Si les Babyloniens avaient pu prévoir le projet de Cyrus, il n'aurait rien eu de dangereux pour eux : il leur suffisait de fermer les portes des rues qui conduisaient au fleuve, et, en se plaçant sur les quais, ils auraient pris l'ennemi comme dans un filet. Mais les Perses les ayant attaqués à l'improviste, ils ne purent pas avoir recours à ce moyen de défense. D'ailleurs la grandeur de la ville empêcha longtemps que ceux qui en occupaient le centre eussent connaissance de ce qui se passait aux extrémités ; enfin le hasard voulut que ce fût un jour de fête, et la population continua même à se livrer à la danse et aux jeux jusqu'à ce qu'elle eût appris l'événement[1]. » Le récit d'Hérodote et celui de Xénophon, qui reproduit les mêmes détails, ont un rapport frappant de ressemblance avec le texte des livres saints (Jérémie, LI, 35, 36, 30, 32, 39, 40, 57; L, 35-38; Daniel, V; Isaïe, XLVII, 11). Balthazar fut tué dans son palais, où il célébrait un festin magnifique. Le royaume chaldéo-babylonien cessa ainsi d'exister après une durée de quatre-vingt-sept ans (625-538). Il forma un des gouvernements de l'empire de Cyrus, et Babylone resta quelque temps encore une des plus grandes capitales de l'Orient.

Dernières années de Cyrus, édit de 536. — Deux ans après la prise de Babylone, Cyrus, selon Xénophon, succéda à Cyaxare II. Maître de presque toute l'Asie, il donna tous ses soins au gouvernement de ses États : il les partagea en cent vingt satrapies, forma un conseil de trois ministres, parmi lesquels figure le Juif Daniel, institua les postes, pour rendre plus faciles les communications des provinces et de la cour, et s'efforça d'unir les peuples divers soumis à sa domination. Il traita donc les Babyloniens avec douceur, accueillit le prophète Daniel avec la même faveur que les rois chaldéens, et, par un édit publié en 536, permit aux Juifs, redevenus libres, de retourner dans leur patrie et de relever le temple de Salomon. Il fit de la religion des Mèdes la religion nationale des Perses et maintint entre ces deux peuples une parfaite égalité, façonnant la nation barbare et belliqueuse des Perses aux usages et aux mœurs des Mèdes mieux policés; il adopta leur costume et l'imposa à ses guerriers.

Guerre contre les Massagètes. Mort de Cyrus (530). — Son règne se termine comme il a commencé, par la guerre. Il subjugua, selon Xénophon, toutes les nations qui habitent entre la Syrie et la mer Érythrée et porta ses armes dans l'Égypte, qu'il soumit. Rentré dans sa patrie après toutes ses victoires, il mourut paisiblement en donnant à ses deux fils les plus sages conseils sur le gouvernement des États et en prononçant de belles paroles sur l'immortalité de l'âme. Le héros d'Hérodote ne se dément pas plus que celui de Xénophon. Cyrus, qui meurt comme un sage dans la *Cyropédie*, finit comme un guerrier, comme un barbare, dans le récit de l'historien d'Halicar-

1. Hérod., I, 190-191.

nasse. Il attaque Tomyris, reine des Massagètes ou Scythes au delà de l'Iaxarte; vainqueur dans un premier combat, il succombe et meurt dans un second, et Tomyris, dont il avait fait périr le fils, se venge en plongeant dans un vase plein de sang la tête du conquérant barbare[1].

CHAPITRE XII.

Cambyse et Darius. — Monuments des Perses.

Cambyse (530-522); conquête de l'Égypte (525). — Expéditions contre les Carthaginois, les Ammoniens et les Éthiopiens. — Cruautés de Cambyse, soulèvement des Mèdes. — Smerdis le mage (522). Avénement de Darius, fils d'Hystaspe. — Règne de Darius (522-485) ; révolte des satrapes, soulèvement des peuples tributaires. — Expédition en Scythie. — Conquêtes de Darius : soumission de la Thrace, de la Cyrénaïque et d'une partie de l'Inde. — Étendue et divisions de l'empire des Perses sous Darius. — Origine des guerres médiques (501-494). — Religion des Perses, Zoroastre. — Gouvernement des Perses. — Monuments de l'empire perse.

Cambyse (530-522); **conquête de l'Égypte** (525). — Après la mort de Cyrus, l'Asie fut partagée entre ses deux fils, Smerdis ou Tanaoxares et Cambyse : le premier eut en partage l'Arménie, la Médie et le pays des Cadusiens; Cambyse, l'aîné et le seul roi, gouverna le reste de l'Asie et continua les conquêtes de son père.

Depuis le règne de Psammétichus, l'Égypte s'était trouvée fréquemment mêlée aux affaires de l'Asie. Néchao avait soumis la Judée et porté ses armes jusqu'à Circésium, sur l'Euphrate. Amasis s'était récemment fortifié par l'alliance de Polycrate, tyran de Samos, par celle des Rhodiens et des Cyrénéens, dont il enrichissait les temples, des Lacédémoniens, à qui il envoyait de riches présents. Héritiers, par la conquête, des rois de Babylone, et prétendant à la domination des Grecs d'Asie, les Perses ne pouvaient manquer d'entrer en lutte avec le seul empire qui partageât l'Orient avec eux. Amasis, en envoyant à Cambyse la fille d'Apriès, au lieu de la sienne que le roi de Perse lui avait demandée, fournit à ce prince un prétexte pour l'attaquer. Sur le conseil d'un Grec qui avait quitté le service d'Amasis, Cambyse fit alliance avec un chef arabe qui disposa tout dans le trajet pour assurer la marche de l'armée : Psamménit, qui venait de succéder à son père, alla attendre l'ennemi près de Péluse ; mais un de ses officiers livra le passage : les Égyp-

1. Ctésias le fait aussi mourir dans une guerre contre un peuple barbare voisin de la Caspienne, les Derbices.

tiens battus se replièrent sur Memphis; Cambyse les y suivit. « Arrivé devant la ville, il envoya aux habitants une barque mitylénienne qui portait un parlementaire perse, chargé de les engager à se rendre ; mais les Égyptiens, dès qu'ils aperçoivent le bâtiment, se répandent par troupes hors de la ville, détruisent la barque, massacrent les hommes qui la montent et les coupent en morceaux, qu'ils emportent avec eux dans l'enceinte de leurs murs. Après cette action barbare, ils soutinrent un assez long siége et furent enfin obligés de livrer la ville. Les Libyens limitrophes de l'Égypte, craignant le même sort, se soumirent sans combattre, s'engagèrent à payer tribut et envoyèrent des présents au vainqueur ; les Cyrénéens et les Barcéens, par les mêmes motifs, suivirent l'exemple des Libyens. Cambyse reçut avec bonté les présents que ces derniers lui offrirent ; mais il dédaigna ceux des Cyrénéens, sans doute à cause de leur exiguïté : ce peuple s'était borné à lui envoyer cinq cents mines d'argent, que Cambyse ne fit que prendre dans ses mains et distribua sur-le-champ à son armée.

« Dix jours après que le château de Memphis se fut rendu, Cambyse, pour humilier le roi des Égyptiens, qui n'avait régné que six mois, le fit venir avec beaucoup d'autres personnes dans un des faubourgs de la ville, et, voulant mettre sa fermeté à l'épreuve, il ordonna que sa fille, vêtue d'habits d'esclave, une cruche à la main, allât puiser de l'eau. Elle se mit en marche, accompagnée d'un grand nombre de filles choisies parmi celles des premiers du pays, vêtues de la même manière et contraintes à faire le même service. Lorsque les unes et les autres, versant des larmes et poussant de longs gémissements, parurent dans cet état devant leurs pères, tous firent éclater par des sanglots et des cris la douleur qu'inspirait un si triste spectacle. Psamménit seul, à cette vue, baissa les yeux vers la terre et se tut. Après que les jeunes filles furent passées, on fit paraître son fils avec deux mille autres Égyptiens du même âge, tous enchaînés par le cou, la bouche fermée d'un bâillon et condamnés à mourir. Psamménit les vit passer et apprit que son fils allait au supplice ; mais, malgré les cris et les gémissements de tous ceux qui l'environnaient, il resta immobile, comme il l'avait été à l'aspect de sa fille. Les jeunes gens s'étant à leur tour éloignés, il arriva qu'un homme d'un âge assez avancé, qui avait été un des convives habituels du roi, privé de tous ses biens et réduit à mendier quelques secours des soldats mêmes, vint à passer devant Psamménit et devant les Égyptiens assis à ses côtés. Dès que le fils d'Amasis l'aperçut, il éclata en sanglots ; et, appelant à grands cris son ancien compagnon, il se frappait la tête de désespoir. Auprès de lui étaient des gardes chargés de rapporter ce qu'il ferait à chaque apparition. Cambyse, instruit par eux de ce qui se passait, et surpris de la conduite de Psamménit, lui envoya sur-le-champ un messager, qui lui parla en ces termes : « Psamménit, Cambyse, ton seigneur, te fait demander par quelle raison, lorsque tu as vu ta fille traitée en esclave et ton fils marchant à la mort, tu n'as fait éclater aucun cri ni poussé aucun gémissement, et pourquoi tu honores par tes regrets un mendiant, qui suivant ce qu'on a dit à Cambyse, n'appartient pas à ta famille? — O fils de Cyrus ! répondit Psamménit, mes malheurs domestiques sont trop grands pour être pleurés ; mais le sort de mon ancien compagnon n'est pas au-dessus de mes larmes. De la prospérité et de l'abondance il est tombé dans la misère, et sa vieillesse, dès son commencement, est condamnée à la mendicité. » Cette réponse, rapportée à Cambyse le frappa et lui parut sage ; les Égyptiens ajoutent même que Crésus, qui avait suivi Cambyse en Égypte, ne put l'entendre sans verser des larmes, et qu'elle fit également pleurer les Perses qui étaient présents. Cambyse lui-même, ému de pitié, s'empressa de donner l'ordre de sauver le fils de Psamménit du nombre des Égyptiens condamnés à mort et de rappeler le père pour le faire venir auprès de lui. Ceux qu'il avait chargés de cette commission ne trouvèrent plus le fils de Psamménit vivant : il avait été exécuté le premier ; mais ils allèrent chercher Psamménit et l'amenèrent devant Cambyse, près duquel il vécut dans la suite sans éprouver aucun dommage. Si même il ne s'était pas révolté, l'Égypte lui aurait été rendue, ou du moins le gouvernement lui en aurait été confié[1]. » Pour le punir de sa rébellion, Cambyse le fit mettre à mort.

L'Égypte reçut pour gouverneur un Perse, Aryandès ; on envoya à Suze une colonie de six mille Égyptiens, et le pays fut occupé par des garnisons persanes, tandis que les mages portaient la désolation dans les temples et dans les sanctuaires.

Expéditions contre les Carthaginois, les Ammoniens et les Éthiopiens. — Maître de l'Égypte, Cambyse projeta trois expéditions contre les Carthaginois, contre les Ammoniens et contre le roi d'Éthiopie. Obligé de renoncer à la première par le refus que firent les Phéniciens de combattre contre leur colonie, il envoya contre les Ammoniens une armée considé-

1. Hérod., III, 13-15.

rable qui, partie de Thèbes, fut ensevelie avant d'arriver à l'oasis. Il voulut diriger en personne la guerre contre les Éthiopiens, mais il négligea de faire préparer des vivres pour son armée, et la famine le força bientôt de se retirer.

Cruautés de Cambyse, soulèvement des Mèdes. — De retour à Memphis, Cambyse y trouva le peuple en fête, et croyant qu'il insultait à son échec, il fit massacrer les magistrats et une partie des habitants. Quand il apprit qu'on célébrait la découverte du bœuf Apis, il se fit amener le dieu, le frappa de son épée et fit mettre à mort les prêtres de Memphis. Il donna enfin de nouveaux signes de démence, en faisant périr son frère, en tuant sa sœur et le fils de Prexaspe, un de ses officiers, et en menaçant les jours de Crésus, qui était son conseiller et son ami, comme il avait été celui de Cyrus.

Toutes ces cruautés, jointes au souvenir de leur ancienne puissance, exaspérèrent la nation des Mèdes. Les mages élevèrent au pouvoir un de leurs membres, Patisithès, qu'ils firent passer pour le frère du roi, Smerdis, à qui il ressemblait. Ce faux Smerdis reçut la soumission des pays de la haute Asie que Tanaoxares avait gouvernés et envoya des hérauts dans toutes les provinces, même à l'armée de Cambyse, pour provoquer la défection des Perses. Cambyse marcha contre l'usurpateur; mais il mourut subitement d'une blessure qu'il se fit à la cuisse en montant à cheval, à Agbatane, ville de Syrie.

Smerdis le mage (522). Avénement de Darius, fils d'Hystaspe. — L'empire resta donc aux mages ; mais leur puissance fut passagère : ils allégèrent les impôts et exemptèrent les peuples soumis du service militaire pour trois ans. Les Perses, exclus de toutes les places, furent opprimés et perdirent les priviléges qu'ils devaient à la conquête. Enfin l'imposture que Cambyse, en mourant, avait signalée fut reconnue par Phédime, fille d'Otanès. Prexaspe, meurtrier du vrai Smerdis, avoua tout et se tua pour expier sa complicité dans les crimes de Cambyse. Sept des principaux seigneurs de la nation persane, Otanès, Hydarnès, Intapherne, Gobryas, Mégabyze, Aspathinès et Darius, fils d'Hystaspe, formèrent une conspiration, pénétrèrent dans le palais et mirent à mort Smerdis avec plusieurs des mages qui le soutenaient. L'anniversaire de ce jour, appelé la magophonie (massacre des mages), devint une des plus grandes fêtes nationales des Perses.

Hérodote place en cet endroit de son histoire une délibération des conjurés sur la forme du gouvernement à établir et il y introduit toutes les idées des Grecs sur la politique et sur le meilleur gouvernement des peuples. Darius opina pour la royauté : son avis prévalut. Quand il fallut savoir à qui serait donnée la couronne, les sept conjurés décidèrent que celui d'entre eux dont le cheval hennirait le premier en entrant le lendemain dès l'aurore dans la cour du palais, serait proclamé roi. Cet honneur revint à Darius, et lui-même fut choisi, grâce à une ruse de son écuyer.

Règne de Darius (522-485) ; **révolte des satrapes, soulèvement des peuples tributaires.** — Les commencements du nouveau règne furent difficiles. Darius, porté au trône par une révolution, eut à lutter contre ses propres complices, contre les satrapes qui voulurent se rendre indépendants, contre les peuples qui, depuis longtemps soumis, essayèrent de s'affranchir. Trois grands exemples de sévérité comprimèrent l'esprit de révolte. Un des conjurés, Intapherne, qui avait pénétré dans le palais malgré la défense du roi, fut envoyé au supplice. Le satrape de Lydie, de Phrygie et d'Ionie, Oretès, qui avait fait mettre en croix Polycrate, tyran de Samos, et donné la mort au gouverneur de Dascylion et à un envoyé royal, fut poursuivi dans sa province, atteint et puni malgré sa garde de mille Perses et les troupes dont il pouvait disposer. Enfin Babylone, tombée au pouvoir d'un prétendu fils de Balthazar, fut prise après un siége de dix-huit mois et rendue déserte ; mais la chute de cette grande ville ne termina pas tout d'un coup les embarras de Darius. La Susiane, la Médie, l'Assyrie, l'Arménie, la Parthie, la Margiane, la Sattagydie, la Scythie, s'étaient soulevées ; la Perse même fut agitée ; et parmi les chefs de toutes ces révoltes figurèrent des descendants vrais ou faux des anciens rois, de Cyaxare et de Cyrus. Une inscription rappela les succès de Darius et le nom des neuf rois qu'il avait vaincus.

Expédition en Scythie. — Quand il eut ainsi affermi son trône, Darius mena les Perses à de nouvelles conquêtes. L'Europe restait seule à soumettre. Sous prétexte de venger l'Asie, que les Scythes avaient autrefois occupée et ravagée pendant vingt-huit ans, il résolut de porter la guerre dans leur pays, malgré la longueur et les périls de la route et la réputation de bravoure et de barbarie de ces peuples. Il jeta donc un pont de bateaux sur le Bosphore de Thrace, y fit passer une armée de sept à huit cent mille hommes et s'achemina vers le Danube à travers la Thrace, tandis qu'une flotte de six cents vaisseaux fournis par les Grecs d'Asie longeait la côte et se dirigeait vers les bouches du fleuve. Son armée s'accrut encore de toutes les tribus qui habitaient au sud de l'Hémus, franchit le Danube et s'avança dans la Scythie. Les Ioniens furent chargés, pour assurer la retraite, de garder le pont qu'on avait jeté sur le fleuve, et Darius leur fixa un terme de soixante jours après lequel ils seraient libres d'abandonner ce poste.

Les Scythes se retirèrent devant l'ennemi, et les Perses, engagés à leur poursuite dans un pays inconnu et dévasté par les barbares qui fuyaient devant eux, furent bientôt obligés de s'arrêter. Poursuivis à leur tour dans leur retraite, harcelés par une cavalerie nombreuse, ils regagnèrent le Danube, abandonnant leurs bagages et leurs malades. Le délai convenu avec les Ioniens était expiré, et l'Athénien Miltiade, alors tyran de la Chersonèse de Thrace, avait conseillé de rompre le pont confié à leur garde. Histiée de Milet, par un avis contraire qui prévalut, sauva l'armée persane.

Conquêtes de Darius : soumission de la Thrace, de la Cyrénaïque et d'une partie de l'Inde. — Cette expédition ne fut pas cependant tout à fait stérile. Tandis que Darius rentrait en Asie, Mégabyze, qu'il laissa en Europe avec quatre-vingt mille hommes obtint l'hommage d'Amyntas, roi de Macédoine; il prit Périnthe, et ensuite attaqua les Thraces. Ce peuple « la plus grande nation parmi les hommes, excepté les Indiens, » avait, à en croire Hérodote, les mœurs les plus bizarres. Dans une de leurs tribus, celle des Trauses, d'après le même historien « autour de l'enfant qui vient de naître, ses proches s'asseyent et gémissent sur le nombre de maux qu'il doit endurer à partir de sa naissance, et ils énumèrent toutes les calamités humaines. Mais le mort, ils l'inhument en plaisantant, en se réjouissant, et ils récapitulent les maux auxquels il échappe pour jouir d'une parfaite félicité. » Les Thraces se tatouaient. La polygamie régnait parmi eux. Quand un chef venait à mourir on égorgeait sur sa tombe la plus aimée de ses femmes.

Attaqués par Mégabyse, les Thraces et les Péoniens, habitants de la région qui s'étend jusqu'aux bords du Strymon et du lac Prasias, se soumirent. Toutefois les peuplades qui habitaient au pied du mont Pangée, les Dobères, les Agrianes, les Odomantes et les Péoniens du lac Prasias demeurèrent indépendants. Hérodote décrit ainsi qu'il suit les habitations de ce dernier peuple : « Au milieu de l'eau, sur de longs pilotis, sont placées des planches avec une étroite entrée du côté de la terre, formant l'unique pont. Depuis longtemps les citoyens ont enfoncé à frais communs les pilotis qui soutiennent les planches, et ensuite ils les ont entretenus en observant cette loi : tout homme, lors de son mariage, est contraint de planter trois pilotis, en apportant du bois de la montagne dont le nom est Orbèle ; et chacun d'eux épouse plusieurs femmes. Or ils s'y logent de cette manière : chacun possède sur ces planches une cabane dans laquelle il vit, et dans cette cabane les planches sont ouvertes d'une porte donnant sur le lac. Les enfants sont toujours attachés par un pied au moyen de liens de jonc, de peur qu'ils ne se laissent tomber dans le lac. Ils nourrissent leurs chevaux et leurs bêtes de somme de poissons, dont l'abondance est telle qu'en ouvrant la trappe et en descendant une corbeille, à l'aide d'un câble, il ne faut pas la laisser longtemps dans l'eau pour la remonter pleine. »

Mégabyse fut remplacé dans son commandement par Otanès. Le père de cet Otanès, Sisamme, avait eu jadis une fin tragique. Sisamme, qui était au nombre des juges royaux, ayant rendu à prix d'or une sentence inique, fut, par ordre de Cambyse, mis à mort et écorché. Lorsqu'on lui eut arraché la peau, on la coupa en lanières, et on l'étendit sur le trône où il siégait pour juger. Ces lanières ainsi placées, Cambyse désigna pour succéder comme juge à Sisamme, le fils de Sisamme lui-même, en lui recommandant de se rappeler, lorsqu'il rendrait la justice, sur quel siége il était assis. Cet Otanès conquit Byzance et Chalcédoine, et dans la mer Égée, les îles d'Imbros et de Lemnos. Presque partout Darius établit des tyrans qui gouvernèrent les cités grecques sous son autorité : Coës à Mitylène ; Syloson, frère de Polycrate, à Samos, où Méandrius le remplaça ; Lemnos obéit à Lycarète, frère de Méandrius. Histiée de Milet fut récompensé de sa fidélité par l'abandon d'un district voisin de Strymon ; il y fonda Myrcine, dont il voulait faire un État important, et laissa la tyrannie de Milet à son cousin Aristagoras.

Vers le même temps, une armeé persane s'empara de Barcé par trahison et soumit la Cyrénaïque. A l'orient, Scylax de Caryandie, en Carie, visitait avec une flotte, par ordre de Darius, les rives de l'Indus, les côtes du golfe Persique et de la mer Rouge. L'Inde, soumise en partie sur la rive droite du fleuve, fut réunie à l'empire persan et forma une nouvelle satrapie.

Étendue et divisions de l'empire des Perses sous Darius. —L'empire perse avait pour limites, en 504 : au nord, l'Iaxarte, la mer Caspienne, le mont Caucase, le Pont-Euxin et le Danube ;

à l'ouest, le mont Rhodope, la Méditerranée et le désert de Libye ; au sud, les cataractes de Syène, la mer Rouge, le désert d'Arabie, la mer Érythrée ; à l'est, l'Indus et l'Hyphase [1].

Darius avait réduit à vingt le nombre des cent vingt satrapies de Cyrus.

Le revenu de l'empire perse s'élevait, sans y comprendre les dons gratuits et les tributs de quelques peuples qui se taxaient eux-mêmes, à 14,560 talents babyloniens (109,200,000 francs). La Perse n'était point rangée parmi les satrapies et ne payait aucun impôt; les habitants de cette province accordaient un don gratuit. Plusieurs peuples avaient le même privilége. Ainsi les Éthiopiens, voisins de l'Égypte et subjugués en partie par Cambyse, et les habitants de Nyse (Éthiopie) payaient tous les trois ans un tribut de deux chénices [2] d'or fin, et une certaine quantité d'ébène et d'ivoire. Les Colchidiens et leurs voisins jusqu'au Caucase se taxaient eux-mêmes : de cinq ans en cinq ans, ils envoyaient deux cents esclaves. Les Arabes fournissaient par an mille talents d'encens. Les Grecs des îles et les Thraces d'Europe étaient soumis à l'impôt comme les peuples compris dans les vingt satrapies.

Origine des guerres médiques [3] (501-494). — Cet immense empire, Darius voulut encore l'agrandir. Maître de la Thrace, il tenait la Macédoine assujettie au tribut; déjà même les îles de la mer Égée commençaient à se ranger de gré ou de force sous sa domination. Il entreprit d'ajouter à tous ses États un pays renommé pour la valeur de ses habitants. De tous côtés, la Perse touchait alors à la Grèce, par la Cyrénaïque, par la Thrace, par les îles, contrées colonisées et occupées par la race hellénique.

Sans remonter, comme Hérodote, aux temps mythologiques pour expliquer les guerres médiques, on pourrait en trouver le motif réel dans la puissance et dans la position territoriale de l'empire perse, qui, après avoir soumis l'Asie, ne pouvait plus s'étendre que du côté de l'Europe. Dès lors on ne doit voir qu'une cause occasionnelle de ces guerres dans le soulèvement de l'Ionie, qui mit pour la première fois aux prises les Grecs d'Europe avec les Perses. Depuis le jour où Cyrus avait ren-

1. On peut consulter utilement pour la géographie de cet empire la carte de l'atlas de M. H. Chevallier, intitulée : *Empires de Darius et d'Alexandre.*

2. La chénice, mesure de capacité, valait environ 1 litre.

3. On peut consulter, pour suivre les guerres médiques, la carte de la *Grèce ancienne*, dans l'atlas de M. H. Chevallier.

versé l'empire de Lydie, les colonies grecques de l'Asie Mineure gémissaient sous le joug de la Perse, lorsque Aristagoras de Milet les appela à la révolte (501). Forts de l'appui d'Athènes, qui leur envoya quelques secours, les Ioniens se soulevèrent et réduisirent en cendres la ville de Sardes, où résidait le satrape Artapherne. Malgré l'inégalité des forces, la lutte se prolongea quelques années (501-494); mais les Ioniens furent vaincus à la bataille navale de Lada, et la ruine de Milet, foyer de l'insurrection, vengea l'incendie de Sardes. Lorsque la révolte fut comprimée, Darius se souvint que les Athéniens avaient soutenu les rebelles, et, pour les punir, il résolut la conquête de la Grèce.

Telle fut l'origine des guerres médiques. Dès lors l'histoire des Perses se confond avec celle de la Grèce et de la Macédoine[1] jusqu'à la conquête de la Perse par Alexandre, sous Darius III Codoman (332).

Tableau chronologique des rois de Perse.

Cyrus, 560-530.
|
Cambyse, 530-522.
Smerdis le mage, 522.
Darius, fils d'Hystaspe, 522-485.
|
Xerxès I, 485-472.
Artaban, 472-471.
Artaxerxès I Longue-Main, 471-424.
|
Xerxès II, 424.
Sogdien, 424.
Darius II Nothus, 423-404.
|
Artaxerxès II Mnémon, 404-362.
|
Ochus, 362-338.
|
Arsès, 338-336.
Darius III Codoman, 336-332; fin de l'empire des Perses.

Religion des Perses, Zoroastre. — Les Perses adorèrent d'abord les éléments et les astres, et principalement le soleil

1. Voir les chapitres VI, VII, XIV et XV de l'Histoire Grecque.

et la lune. Quand ils eurent triomphé des Mèdes, ils adoptèrent leur religion, que l'on désigne sous le nom de magisme, et qui se trouvait exposée dans les livres de Zoroastre. On considérait ce personnage, sur lequel les traditions abondent, comme l'auteur ou plutôt le réformateur et le plus savant interprète de cette religion. Il vécut, selon les écrivains persans, sous le règne de Darius, fils d'Hystaspe.

D'après le Zend-Avesta, un dieu suprême, Zervane-Akerène, ou le Temps sans bornes, créa Ormouzd (l'Oromase des Grecs), le principe du bien, et Ahriman, le principe du mal. Il les chargea de créer chacun un monde : Ormouzd créa le monde de lumière, les trois sphères célestes, la terre, le soleil, la lune, les cinq autres planètes et toute l'armée des cieux pour les habiter; Ahriman, de son côté, produisit le monde des ténèbres et une race noire, hideuse et méchante, égale en nombre et en force à celle d'Ormouzd, les *dews*, les *daroudjs*, les *darwands*. Ces deux divinités et les êtres qu'elles ont créés s'engagèrent aussitôt dans une lutte qui doit durer douze mille ans ; quand elle touchera à sa fin, Ormouzd enverra aux hommes un prophète pour les convertir à la loi divine et les préparer à la résurrection générale : alors commencera, pour ne jamais finir, le règne du bien et de la justice. Ahriman lui-même deviendra bon.

Ormouzd et Ahriman, comme Osiris et Typhon en Égypte, représentaient le jour et la nuit, la lumière et les ténèbres, l'été et l'hiver, toutes les oppositions de la nature : en morale, ils figuraient le double principe du bien et du mal, plus nettement exprimé dans le Zend-Avesta et plus développé que dans les livres d'Hermès. Au-dessous de ces deux grandes divinités se rangeaient les six Amschaspands, représentant la bonté, la pureté, la puissance, l'humilité, la fécondité, l'immortalité. Il y avait aussi vingt-huit Izeds, créés par Ormouzd, généraux et officiers de l'armée céleste, qui surveillaient le monde, présidaient aux mois, aux jours, protégeaient les hommes et avaient sous leurs ordres des légions de serviteurs nommés Fervers et Hamkars. A côté de ces génies du bien étaient les Dews, créés par Ahriman, en même nombre et doués d'une égale puissance.

Le Zend-Avesta parle aussi d'un dieu Mithra, un des Izeds, célèbre non-seulement dans la Perse et la Médie, mais encore en Grèce, en Égypte, en Italie, et dans tous les pays soumis aux Romains. Son culte est fort obscur, malgré la faveur dont il jouit dans les premiers siècles de l'ère chrétienne. Mithra, le plus puissant des Izeds, est appelé par le Zend-Avesta l'*œil d'Or-*

mouzd et le protecteur des provinces de l'Iran. On le représente avec mille oreilles, et dix mille yeux, parcourant l'espace qui s'étend entre le ciel et la terre, la main armée d'une massue pour effrayer les mauvais génies, ou d'un poignard d'or pour fertiliser la terre. Il donne la lumière à la terre, il trace le chemin à l'eau, il entretient l'harmonie dans le monde, et pèse les actions des hommes sur le pont *Tchinevad*, qui sépare cette vie de l'autre.

Le *Boun-Déhesch* raconte ainsi la création du monde : « En quarante-cinq jours, moi Ormouzd, aidé des Amschaspands, j'ai bien travaillé, j'ai donné le ciel. En soixante jours, j'ai donné l'eau ; en soixante-quinze la terre ; en trente les arbres ; en vingt les animaux ; en soixante-quinze l'homme. » Le premier animal créé fut le taureau. Meschia, l'homme, et Meschiané, la femme, formèrent le premier couple humain.

Cette création, Ormouzd l'a opérée à l'aide de la parole, du verbe, du saint *Honover*, au-dessous duquel se trouvent placées les idées, les *férouers*, c'est-à-dire les formes divines, les types immuables des différents êtres.

Les ministres de cette religion étaient les mages : ils formèrent chez les Mèdes, puis chez les Perses, qui les adoptèrent, une caste sacerdotale très-puissante et furent presque toujours les conseillers des rois. Ils se divisaient en herbeds ou novices, mobeds ou maîtres et destu-mobeds, maîtres parfaits, et se distinguaient du reste de la nation par un costume particulier.

Gouvernement des Perses. — Comme leur religion, les institutions primitives des Perses furent altérées par la conquête des Mèdes. C'est sous Darius qu'elles prirent leur forme définitive. Cyrus et Cambyse avaient été des conquérants. Darius fut le véritable fondateur de la monarchie persane, de son gouvernement, de son administration.

Le pouvoir, chez les Perses, appartenait au roi, et il fut d'abord absolu ; mais, depuis la révolution qui renversa le mage Smerdis, on trouve quelques exemples de la réunion d'un conseil de satrapes : ils donnaient leur avis dans les circonstances difficiles, et leur autorité tempérait celle du roi. Dans les provinces où ils commandaient, leur pouvoir était fort étendu. Quand ils étaient fidèles et dévoués, ils n'étaient guère que les fermiers du roi ; le plus souvent, celui-ci ne s'assurait de leur soumission qu'en leur laissant l'exercice d'une autorité presque souveraine. Xénophon rapporte que, sous Cyrus, les commandants des garnisons et des troupes étaient dans chaque province indépendants des satrapes, et qu'ils recevaient directement les ordres de la cour : ainsi l'autorité civile et l'autorité militaire étaient séparées ; mais il dit aussi que là où un satrape était placé, il commandait aux deux classes d'officiers. L'ordre établi par Cyrus fut modifié sous ses successeurs, et les satrapes devinrent de véritables vice-rois. Il paraît toutefois que les finances eurent des officiers particuliers, placés à côté des satrapes, nommés par le roi et soumis sans doute à l'autorité de ces gouverneurs.

Toutes les provinces de l'empire n'étaient pas directement administrées par les satrapes. Beaucoup de petits princes conservaient leur autorité sous la suprématie de la Perse, et le plus souvent les rois laissèrent le gouvernement des pays conquis soit aux héritiers des dynasties déchues, soit à des magistrats tirés du sein de la nation vaincue. Cette nation conservait ses lois et ses institutions particulières, de sorte que la conquête et l'établissement des Perses se réduisaient presque partout à une occupation militaire, qui assurait la soumission de la province et la levée de l'impôt. Ainsi l'Égypte reçut une garnison de cent vingt mille Perses ou auxiliaires, établie à Memphis, et des gouverneurs envoyés de Persépolis ; mais l'autorité civile fut laissée aux magistrats nationaux. Cette politique des rois de Perse explique les fréquents soulèvements des provinces, où se perpétuaient, par le maintien des lois, des institutions, de la religion et des mœurs, le souvenir de l'indépendance et l'esprit national. La vaste domination fondée par Cyrus et par Darius périt par le défaut d'unité : il n'y eut qu'une autorité, qu'un roi, mais cent peuples divers.

Monuments de l'empire perse. — Les Perses ont élevé peu de monuments, et l'on ne trouve point dans les pays qu'ils ont si longtemps occupés ces constructions magnifiques dont l'Égypte et la Grèce furent couvertes. Aucun pays d'ailleurs n'a été plus bouleversé : toutes les dominations s'y sont succédé depuis Alexandre jusqu'aux Mogols, et chaque peuple nouveau y a marqué sa trace par des ruines, que le temps a dispersées. Il n'est rien resté des sept enceintes d'Ecbatane, élevées en amphithéâtre, avec leurs créneaux peints de diverses couleurs, ni du palais de Déjocès, ni du magnifique tombeau de Cyrus à Pasargade, tant vanté par Arrien. Çà et là cependant, dans l'ancienne province de Perse (Farsistan), on retrouve quelques débris du passé. A Tchil-Minar ou les Quarante Colonnes, sont les ruines de Persépolis. C'est un vaste amphithéâtre construit en marbre gris, et dont les blocs énormes sont réunis sans ciment, comme dans les monuments cyclopéens ; il forme trois terrasses élevées les unes sur les autres ; des escaliers de marbre, assez larges pour laisser passage à dix cavaliers de front, conduisent aux terrasses supérieures : sur la première, on voit taillés dans le roc deux animaux fabuleux d'une forme colossale. Plusieurs colonnes sont encore debout, hautes de cinquante pieds et assez grosses pour que trois hommes aient de la peine à les embrasser. Ces colonnes et les parois des escaliers ou des chambres nombreuses, dont on reconnaît encore la distribution, sont ornées de sculptures et de peintures variées. Dans les environs, l'on aperçoit deux grands tombeaux. A Nakehi-Rustain, à quatre lieues de Tchil-Minar, est la montagne des Tombeaux des Rois, ainsi nommée à cause de ces monuments funèbres entourés de colonnes et couverts d'inscriptions.

Le rocher Bisoutoun, dont la hauteur est de près de cinq cents mètres, présente sur son immense façade des sculptures remarquables et des caractères cunéiformes que les savants modernes ont déjà commencé de déchiffrer, et qui racontent les exploits de Darius, fils d'Hystaspe. Ce n'est là qu'un bien faible reste des grandes capitales des rois perses, Ecbatane, Suze, Persépolis, mais qui atteste encore, après les ravages de plusieurs siècles, la grandeur et l'éclat de leur empire.

CHAPITRE XIII.

Phéniciens. — Sidon et Tyr. — Colonies phéniciennes. — Carthage.

Origine des Phéniciens. — Gouvernement des Phéniciens. — *Sidon et Tyr.* — Hiram. Pygmalion. Prise de Tyr par Nabuchodonosor et par Alexandre. — Colonies phéniciennes. — Religion des Phéniciens. — — Progrès de sa puissance en Afrique. — Conquêtes des Carthaginois en Corse, en Sardaigne et en Sicile : Denys l'ancien, Timoléon, Agathocle. — Expédition de Pyrrhus en Sicile. — Aperçu rapide sur les guerres puniques. — Gouvernement de Carthage : les suffètes, le sénat, l'assemblée du peuple. — Étendue des possessions de Carthage en 264.

Origine des Phéniciens. — Les Phéniciens appartenaient à la race chananéenne, que la Bible rattache à la descendance de Cham. Cette race chananéenne, lorsqu'elle apparaît pour la première fois dans l'histoire, était établie aux environs du golfe Persique, où l'on a retrouvé les noms de Tsour et d'Arad donnés à deux des îles Bahreïn. Elles formaient l'une des trois branches principales de la famille Kouschite, et par conséquent elle avait une parenté étroite avec la tribu qui devint dominante en Chaldée et qui a fondé l'empire de Babylone; le troisième rameau kouschite était représenté par les Kosséens ou Kissiens, établis à l'orient du Tigre, dans la Susiane. Tandis que ces derniers, ainsi que les Chaldéens, restèrent dans cette région de l'Asie centrale, les Chananéens, chassés des environs du golfe Persique par les rois kouschites de la dynastie de Nemrod, ou plutôt par l'invasion des Aryas qui se jetèrent sur la Babylonie vers le XXVe siècle avant l'ère chrétienne, traversèrent l'Arabie septentrionale et vinrent s'établir dans la Palestine. Les uns occupèrent l'intérieur, et retinrent plus particulièrement le nom de Chananéens; ils se divisèrent en plusieurs tribus, d'abord au nombre de onze, puis réduites à sept à l'époque de Moïse. Les autres s'établirent sur la côte de la Méditerranée; l'antiquité classique leur donna le nom de Phéniciens. D'après les traditions grecques, ils auraient tiré leur nom de Phénix, fils d'Agénor, originaire de Thèbes en Égypte. Selon divers auteurs, le mot de Phœnikès signifierait *le peuple rouge*, soit à cause de la mer Érythrée ou mer Rouge, sur les côtes de laquelle ils séjournèrent longtemps, soit à cause des fabriques de pourpre qu'ils établirent dans toutes leurs colonies, soit enfin par allusion à la couleur de leur visage. Certains critiques modernes ont vu dans Phœnix le nom du palmier et dans Phœnikia le Pays des Palmes. En fait, dit M. Maspéro, Phœnix n'est qu'une forme élargie du mot *Phoun* ou Poun (Puni, Pœni), vieux nom national que les Chananéens portaient dans leur patrie primitive, et qui les suivit dans toutes leurs migrations. On le retrouve en effet à Carthage, dont il servit à désigner les habitants. Ce mot de Poun se rencontre dans les plus anciennes inscriptions de l'Égypte, où il désigne l'Arabie et le pays des Somal ou Somaulis.

Gouvernement des Phéniciens. Sidon et Tyr. — La Phénicie était partagée en plusieurs petits États : chaque ville avait son gouvernement, ses lois, ses magistrats; ici un roi, là des juges, ailleurs un collége de pontifes. Deux États cependant, Sidon et Tyr, paraissent s'être élevés, à différentes époques, au-dessus des autres; mais l'histoire n'a recueilli sur la succession de leurs princes que des faits incertains et interrompus par de grands intervalles. Au temps de Josué (1610), Sidon, qui domina d'abord, était déjà une cité florissante; l'auteur sacré lui donne le surnom de *grande*, et plusieurs fois les livres de Moïse, de Josué et des Juges rappellent sa puissance. Elle fut la métropole de Tyr et d'Aradus, et toutes trois fournirent la colonie qui fonda Tripoli. La véritable capitale de la Phénicie fut Tyr, qui, vers l'époque de David, y tenait le premier rang par ses richesses et par l'étendue de son commerce.

Hiram, Pygmalion. Prise de Tyr par Nabuchodonosor et par Alexandre. — On a conservé le nom de ses rois. Abibal (1050-1016) fit la guerre aux Hébreux, mais Hiram, son fils (1016-982), fut l'allié de David et de Salomon ; il agrandit la ville de Tyr et y éleva deux temples à Melcarth et à Astarté. Ithobal ou Eth-Baal (932-900) donna sa fille Jézabel en mariage à Achab, roi d'Israël, et fonda Botrys au nord de Byblos. Pygmalion fut un de ses descendants. Sous ce prince, Didon, sa sœur, alla fonder Carthage en Afrique. A cette époque, Arca, Sidon et Citium, dans l'île de Chypre, étaient sujettes de Tyr; les Assyriens ayant déclaré la guerre aux Tyriens, ces villes se révoltèrent et reconnurent pour roi Salmanasar, puis Sargon ou Saryukin, rois de Ninive. Ce dernier prince échoua dans ses attaques : sa flotte fut battue par celle des Tyriens; mais en 585 Nabuchodonosor, roi de Babylone, déjà maître de la Syrie et de la Palestine, vint mettre le siége devant la ville de Tyr : il ne s'en empara qu'après une lutte de treize années et la ruina de fond en comble. Pendant ce long siége, les habitants avaient construit une nouvelle ville dans une île voisine du continent; ils s'y réfugièrent et continuèrent d'y vivre sous des chefs ou juges tirés de leur nation, mais soumis aux rois de Babylone. En 554, la royauté fut rétablie sous Balator ; mais ce roi et ses successeurs, comme les juges qui les avaient précédés, furent tributaires des Babyloniens, puis des Perses, quand Cyrus eut conquis l'Asie (538-332). Les Tyriens et les autres habitants de la Phénicie vécurent tranquilles sous le gouvernement des rois de Perse, qui protégeaient leur commerce et payaient le service de leurs flottes. En 332, après la prise de Tyr par Alexandre le Grand, ils passèrent sous la domination des Macédoniens, des Lagides et des Séleucides.

Colonies phéniciennes. — Les Phéniciens, bornés à un pays étroit et stérile, tournèrent toute leur attention vers la mer. De bonne heure ils se rendirent maîtres de tout le commerce d'Occident ; ils furent les plus hardis navigateurs, les plus habiles marins, et ils firent les plus grandes découvertes de l'antiquité. Pendant plusieurs siècles ils n'eurent point de rivaux ; les colonies qu'ils fondèrent furent si nombreuses, que, si l'on songe à la faible étendue de leur pays, on ne saurait concevoir comment ils ont pu y suffire sans le dépeupler. Ils furent des peuples anciens le plus actif et le plus entreprenant, et le premier, sinon par la puissance des armes, du moins par les fruits du commerce : aussi les marchands de Tyr méritèrent-ils que l'Écriture les appelât des princes.

Tout l'Occident fut couvert de leurs colonies et de leurs comptoirs. Ils fondèrent dans l'île de Chypre Carpasia, Golgos, Citium, et s'établirent dans les îles de Rhodes, de Samothrace, dans celle de Thasos, dont ils exploitèrent les mines d'or. Pronectus, sur la Propontide, Bithynium, sur la mer Noire, furent bâties par eux ; une de leurs tribus, les Solymes, se maintint longtemps dans les montagnes de la Pisidie et de la Carie.

Chassés de ces positions par les Cariens ou par les Hellènes, ils transportèrent leurs établissements à l'occident, en Afrique et en Espagne. Dans l'Afrique, ils fondèrent les deux Leptis, Tysdrus, Adrumète, Carthage, Utique et Lixus ; leurs comptoirs s'étendirent sur toute la côte de la Méditerranée et au delà du détroit d'Hercule, sur les côtes de l'océan Éthiopien. En Égypte, un quartier de Memphis leur avait été abandonné. Dans l'Espagne, Strabon compte plus de deux cents colonies phéniciennes, situées au sud de la Péninsule, dans la Bétique : c'étaient Gadès, Hispalis, Malaca, Carteia et Tartessus, dont le nom désignait sans doute l'ensemble de leurs colonies dans ce pays. Enfin, en Sicile, Panorme, Lilybée, Solunte, Motya, furent fondées par eux ; mais les Étrusques les écartèrent des côtes de l'Italie. Ils eurent des établissements jusque dans l'océan Atlantique, aux îles Cassitérides (îles Sorlingues), près de la Grande-Bretagne.

En Orient, ils occupèrent deux îles du golfe Persique et y fondèrent Tyr et Aradus, dont les noms rappellent ceux de deux cités phéniciennes. Comme ils recevaient par l'intermédiaire des Juifs, des Égyptiens et des Syriens les denrées de l'Arabie, de la Perse et de l'Inde, ils n'entretinrent de ce côté qu'un petit nombre de colonies. Par les Syriens, leurs alliés, qui étaient de même race qu'eux, maîtres d'Elath et d'Asion-Gaber, ils possédèrent la navigation du golfe Arabique.

Étendue du commerce des Phéniciens. — Les Phéniciens furent les courtiers de l'ancien monde ; c'est par eux que furent échangées les richesses des contrées les plus lointaines. L'Espagne leur fournit en abondance l'argent, le fer et le plomb, produit de ses mines, les vins et le blé; les colonies du rivage de l'Océan, les îles Britanniques et les Cassitérides leur donnèrent l'étain et l'ambre, alors plus précieux que l'or. Avec ces richesses ils payèrent toutes les denrées de l'Orient. De ce côté, leur correspondance par terre fut prodigieusement étendue[1]. Aux fruits de ce commerce presque universel ils joignirent les produits de leur propre industrie : la pourpre de Tyr, les draps et le verre de Sidon, et divers objets de toilette et de luxe. Ils excellèrent dans la construction des vaisseaux et des édifices[2].

Religion des Phéniciens. — La religion des Phéniciens se rapproche beaucoup de celle des Égyptiens et des Babyloniens : ils adoraient le soleil ou Baal, la lune ou Astarté et Melcarth; ces divinités étaient servies par un grand nombre de prêtres, dans des cérémonies pleines de pompe et de mystères et mêlées de sacrifices humains. Melcarth avait plusieurs temples, qui s'enrichissaient par des dîmes et des offrandes; il était le protecteur de ce peuple commerçant, et le mythe qui le concerne n'est sans doute qu'une expression figurée des voyages, des entreprises et des progrès merveilleux des Phéniciens. D'ailleurs le commerce avec mille peuples divers et surtout le travail des interprètes grecs apportèrent de grands changements à la mythologie et au culte de cette nation : aussi l'on a peine à fixer les noms et les attributs de ces divinités, confondues avec les divinités étrangères. Ainsi leur dieu, le seigneur ou le soleil, s'appelle tantôt Baal, comme le Bélus des Assyriens, tantôt Adonis, qui dans les langues sémitiques, signifie aussi *seigneur;* on l'adorait à Tyr, à Byblos, de la même manière et aux mêmes époques qu'Atys en Phrygie, qu'Osiris en Égypte. Leur déesse Astarté rappelle à la fois Isis et Vénus : son temple d'Aphec était en effet une école de mollesse et de grossière volupté, et c'était par la débauche qu'on célébrait les fêtes de cette fausse divinité. Enfin Melcarth, dont les Grecs ont fait un Hercule, n'était pas autre que Baal, qui, selon le lieu ou les circonstances, prenait des noms différents[3].

1. Cf. Ézéchiel, XXVII.
2. Voir pour plus de détails le chapitre suivant.
3. Tous ces dieux se ressemblent; leurs fêtes ont les mêmes parties: la mort de la divinité, ἀφανισμός, sa recherche accompagnée de deuil, ζήτησις, sa découverte et son retour, εὕρεσις.

Cf. *Stephan. Byzant.*, *de urb. et pop.*, sur le culte d'Adonosiris à Amathus,

Carthage, progrès de sa puissance en Afrique. — Carthage était une colonie de Tyr; selon la tradition la plus commune, elle fut fondée ou plutôt agrandie par Didon, sœur de Pygmalion (888), et elle eut, comme Rome, sa rivale, de très-faibles commencements; mais, grâce à son heureuse position, elle s'accrut par le commerce et par la guerre, et elle devint une des plus belles et des plus fortes villes du monde. Elle était située au fond d'un golfe, dans une presqu'île, à l'endroit le plus resserré de la mer Méditerranée, à vingt-huit lieues des côtes de la Sicile [1] près de l'emplacement qu'occupe actuellement Tunis. Elle avait deux ports sur cette mer, l'un pour les navires marchands, l'autre pour les vaisseaux de guerre, des arsenaux nombreux et bien fournis, et une citadelle nommée Byrsa, aussi forte par son assiette naturelle que par les ouvrages qui l'environnaient. Un triple mur, défendu par de grosses tours, l'entourait du côté de la terre, et dans l'intervalle d'un mur à l'autre de magnifiques arcades pouvaient abriter vingt mille fantassins, quatre mille chevaux et trois cents éléphants. Des temples et des édifices splendides ornaient cette capitale de l'Afrique, qui renfermait dans son sein sept cent mille habitants.

Les premiers temps de l'histoire de cette république sont fort obscurs [2]. Entourée par une multitude de nations barbares et guerrières, et par les établissements mêmes que les Phéniciens avaient déjà fondés sur les côtes de l'Afrique, elle eut de nombreux combats à soutenir pour soumettre les peuples ennemis et les colonies rivales. Peu à peu elle étendit sa domination sur la plus grande partie de l'Afrique occidentale. Elle s'affranchit d'abord du tribut qu'elle avait payé aux indigènes, et les rendit tributaires à leur tour. Les Maures, qui peuplaient au sud les fertiles vallées de l'Atlas, les Numides, qui habitaient à l'occident, les Maxyes, les Lotophages, les Nasamons, qui occupaient à l'est la région des deux Syrtes, subirent ses lois. Elle

dans l'île de Chypre. Melcarth n'était qu'un surnom (*melek*, roi; *kartha*, ville), Baal prenait les noms de Baal-Samon, roi des cieux, Baal-Beryte, Baal-Sidon ou Thalassius, roi de la mer. Les figures diverses qu'on lui donnait ornaient les proues des vaisseaux.

1. L'Angleterre, la grande puissance maritime de nos jours, occupe une position semblable à Malte, qui commande le passage des deux bassins de la mer Méditerranée.

2. L'empereur romain Claude avait écrit une histoire de Carthage, qui ne nous est pas parvenue.

fit pénétrer chez eux des colonies tirées de son sein, qui se mêlèrent aux habitants du pays et formèrent la race mixte des Liby-Phéniciens. Dès lors les tribus africaines, autrefois nomades et habituées aux armes et au pillage, s'adonnèrent à l'agriculture et enrichirent Carthage du produit de leur travail. Pour empêcher les révoltes, elle ne permit point aux villes qui relevaient d'elle d'avoir des fortifications, et elle les réduisit à n'être que de vastes magasins ou des marchés où elle s'approvisionnait de toutes choses. D'ailleurs elle traita toujours ces Liby-Phéniciens ou les naturels des pays tributaires comme de véritables sujets. Elle leva chez eux de l'argent, dont le sénat de Carthage eut seul la disposition, des soldats, que commandèrent des officiers carthaginois; jamais elle ne leur accorda de droits politiques. Dure dans son gouvernement à leur égard, âpre au gain, comme toutes les cités commerçantes, elle ne vit en eux que les instruments de sa richesse et de sa prospérité; et il arriva ainsi qu'au jour où sa fortune fut en péril elle trouva en eux des amis incertains ou des ennemis tout prêts à justifier ses soupçons et sa défiance maladroite.

Carthage dut nécessairement tenir une autre conduite à l'égard des colonies phéniciennes qui l'avoisinaient : on ne sait pas au juste quels rapports les unissaient; il est probable qu'à l'exemple de Tyr, sa métropole, elle se contenta d'exercer sur elles la prépondérance que lui assura de bonne heure le progrès de ses armes et de ses immenses richesses. Elle commanda à leur confédération, fit la guerre et conclut des traités pour elles et protégea leurs intérêts, qui étaient aussi les siens : ainsi, dans le second traité des Carthaginois et des Romains, les habitants d'Utique sont cités au même rang que ceux de Carthage et de Tyr. Outre les colonies alliées, Carthage en eut encore qui, fondées par elle, furent entièrement soumises à ses lois : c'étaient les mille comptoirs dont elle avait couvert les côtes de la Méditerranée et celles de l'océan Atlantique depuis les confins de la Cyrénaïque jusqu'à l'embouchure du Daradus (Sénégal), où se terminaient, avec ses plus lointains établissements, les connaissances géographiques des anciens; comme elle y dominait exclusivement par ses marchands et par ses officiers, elle les fortifia pour les mettre à l'abri de toutes les attaques : ils servaient de lieu de relâche pour ses navires de guerre et de commerce qui croisaient sans cesse dans ces parages. Le général carthaginois Hannon, dans une expédition entreprise par la république, ne fonda pas moins de trois cents villes ou comptoirs sur les côtes occidentales de l'Afrique. Aussi les Carthaginois n'eurent point de rivaux dans ces contrées, et leur autorité y remplaça celle des Phéniciens et de la ville de Tyr ; mais ils ne cessèrent pas d'entretenir avec cette riche cité les plus étroites relations et de l'honorer comme leur métropole.

Conquêtes des Carthaginois en Corse, en Sardaigne et en Sicile: Denys l'ancien, Timoléon, Agathocle. — Après que Carthage eut assuré son empire en Afrique, elle entreprit de faire des conquêtes dans les pays voisins pour y propager son commerce et en multiplier les fruits. Dans le sixième et le cinquième siècle avant l'ère chrétienne (600-400), elle soumit la Sardaigne, la Corse, une partie de la Sicile, peut-être même les îles Baléares ; dans l'océan Atlantique, au delà des colonnes d'Hercule, elle conquit les îles Fortunées et l'île de Cerné. Les Phocéens établis à Massilia (Marseille) et les Étrusques, maîtres des côtes de l'Étrurie et de la Campanie, lui fermèrent les abords de la Gaule et de l'Italie, et elle eut en eux de dangereux et puissants ennemis : aussi Rome, qui faisait la guerre aux Étrusques, rechercha l'alliance de Carthage. Ces deux républiques conclurent en 509 un premier traité de navigation et de commerce, qui fut renouvelé en 348 : on y voit la preuve qu'avant la première de ces époques les Carthaginois avaient déjà pénétré dans la Sicile. La conquête de cette île les occupa pendant près de trois siècles ; ils ne devaient jamais la terminer. La race grecque, commerçante et guerrière comme eux, leur opposa cette énergique résistance qu'ils avaient rencontrée chez les Ioniens de Massilia et chez les Doriens de Cyrène.

Les Carthaginois trouvèrent d'abord un facile accès en Sicile, où les Phéniciens possédaient à l'occident quelques colonies : les plus remarquables étaient Panorme et Lilybée ; mais ils ne se contentèrent pas de ces villes, et ils aspirèrent à se rendre maîtres de l'île entière. En 483, ils firent alliance avec Xerxès et se disposèrent à attaquer les Grecs [1] ; mais Gélon, tyran de Syracuse, et Théron, tyran d'Agrigente, gagnèrent sur eux une grande bataille à Himère (480), le jour même où Léonidas mourait aux Thermopyles. Gélon leur imposa un traité qui les condamna à payer deux mille talents pour les frais de la guerre. Ils reparurent en 412 sous la conduite d'Annibal, petit-fils

1. Leur flotte, commandée par Amilcar, était de deux mille vaisseaux et de trois mille bâtiments de transport ; leur armée de terre s'élevait à trois cent mille hommes, dont la moitié périt. Il y a une exagération évidente dans ces chiffres des historiens grecs.

d'Amilcar, et secoururent les Ségestains contre les Syracusains, prirent d'assaut Sélinonte et la ruinèrent; Himère eut le même sort (409).

Trois ans après, Annibal et Imilcon son parent, petit-fils d'Hannon, s'emparèrent d'Agrigente et de Géla et forcèrent Denys l'ancien, tyran de Syracuse, à les reconnaître pour maîtres de ces villes, ainsi que de Camarine et du pays des Sicaniens (404); mais Denys fit d'immenses préparatifs, et ayant attaqué Motya, qui servait de place d'armes aux ennemis, il l'emporta d'assaut. Imilcon la reprit; Magon gagna la bataille navale de Catane, où Denys perdit cent vaisseaux et plus de vingt mille hommes, et les Carthaginois assiégèrent Syracuse; la peste désola leur armée; leur flotte fut détruite par Denys (396); ils s'enfuirent en achetant leur retraite au prix de trois cents talents. Par la paix qu'ils signèrent en 392, ils cédèrent Tauromenium aux Syracusains. Ces échecs multipliés enhardirent les Africains, qui, au nombre de deux cent mille, s'emparèrent de Tunis et assiégèrent Carthage : la division qui se mit parmi eux fit échouer cette entreprise, et leur armée se dissipa aussi promptement qu'elle s'était formée. En 383, Magon conduisit de nouveau une flotte et une armée en Sicile ; il fut battu et tué ; son fils, qui portait le même nom, vengea aussitôt sa mort par une grande victoire, et Denys obtint la paix en payant mille talents. Avant de mourir, il compensa ce revers par la prise de Sélinonte, d'Entelle et d'Éryx (368).

Les troubles qui accompagnèrent le règne de Denys II le jeune (368-347) parurent aux Carthaginois une occasion favorable pour achever de soumettre la Sicile. Magon, le vainqueur de Denys l'ancien, se rendit maître du port. Les Syracusains au désespoir tournèrent alors leurs regards vers la mère patrie. Corinthe était la métropole de Syracuse. C'est à elle qu'on demanda un législateur, un général. Les Corinthiens désignèrent Timoléon. Quand celui-ci arriva devant Syracuse, Magon craignit la défection de ses mercenaires grecs et s'enfuit honteusement à Carthage. Puis, redoutant la sévérité de ses compatriotes, il se tua. Les Carthaginois crucifièrent son cadavre.

En 340 ils envoyèrent en Sicile une nouvelle expédition sous le commandement d'Asdrubal et d'Amilcar. Elle comptait 70,000 hommes, parmi lesquels 10,000 citoyens de Carthage, reconnaissables à leurs boucliers blancs, avec 200 trirèmes et 1,000 navires de transport. Malgré ses soixante-dix ans, Timoléon prit l'offensive à la tête de 12,000 hommes, tant Syracusains que mercenaires. 1,000 de ces derniers l'abandonnèrent en route, effrayés de la multitude des ennemis. Il n'en persista pas moins à combattre. Comme on gravissait la colline, au delà de laquelle se trouvait le camp carthaginois, on rencontra des mulets chargés d'ache. Cela parut aux soldats un mauvais présage : car à Syracuse on couronnait d'ache les tombeaux, et on disait proverbialement des malades abandonnés par les médecins : « Ils n'ont plus besoin que d'ache. » Timoléon s'écria que c'était bon signe, ajoutant qu'à Corinthe on couronnait d'ache le vainqueur dans les jeux isthmiques, et il se fit lui-même une couronne d'ache. La rencontre eut lieu au bord du fleuve Crimèse. On était au solstice d'été. Un orage effroyable éclata pendant l'action. Les Carthaginois, mis en pleine déroute, perdirent 10,000 hommes morts ou noyés, 5,000 prisonniers, 200 chars. Par le traité qui fut conclu l'année suivante (339), ils s'engagèrent à ne pas franchir le fleuve Halycus [1], à n'entretenir aucune alliance avec les tyrans et à laisser aux Grecs établis dans leurs possessions la liberté de transporter leur demeure à Syracuse. Tant que vécut Timoléon, Syracuse fut à l'abri des attaques de Carthage.

Agathocle, qui devint tyran de Syracuse en 317, recommença la guerre contre les Carthaginois. Il fut battu en 310 par Amilcar et assiégé dans Syracuse. Il quitte aussitôt la ville, que son frère Antander continua de défendre, fait voile vers l'Afrique avec une armée rassemblée à la hâte, brûle ses vaisseaux en arrivant et marche droit à Carthage. Tunis, Utique et deux cents villes lui ouvrent leurs portes; sous les murs de la capitale, il bat une armée carthaginoise : Hannon, l'un des généraux, est tué et l'autre, Bomilcar, est mis en fuite. Cette nouvelle, portée à Syracuse, force Amilcar à lever le siége de cette ville; il est aussi battu et tué. Cependant Agathocle augmente son armée par la réunion de celle des Cyrénéens, dont il met à mort le roi Ophellas, et Bomilcar excite une sédition pour s'emparer à Carthage du souverain pouvoir. Tout à coup le général syracusain est rappelé en Sicile par la révolte d'Agrigente : son fils Archagathe est vaincu, et la présence d'Agathocle paraît de nouveau nécessaire; mais les Africains qui s'étaient donnés à lui l'abandonnent : il est vaincu, et se sauve en Sicile; ses soldats égorgent Archagathe et se rendent aux Carthaginois (307). Un traité de paix met fin aux hostilités (306).

1. Diodore et Plutarque le nomment Lycus.

Expédition de Pyrrhus en Sicile (276). — Après la mort d'Agathocle (289), Syracuse fut livrée à l'anarchie : Tynion et Sosistrate s'y disputèrent le pouvoir, et les Syracusains appelèrent à leur secours Pyrrhus, roi d'Épire. Ce prince, qui était gendre d'Agathocle, s'empressa de passer le détroit de Messine: il avait à se venger des Carthaginois, qui venaient de s'allier contre lui avec les Romains[1]. En une seule campagne (276) il leur enleva toutes leurs villes, excepté Lilybée, qu'il assiégeait lorsque les Tarentins le prièrent de rentrer en Italie. En s'embarquant, Pyrrhus, qui avait été frappé de la richesse de la Sicile, du nombre et de la beauté de ses villes, ne put s'empêcher de regretter cette conquête si enviée et déjà presque achevée : « Quel beau champ de bataille, s'écria-t-il, nous laissons là aux Carthaginois et aux Romains! »

Aperçu rapide sur les guerres puniques[2]. — Carthage soutint contre Rome une lutte mémorable qui dura cent dix-huit ans (264-146); cette lutte renferme trois grandes périodes qui forment autant de guerres, qu'on désigne sous le nom de guerres puniques. Un secours fourni par les Romains aux Mamertins fut la cause de la première guerre punique, qui pendant vingt-trois ans fut marquée pour les deux républiques par une alternative de succès et de revers. Après avoir conquis la majeure partie de la Sicile (262) et remporté sur les Carthaginois la victoire de Myles (261), les Romains s'ouvrent la route de l'Afrique par la victoire d'Écnome (256) et transportent les hostilités sur ce continent nouveau pour les légions. Régulus y débute brillamment par la prise de Clypea et la bataille d'Adys, qui lui livre Utique et Tunis; et déjà même il menace l'existence de Carthage, lorsqu'il est vaincu et fait prisonnier par le Spartiate Xantippe (255). Ce revers ramène les hostilités en Sicile, où les Romains, après la victoire de Panorme (251), éprouvent la sanglante défaite de Drépane (249), qui les décide

1. Le troisième traité entre Rome et Carthage eut lieu en 277. Aux conventions pour le commerce et la navigation, qui y sont reproduites comme dans les deux premiers traités, on ajouta les clauses suivantes : « que, quel que soit celui des deux peuples qui aura besoin de secours, les Carthaginois fourniront la flotte et les bâtiments de transport; que chaque peuple pourvoira à la solde de ses troupes; qu'aucun d'eux ne traitera avec Pyrrhus sans se réserver le droit de se secourir mutuellement. » Magon offrit en effet une flotte de cent vingt vaisseaux au sénat, qui refusa ce formidable secours.

2. Nous ne pouvons quitter Carthage sans dire un mot des guerres puniques. Nous en présentons donc ici un résumé succinct : le développement de cette question appartient au Cours d'Histoire Romaine.

à renoncer pour quelque temps à la mer. Dès lors concentrée entre Panorme et Lilybée, la guerre languit pendant huit ans (249-241), jusqu'au jour où les Romains, fatigués des attaques continuelles qu'Amilcar dirige contre l'Italie, se décident à équiper une flotte de deux cents vaisseaux, qui, sous les ordres de Lutatius, remporte auprès des îles Égates une victoire (242) qui coûte aux Carthaginois la Sicile et l'empire de la mer.

« A cette première guerre succède une trêve de vingt-deux ans (241-219), que les deux républiques emploient à se fortifier par de nouvelles conquêtes. Les Romains réduisent en province la Sicile, la Corse et la Sardaigne (238), s'emparent de l'Istrie (221) et d'une partie de l'Illyrie (219) et s'établissent dans la Cisalpine (218). Quant aux Carthaginois, aussitôt qu'ils sont délivrés de la guerre des mercenaires (238), ils envoient Amilcar faire la conquête de l'Espagne. C'est là qu'éclate la seconde guerre punique, qui pendant dix-huit ans va se poursuivre à la fois en Italie, en Espagne et en Afrique.

« Après avoir détruit Sagonte (219), Annibal pénètre en Gaule, traverse le Rhône, franchit les Alpes au Petit Saint-Bernard et arrive en Italie avec une armée réduite à vingt-six mille hommes (218). Surpris par la rapidité de sa marche, les Romains veulent tenter inutilement de l'arrêter ; la défaite du Tésin (218) les rejette au delà du Pô ; celle de la Trébie (218), derrière les Apennins, et celle de Trasimène (217) ouvre aux Carthaginois la route de l'Italie méridionale.

« La prudence du Temporiseur ralentit bien, pendant quelque temps, les succès d'Annibal ; mais l'imprudence de Varron, qui lui livre la bataille de Cannes (216), le rend maître de la Campanie. Cependant la grande guerre est terminée en Italie. Grâce au patriotisme des citoyens, Rome fait face au danger, et, par un plan habilement combiné, ses généraux Fabius, Marcellus et Sempronius réduisent Annibal à faire une guerre de siéges dans laquelle ses forces s'épuisent à vue d'œil. Vainement il appelle à son aide Carthage, ses frères qui sont en Espagne, le roi de Macédoine et les Syracusains ; l'activité des légions déjoue tous ses projets : elles battent Philippe sur l'Aoüs (241) ; elles s'emparent de Syracuse, malgré le génie d'Archimède (212), et elles exterminent Asdrubal, qui s'est pourtant avancé jusqu'au Métaure (207). Accablé par ce revers terrible, Annibal, qui n'a pu défendre ni Capoue (211) ni Tarente (209), va s'enfermer dans le Brutium, n'attendait plus qu'une occasion de quitter l'Italie.

« En Espagne, les deux Scipions ferment pendant six ans la route des Pyrénées à tous les généraux de Carthage (218-212); et, lorsqu'ils meurent victimes d'une imprudence qui rejette les Romains au nord de l'Èbre, ils sont remplacés par le jeune Cornélius Scipion, qui frappe l'ennemi d'épouvante par la prise de Carthagène (210), et auquel l'espace de cinq années (210-205) suffit pour chasser entièrement les Carthaginois de la péninsule ibérique.

« Élevé au consulat malgré l'opposition de Fabius, le vainqueur de Carthagène trouve en Sicile une flotte et une armée que les alliés lui fournissent. Alors il s'embarque pour l'Afrique, où, grâce à l'alliance de Masinissa, il détruit aux Grandes Plaines les deux armées réunies d'Asdrubal Giscon et de Syphax (203). Carthage, effrayée, rappelle Annibal; mais ce grand homme échoue à Zama (201), et sa défaite impose à sa patrie un traité qui ruine entièrement sa puissance (201).

« Après cinquante ans d'une agonie qui la livre comme une proie facile à l'ambition de Masinissa, Carthage se voit attaquée par les Romains, pour avoir eu l'audace d'oser résister aux injustes agressions du Numide (149). Poussés au désespoir par les conditions qu'on met à leur existence, les Carthaginois recourent à la force, après avoir épuisé les prières, et font échouer pendant deux ans tous les efforts de deux armées consulaires. Mais Scipion Émilien fait changer la fortune : il enferme Carthage, la réduit aux abois, s'en empare après un combat de six jours et de six nuits, la détruit de fond en comble (146) et fait de son territoire la province d'Afrique. » (*H. Chevallier.*)

Gouvernement de Carthage, les suffètes, le sénat, l'assemblée du peuple.— Le gouvernement de Carthage nous est encore moins connu que les divers événements de son histoire : le livre qu'Aristote avait composé sur cette république ne nous est point parvenu. Pour les formes de son gouvernement, Carthage se rapprochait surtout de Sparte et de Rome, autant qu'elle s'en éloignait par ses lois, par ses mœurs et par l'esprit de ses institutions. Les deux rois de Sparte, les deux consuls de Rome, y étaient remplacés par deux suffètes[1] élus pour un an.

1. Le mot *schophet*, le même que *suffète*, désignait chez les Hébreux le *juge;* c'était aussi le titre des chefs de la république chez les Tyriens. (Cf. Joseph. contr. Apion., I, 21.) — Ut Romæ consules, sic Carthagine quotannis annui bini reges creabantur. (Corn. Nep., *in Annib.*, c. 7.)

Ils convoquaient et présidaient le sénat[1], y proposaient les sujets de délibération et recueillaient les suffrages ; ils avaient en outre une autorité judiciaire[2], et quelquefois ils commandaient les armées. La charge de préteur n'était pas moins importante. Annibal, qui en fut investi après la bataille de Zama, usant du droit qu'elle lui conférait, réforma l'ordre des juges, où de graves abus s'étaient introduits, et fit passer une loi qui ordonnait qu'on choisirait tous les ans de nouveaux juges, sans qu'aucun pût être continué au delà de ce terme; il se fit rendre un compte exact des finances de la république et accomplit aussi dans cette partie une réforme nécessaire. On ne saurait affirmer cependant que cette charge de préteur soit la même que celle de suffète, ni qu'elle en diffère. On trouve aussi une mention des questeurs, qui avaient pour fonctions d'administrer les finances et qui, au sortir de cette dignité, entraient de droit dans l'ordre des juges.

La plus grande autorité fut longtemps celle du sénat : c'est lui qui traitait toutes les affaires importantes, qui décidait de la paix ou de la guerre, donnait des ordres aux généraux, recevait les ambassadeurs étrangers et examinait les plaintes des provinces, dont les gouverneurs étaient peut-être nommés par lui et tirés de son sein. L'assemblée du peuple n'exerçait qu'un faible pouvoir : elle décidait dans les affaires où les sénateurs s'étaient trouvés partagés d'opinion, et c'étaient les seules qui lui fussent soumises. Mais, au temps de la seconde guerre punique, le peuple avait conquis une plus grande part dans le gouvernement ; et, s'il faut en croire Polybe, Carthage, qui à l'époque d'Aristote se gouvernait encore comme une aristocratie, était alors devenue un État démocratique, livré à tous les caprices et à la turbulence de la multitude. Il y avait à côté du sénat un autre corps, celui des centumvirs, qui étaient au nombre de cent quatre : Aristote compare leurs fonctions à celles des éphores de Sparte; mais au lieu d'être nommés pour un an ils l'étaient pour toute la vie. Il est possible que les centumvirs ne soient pas autre chose que les cent juges dont parle Justin et qui furent tirés du sénat. Enfin cinq magistrats choisis parmi les centumvirs exerçaient une autorité supérieure dont la durée ni la nature ne sont pas exactement fixées ; ils nommaient aux places

1. Senatum itaque suffetes, quod velut consulare imperium apud eos erat, vocaverunt. (T. Liv., XXX, 7.)

2. Quum suffetes ad jus dicendum consedissent. (T. Liv., XXXIV), 62.

vacantes dans leur propre commission et à celles des centumvirs. Il y avait donc à Carthage deux assemblées, le sénat (σύγκλητος) et les centumvirs (γερουσία)[1], dominées par le conseil des cinq.

Si l'on considère le peu d'autorité qui appartenait à l'assemblée du peuple, on verra que Carthage était un État aristocratique, et que son gouvernement se rapporte à celui de la république moderne de Venise. Elle renfermait un grand nombre de familles enrichies par le commerce ou illustrées par la guerre, qui étaient les dépositaires du pouvoir. Celle de Magon l'ancien fut une des plus considérables : il était père d'Amilcar, qui fut vaincu à Himère par Gélon (480), et le chef de cette maison qui donna à la république ses meilleurs généraux. Amilcar Barca, le père du grand Annibal, était fils d'un autre Magon qui descendait peut-être de Magon l'ancien : c'est pour prémunir la république contre l'ambition et le pouvoir de cette famille que fut établi le conseil des centumvirs. Cette nouvelle autorité n'empêcha point les complots et les tentatives hardies. Déjà un général nommé Malchus, banni de la ville avec son armée pour le punir d'un échec qu'il avait éprouvé en Sardaigne, avait assiégé et pris la ville et condamné à mort les sénateurs les plus coupables de son exil; mais lui-même fut tué quelque temps après. En 340, Hannon forma le dessein d'anéantir le sénat pour usurper la tyrannie : son projet fut découvert; mais on n'osa pas le punir; il arma vingt mille esclaves et tenta de soulever les Africains et le roi des Maures. Arrêté et conduit à Carthage, il périt dans d'horribles supplices. Bomilcar, en 308, essaya d'asservir la république, à la tête d'une armée de mercenaires; il fut aussi vaincu et mis en croix. Cependant Aristote, qui vivait à l'époque d'Hannon et longtemps après Malchus, a loué Carthage de son heureux gouvernement pour n'avoir encore eu ni séditions ni tyrans ; il y blâme avec plus de vérité la coutume de réunir plusieurs fonctions sur la tête d'un même citoyen et la vénalité des honneurs et des dignités. Tout, en effet, se vendait à Carthage, et l'argent y était le principe du gouvernement ; la richesse y donnait le pouvoir, et le pouvoir y donnait la richesse : car les magistrats et les juges qui avaient

1. Polybe rapporte que Scipion Émilien fit prisonniers à Carthage deux magistrats de l'ordre des vieillards (ἐκ τῆς γερουσίας) et quinze de l'ordre des sénateurs (ἐκ τῆς συγκλήτου). — Tite-Live dit de même : « Carthaginienses.... oratores ad pacem petendam mittunt triginta seniorum principes. Id erat sanctius apud illos concilium, maximaque ad ipsum senatum regendum vis. »

acheté leurs titres se dédommageaient ensuite par leurs propres mains. « On n'y rougissait d'aucune chose si elle était profitable[1]. » Rien n'égala dans l'antiquité la cupidité et la dureté de ces marchands de Carthage. Les guerres, pour eux, furent considérées et conduites comme des entreprises de commerce : les généraux malheureux et vaincus étaient mis en croix pour avoir trahi non pas l'honneur, mais les intérêts de la république. Comme les Carthaginois étaient tous adonnés au commerce, ils eurent des milices étrangères qu'ils recrutèrent en Espagne, dans les îles Baléares, en Grèce, dans la Gaule, et surtout en Afrique, chez les Maures et chez les Numides; mais ces mercenaires ne se battaient jamais comme l'auraient fait des armées de citoyens, et à plusieurs reprises ils mirent la république en danger particulièrement lors de la grande révolte qui suivit la première guerre punique.

Étendue des possessions de Carthage en 264 avant J. C.[2]. — Les possessions de Carthage en 264, au moment où commence la première guerre punique, s'étendaient en Afrique, en Espagne et dans les îles de la Méditerranée ; elles comprenaient :

1° En Afrique, l'Afrique propre, entre la Grande Syrte à l'est, le fleuve Tusca à l'ouest, la mer Méditerranée au nord et les monts Usaletus et Zuchabarus au sud, qui faisaient partie du mont Atlas. Le lac Tritonis divisait cette contrée en deux parties : 1° la région des deux Syrtes à l'est; villes principales : Leptis-Magna (Lebida), Œa ou Occa (Tripoli), Sabrata (Sabart). Ces trois ports de mer avaient fait donner à cette partie de la côte le nom de Tripolitaine. On remarquait encore Tacape (Gabès) et Charax (Cara-Caïca), toutes deux sur la mer. 2° Le territoire carthaginois, renommé pour sa fécondité prodigieuse : il comprenait la Byzacène au sud, habitée primitivement par la peuplade des Byzantes : villes principales : sur la côte, Thænæ (Taïnéh), Taphrura ou Taphra (Sfax), Thapsus (Demsas), Leptis-Parva (Lempta), Adrumetum; dans l'intérieur, Tysdrus (El-Jem), Thala et Capsa (Cafia), forteresses importantes; Suffetula. — La Zeugitane au nord ; villes principales : à l'est, entre le Bagradas et la mer, Carthage, Zama ou Zagma (Zamora), à trois

1. Παρὰ Καρχηδονίοις οὐδὲν αἰσχρὸν τῶν ἀνηκόντων πρὸς κέρδος. (Polyb., VI.)

2. Consulter, pour l'empire de Carthage, la carte des conquêtes des Romains en Occident, dans l'Atlas de M. H. Chevallier (pl. XXVII).

cents milles de Carthage; Tunes ou Tunetum (Tunis), Aspis ou Clypea, Néphéris, Sicca (Kef), Utique (Satcor ou Booshatter) : à l'ouest, entre le Bagradas et la Tusca : Hippo-Zarytus (Bizerte), Vacca ou Vaga (Vegia).

Les villes et les comptoirs que Carthage avait fondés sur les côtes de la Méditerranée et de l'océan Atlantique; les principaux de ces établissements étaient, depuis l'embouchure de la Tusca jusqu'aux colonnes d'Hercule : Tabraca, Rusicada (Sgigada), Igilgilis (Djigelly), Rusucurru (Alger), Jol, Rusadir ou Rhyssidiron (Melilla); sur les côtes de l'Océan : Tingis (Tanger), Lixus, ancienne colonie phénicienne, Banasa et Sala, à l'embouchure du Chrétès ou Sala (Bucagrag).

Les peuples tributaires : les Machlyes, les Maxyes et les Ausences, au sud; les Lotophages, les Maces et les Nasamons, à l'est.

2° En Espagne, les colonies phéniciennes que Carthage avait assujetties : Gadès (Cadix), Hispalis (Séville), Carteïa ou Héraclée, Tarsis ou Tartessus, Malaca (Malaga), etc.

3° Les îles dans l'océan Atlantique : les îles Fortunées (îles Canaries); Cerné, où Hannon, l'auteur du *Périple*, bâtit un fort : on ignore sa position; dans la mer Méditerranée : Cercine, vis-à-vis de Taphrura; Lopaduse (Lampédouse); Cothon, qui composait une partie du port de Carthage; Meninx ou Gerba (Zerbi), au sud-est; Cosyra (Pantellaria), en face du cap Hermien; Melita (Malte); Gaulos, au nord-ouest de Melita; la Sardaigne, ville principale : Caralis ou Calaris (Cagliari), fondée par les Carthaginois; la Corse, villes principales : Aleria, fondée par les Phocéens; Nicée, au sud-ouest; la Sicile : les Carthaginois possédaient toute la partie occidentale de cette île jusqu'au fleuve Acragas; villes principales : Lilybée (Marsala), Panorme (Palerme), Motya (il Butrone), Soloïs ou Soluntum (Solanto), colonies phéniciennes; Éryx ou Élym, Égeste ou Ségeste, Drépane (Trapani), colonies troyennes; Sélinonte, Agrigente, etc., colonies grecques. Les îles Égates au nord-ouest, en face de Drépane, et les îles d'Éole ou de Vulcain (îles Lipari), au nord, appartenaient aussi aux Carthaginois. Quant aux îles Baléares, il est probable qu'ils n'en firent la conquête que dans l'intervalle entre la première et la seconde guerre punique, sous la conduite de Magon, frère du grand Annibal.

CHAPITRE XIV.

Le commerce dans l'antiquité.

Aperçu général sur le commerce dans la haute antiquité. — Les premiers peuples commerçants. Commerce de l'Inde ancienne. — Du commerce chez les Phéniciens. Leurs colonies. — Nature et objet du commerce de ce peuple. Son système colonial. — Périple de l'Afrique sous Néchao. — Commerce des Phéniciens par les voies de terre. Appréciation générale de leur œuvre commerciale. — Carthaginois. — Idée sommaire du commerce des Grecs.

Aperçu général sur le commerce dans la haute antiquité. — « Le commerce, à ses débuts, fut naturellement timide et incertain. Il eut à lutter contre des éléments rebelles, il fut paralysé par des guerres incessantes, entravé par un état social défectueux, qui manquait de sécurité ; en certains pays régnaient les castes, partout l'esclavage. Le capital était rare, le crédit inconnu. Il était de règle que le marchand accompagnât sa marchandise, et sa profession était généralement vouée au mépris. Cependant, malgré tant d'obstacles, on remarque, dans la voie du commerce, d'heureux efforts de l'intelligence humaine et de mémorables résultats. Nous n'avons pas à nous perdre ici dans la nuit des origines, ni à remonter jusqu'aux temps primitifs, où l'échange seul, dans le sens restreint du mot, régnait entre les hommes, et où la division du travail, en provoquant la création de la monnaie, donna naissance au commerce proprement dit. Le commerce était primitivement borné à la terre, et il resta tel essentiellement durant la première période et jusqu'à la fin de la seconde, c'est-à-dire jusqu'à la découverte de l'Amérique. Les plus anciens foyers furent l'Asie et l'Afrique; il n'anima l'Europe que plus tard. En Asie et en Afrique, il se développa peu à peu à l'aide des caravanes ou des troupes de marchands qui se réunirent pour se défendre en commun contre les périls du voyage. De là, des routes tracées au milieu des déserts; des stations, des marchés, plus tard des centres de commerce plus ou moins considérables. Au sein de ces solitudes souvent arides, le chameau rendait de grands services, comme bête de somme. Le commerce était avant tout alimenté par des objets d'un transport facile et d'un grand prix, tels que des épices, des parfums, des pierres précieuses.

Lès trois continents de l'ancien monde formaient une masse compacte de pays, qui pouvaient communiquer entre eux sans le secours de la navigation. Cependant la navigation surgit à son tour. Elle apparut sur les côtes de l'Asie et de l'Afrique. Elle resta longtemps un simple cabotage, et les peuples eurent beaucoup de peine à surmonter la peur que la mer leur inspirait. La Méditerranée, que les trois continents entourent, offrant, sur une étendue relativement médiocre, une multitude d'îles, de baies, de détroits, de presqu'îles et de langues de terre, devint, depuis les colonnes d'Hercule jusqu'au fond de la mer Noire, le théâtre principal du commerce maritime des anciens. Les golfes Persique et Arabique, puis la mer des Indes, élargirent son domaine[1]. »

Les premiers peuples commerçants. Commerce de l'Inde ancienne. — Les premiers peuples commerçants furent les Chinois, les Hindous, les Arabes, les Phéniciens et les Égyptiens. Nous avons peu de données précises sur les habitudes commerciales des premiers de ces peuples. Nous signalerons seulement chez les Hindous, par exemple, l'alliance de la religion et du commerce. Là, les grands pèlerinages vers les lieux saints, tels que Bénarès, concentraient le commerce extérieur autour des temples et le rattachaient au culte. Les agriculteurs (soudras), les marchands et les artisans (vaisyas) formaient la classe inférieure au-dessous de celles des prêtres (Brahmines) et des guerriers ou nobles (Achatryas).

Si la guerre a manqué à ce peuple comme moyen d'action et d'influence au dehors, il n'en a pas été ainsi pour le commerce; et s'il est vrai que la nature du pays et de ses produits, ainsi que le caractère peu entreprenant de la nation rendirent le commerce des Hindous plutôt passif qu'actif, on ne doit pas perdre de vue que les étrangers qui venaient chercher les produits de l'Inde, remportaient chez eux quelques notions de ce singulier pays qu'ils avaient visité, de ses arts, de sa religion surtout. D'ailleurs, les Hindous eux-mêmes ne sont pas restés étrangers au commerce extérieur : leur classe des négociants occupait un rang élevé dans l'État, et elle figurait dans les cérémonies publiques à côté des personnages de la plus haute condition.

Dans les poëmes indiens, il est souvent parlé de gens qui trafiquent par mer. M. Heeren[2] a démontré les nombreuses re-

1. Maurice Block, *Dictionnaire de la Politique.*
2. Nous empruntons ce paragraphe et les suivants concernant le com-

lations des Hindous avec tous les pays qui les environnaient : à l'est avec les pays du Gange, à l'ouest avec l'Arabie, l'Afrique et les places commerçantes de l'Euphrate et du Tigre, enfin au nord avec la Chine. Ici nous trouvons une observation importante, c'est que le commerce de l'Inde et de l'Asie occidentale avec la Chine était fait par les Hindous du nord de la péninsule. La difficulté de franchir les monts Himalaya leur faisait prendre route par la Bactriane, qui se trouvait ainsi le point central du grand commerce du Nord et de l'Ouest, et le canal par lequel l'Inde envoyait ses produits et sa civilisation vers l'Asie occidentale. L'existence de cette route commerciale est un fait important : Nysa sur le Cophène, l'un des affluents de l'Indus, et Bactra, la capitale de la Bactriane, étaient les anneaux de la grande chaîne qui liait l'une à l'autre la civilisation de l'Inde et celle de la Perse.

Grâce à ses immenses richesses naturelles, à son industrie si variée et si féconde, l'Inde pouvait se suffire à elle-même; l'Occident, au contraire, qui ne pouvait se passer de certains de ses produits, comme les épices, le coton, les matières tinctoriales, les bois précieux, l'ivoire, etc., y envoya, dès la plus haute antiquité, ses navigateurs pour les acheter. Ce commerce fut d'abord entre les mains des Arabes, qui apportèrent à l'Inde l'or et l'argent et, en fait de denrées, seulement des parfums et quelques épiceries spéciales à leur contrée. Les Arabes eurent pour concurrents et pour auxiliaires dans le commerce de l'ancien Orient deux peuples également riches et puissants, les Babyloniens et les Égyptiens. Nous avons donné sur le commerce de ces deux derniers peuples quelques détails dans les chapitres relatifs à leur histoire[1] ; nous y renvoyons le lecteur, et nous arrivons à cette nation, petite par le nombre, grande par l'industrie et par l'art de la navigation, qui a été dans les anciens temps le principal agent du commerce universel, la Phénicie.

Du commerce chez les Phéniciens. Leurs colonies. — Ce n'est guère que vers le dix-neuvième siècle av. J. C. que les rapports commerciaux entre l'Europe et l'Asie prirent quelque importance. Les peuples pasteurs, en effet, avaient peu de besoins; les routes n'étaient point tracées ou l'étaient mal; la navigation

merce des Phéniciens à l'ouvrage de Heeren : *Idées sur la politique et le commerce des peuples anciens*, résumé dans l'*Histoire ancienne* de **M. Ph.** Lebas.

1. Voir chapitre VII, page 94 et chapitre X, p. 140.

n'existait pas. C'est aux Phéniciens que revient l'honneur d'avoir à proprement parler créé le commerce, de l'avoir rapidement porté au plus haut degré de développement et de prospérité. Habitant un pays peu fertile par lui-même, resserré entre la Méditerranée et la chaîne du Liban, les Phéniciens durent demander à l'industrie et au commerce les ressources que leur refusait la nature. Tentés, du reste, par le voisinage de l'opulente Asie, ils débutèrent par la piraterie et durent se livrer avec ardeur aux constructions navales. Les historiens divisent volontiers en trois périodes l'histoire du commerce chez les Phéniciens : « Dans la première, qui va jusque vers l'an 1600 av. J. C., Beyrout et Arad étendent leurs opérations dans la partie orientale de la Méditerranée; dans la seconde, de 1600 à 1200, Sidon se place à la tête des villes phéniciennes qui prennent un nouvel essor, et dont les navires dépassent les colonnes d'Hercule. Dans la troisième enfin, de 1100 à 750, la suprématie passe à Tyr et la grandeur commerciale de la Phénicie atteint son apogée ; mais peu à peu elle décline et s'éclipse après la conquête persane. » Trouvant dans les forêts du Liban d'inépuisables ressources pour la construction de leurs navires, ils explorèrent d'abord les côtes de la Méditerranée, établissant des comptoirs, fondant des colonies dont la plus célèbre fut Carthage ; puis, s'enhardissant avec le succès ou leur cupidité s'accroissant à mesure qu'elle était satisfaite, ils pénétrèrent vers l'Océan, abordant aux îles Fortunées (Canaries), au cap Vert, remontant vers la Gaule et s'aventurant jusqu'aux côtes de la Grande-Bretagne. Au nord, on n'est pas certain que leurs navigateurs n'ont pas été chercher de l'ambre jaune jusque dans la Baltique. Au midi, ils parcoururent en tous sens les bords du golfe Persique et explorèrent les côtes occidentales de l'Inde jusqu'à l'île Taprobane (Ceylan). A l'est, ils pénétrèrent au cœur de l'Asie par une route qui, traversant Damas, Palmyre et Thapsaque, allait ensuite à Babylone et se dirigeait sur la Perse. On voit donc que leurs navigateurs et leurs commerçants visitèrent à peu près tout le monde connu à cette époque.

Nature et objet du commerce de ce peuple. Son système colonial. — Leur négoce embrassait de même les objets et les produits les plus variés. Ainsi, Tyr et Sidon trafiquaient surtout des étoffes précieuses et des pierreries, et fabriquaient en outre : la première, la pourpre ; la seconde, les draps et le verre. Pétra, qui a donné son nom à l'Arabie Pétrée, était le centre du commerce de l'ivoire et des parfums d'Arabie ; Bactra, la capitale de la Bactriane, était le marché aux chevaux de l'Arménie; Babylone faisait venir de Kachemyre les laines fines si renommées encore de nos jours; enfin, des Gaules et de l'Espagne, les Phéniciens rapportaient des laines communes, du cuivre, du plomb, de l'étain, dont les indigènes ne soupçonnaient alors ni l'existence ni l'utilité.

Les Phéniciens envisageaient leur système de colonisation non-seulement comme un auxiliaire propre à étendre leur commerce, mais encore comme le moyen le plus efficace de prévenir chez eux les secousses intérieures et les bouleversements, en diminuant la nombreuse population qui devait nécessairement se multiplier dans un petit État devenu le centre du commerce le plus répandu; il est naturel, en effet, que le parti vaincu monte sur ses vaisseaux et aille chercher une nouvelle patrie : c'est ainsi que fut fondée la plus belle colonie de Tyr, à la suite d'une révolution excitée par la mort de Sicharbas.

Les Phéniciens peuplèrent d'abord de leurs colonies les côtes occidentales de la Méditerranée; mais ils se retirèrent peu à peu devant les Grecs et les nations qui occupaient la Grande Grèce, la Sicile et les îles de la mer Égée. Ils conservèrent celles de leurs colonies qui s'étendaient de l'est à l'ouest sur les bords méridionaux de la Méditerranée; leur commerce maritime suivit cette même marche. Qu'est-ce, en effet, que son expédition sur les côtes de la mer Intérieure, sinon la narration épique et allégorique de la propagation du peuple phénicien par le commerce et la navigation, et de la civilisation générale qui s'ensuivit ? Mais le but principal des Phéniciens fut longtemps l'Espagne, source première de leur richesse; car dans ce pays on ramassait l'argent presque à la surface de la terre. Attirés sur les côtes méridionales de la Méditerranée par leurs relations avec les Juifs sous David et Salomon, avec les Égyptiens sous Néchao, avec leur colonie de Carthage, et enfin avec l'Espagne, ils négligèrent le nord et abandonnèrent aux Grecs le commerce de la mer Noire, surtout lorsqu'ils se furent emparés du commerce de l'Inde.

En général, c'est la rivalité de commerce, jointe cependant au désir d'éviter toute collision, qui perce dans le système colonial des Phéniciens; et cela peut facilement s'expliquer : car s'ils étaient sans contredit la plus grande puissance commerciale de l'antiquité, ils ne pouvaient néanmoins lutter contre aucune puissance militaire, leurs nombreux vaisseaux étant chargés de matelots et de commerçants, et non pas de soldats aguerris. Dans la guerre médique, ils furent battus par les Grecs, peuple neuf encore dans l'art de la navigation, qu'eux, au contraire, cultivaient depuis plus de mille ans.

Les Phéniciens semblent avoir ignoré le grand art de maintenir leurs colonies dans la dépendance, art que les Carthaginois possédèrent à un si haut degré; mais il faut dire aussi que Tyr avait fondé une domination hors de proportion avec les forces qu'elle avait pour la soutenir. De plus, Tyr n'était pas comme Carthage située au centre de ses colonies. Au reste, il est impossible que de grandes colonies lointaines restent toujours soumises à la métropole.

Du reste, dans leurs rapports avec leurs colonies, les Phéniciens montrèrent une prudence éclairée : ils ne cherchèrent pas à les contenir sous leur domination plus longtemps qu'ils ne le pouvaient ; aussi recueillirent-ils les fruits de cette sage politique : car Tyr et Carthage, comme deux sœurs toujours unies, se partagèrent le commerce du monde, sans cesser d'entretenir des liaisons amicales. Ainsi, lorsque Cambyse voulut attaquer Carthage, les Phéniciens le forcèrent à se désister de cette entreprise en lui refusant leurs vaisseaux ; ainsi encore, lorsque Tyr fut assiégée par Alexandre, ses habitants envoyèrent à Carthage leurs femmes et leurs enfants, envers lesquels on s'acquitta dans cette ville de tous les devoirs d'une hospitalité généreuse.

Les îles de la Méditerranée voisines de la Phénicie, comme celles de Chypre et de Crète, les Sporades et les Cyclades, et les îles plus éloignées situées près de l'Hellespont reçurent presque toutes des colons phéniciens ; ce furent probablement les Pélasges qui les chassèrent de ces îles, ainsi que de l'Italie, où ils éprouvèrent une résistance violente de la part des Étrusques. En Sicile, la résistance fut moins grande et ils parvinrent à s'y établir. Néanmoins, lorsque les Grecs passèrent dans cette île, les Phéniciens se retirèrent, selon le témoignage de Thucydide, à Motya, Saloès et Panorme. En Espagne, la plupart de leurs colonies étaient situées dans la partie méridionale de ce qui compose aujourd'hui l'Andalousie, et occupaient le pays nommé Tartessus, que M. Heeren est tenté de regarder comme un nom générique de l'Occident, de même que Ophir, si vainement cherchée sur les côtes de l'Afrique et de l'Asie, lui semble être le nom général des pays d'où les Phéniciens tiraient l'or. Du reste, ces pays, lorsqu'ils eurent reçu des Phéniciens la civilisation qui leur manquait, se constituèrent en États indépendants, ainsi que le témoigne Hérodote[1]. Lorsque le commerce des Phéniciens eut pris la route de l'Inde, ils sentirent le besoin d'avoir des colonies de ce côté. Ils parvinrent, en effet, à se faire céder deux ports sur la mer Rouge par les Juifs, qui avaient poussé jusque-là leurs conquêtes. Plus tard, ils en établirent dans le golfe Persique, où l'on retrouvait dans les îles de Bahrein les noms d'Aradus et de Tyr ou Tyros. Ainsi ce peuple ne s'étendit ni par l'invasion ni par la conquête, mais par des voies plus pacifiques, et par là même d'autant plus sûres.

Périple de l'Afrique sous Néchao. — Parmi les voyages les plus célèbres des Phéniciens, on compte le périple ou voyage autour de l'Afrique. On a voulu le rejeter; mais les raisons présentées à l'appui de cette opinion sont loin d'être sans réplique. L'opinion contraire compte en sa faveur le témoignage indirect d'Hérodote; car il rapporte, toutefois sans y croire, que des navigateurs devaient avoir vu le soleil à droite en faisant le tour de l'Afrique. En second lieu, les obstacles étaient moins grands qu'on ne se l'imagine pour des hommes très-habiles au cabotage et familiarisés avec les dangers de cette manière de naviguer. Enfin, les courants qui règnent sur les côtes méridionales de l'Afrique facilitèrent beaucoup la navigation. A ceux qui nient que ce voyage ait eu lieu, parce qu'on ne lui donna aucune suite dans l'antiquité, il suffira, je crois, de rappeler que Nabuchodonosor détruisit Tyr vingt-neuf ans seulement après le règne de Néchao, sous lequel on place le périple des Phéniciens.

Commerce des Phéniciens par les voies de terre. Appréciation générale de leur œuvre commerciale. — Nous avons dit quel fut le commerce par mer des Phéniciens. Ils en avaient aussi un sur le continent, dont l'Arabie était le siége. Ce commerce se faisait par échange et était grandement facilité par le rapport des idiomes, nouvelle preuve de l'origine que nous avons donnée aux Phéniciens. Leurs caravanes se répandaient dans l'Arabie, la Babylonie, la Perse, pénétraient dans la petite Boukharie, le petit Thibet, et peut-être jusqu'à la Chine. Ils portaient dans ces différentes contrées les produits variés de leur industrie, dont les principaux consistaient en tissus et en teinture de pourpre[2].

Ainsi les Phéniciens ont mis à contribution tous les pays de

1. Les Grecs, dit-il, ayant abordé en Espagne (en 556), y trouvèrent un souverain affable habitué aux visites des étrangers.

2. Ce mot *pourpre* ne signifie pas une couleur unique, mais un genre

l'ancien monde; ils tiraient l'ambre de la mer Baltique, l'argent de l'Espagne, les parfums de l'Yémen, la poudre d'or de l'Arabie, les pierres précieuses de l'Inde, la cannelle et l'ivoire de Ceylan, enfin les pelleteries de la Tartarie. Admirons l'activité de ce petit peuple, qui civilisa par ses colonies les côtes de la Méditerranée et unit, pour ainsi dire, par son commerce toutes les parties de l'ancien monde. L'œuvre sanglante des conquérants asiatiques n'eut pour objet que l'accroissement de leur puissance; mais quand bien même les Phéniciens n'auraient été animés que par la cupidité, ils n'en auraient pas moins produit d'immenses résultats pour la civilisation : car ils étaient nécessairement plus industrieux que tous les autres peuples, et le commerce auquel ils se livraient est le plus puissant véhicule des connaissances humaines.

Carthaginois. — Nous avons dit que la plus importante des colonies fondées par les Phéniciens était Carthage, qui dépassa et éclipsa les splendeurs de la mère patrie lorsque celle-ci eut été conquise par les Perses. A ce moment, la plupart des colonies grecques et phéniciennes de la côte septentrionale de l'Afrique sont obligées de reconnaître sa puissance, et bientôt nous la voyons franchir le détroit de Gibraltar, acquérir des stations fixes en Espagne, occuper les Baléares, la Corse, la Sardaigne et clore par la Sicile et Malte le cercle de sa domination. Carthage eut un goût très-vif pour les expéditions lointaines. A l'époque des guerres puniques elle regorgeait de richesses; on y comptait, dit un historien, par milliers des citoyens opulents dont chacun eût pu entretenir une armée; par des caravanes numides, elle faisait venir le sel, les dattes, etc., qu'elle payait avec l'or des mines d'Espagne; la Sicile lui fournissait les grains, enfin elle fut, pendant plusieurs siècles, le grand entrepôt des richesses du monde et le transit obligé de toutes les denrées qui allaient d'Orient en Occident et réciproquement. Ses flottes couvraient la Méditerranée, et plus de mille comptoirs ou colonies fondées par elle ou sous sa domination peuplaient les côtes de la Méditerranée et celles de l'Atlantique, depuis la Cyrénaïque jusqu'à l'embouchure du Daradus (Sénégal).

Idée sommaire du commerce des Grecs. — La situation de la péninsule hellénique, baignée de trois côtés par la mer, l'abondance des golfes, des baies qui découpent ses

particulier de teinture pour lequel on se servait de couleurs animales; il y en avait entre le blanc et le noir sept couleurs.

côtes comme autant de ports naturels, le nombre des îles qui l'avoisinent, et qui font à ses navires des étapes et des refuges, devaient faire de ses habitants un peuple essentiellement navigateur et commerçant. Moins étendu, moins audacieux que celui des Phéniciens, le commerce de la Grèce ne fut pas moins actif et n'est pas moins intéressant à connaître. La souplesse, l'ingéniosité du caractère hellénique s'y révèle autant que dans ses institutions civiles ou dans ses conquêtes militaires, et les anciens historiens nous apportent une preuve irrécusable de l'intelligence commerciale des Grecs dans leurs règlements sur les assurances, le prêt à la grosse aventure, le nolissement, etc. Le sol de l'Attique, peu fertile aussi, ne produisant presque pas de blé, c'est de la Chersonèse Taurique ou Crimée qui était, autrefois comme de nos jours, un inépuisables grenier qu'il fallait le faire venir; des rapports d'échange de jour en jour plus fréquents et plus réguliers s'établirent aussi entre l'Hellade et les colons de l'Asie Mineure, qui n'apportaient pas seulement à la Grèce des marchandises et des denrées, mais aussi « les poëmes, les sciences et les arts de leur patrie. »

A l'Ouest, la mer d'Ionie et le golfe de Corinthe, d'où l'on aperçoit les montagnes de l'Italie, les invitèrent également à la navigation des mers occidentales. Ce sont, dit-on, les Acarnaniens qui, connaissant l'art de construire les voûtes bien avant les Romains, l'enseignèrent aux peuples italiens. « Le domaine commercial de la Grèce comprend, du reste, non-seulement la Hellade, la Thessalie, le Péloponèse et les îles de l'archipel, mais encore l'Asie Mineure, la Basse-Italie ou la Grande Grèce, la Sicile et les nombreuses colonies du littoral de la mer Noire et de celui de la Méditerranée. Parmi les villes que le commerce fit fleurir dans ces divers parages, à différentes époques, on doit citer Milet qui prit rang après Tyr, Phocée, Rhodes, Marseille et Alexandrie, sous les Ptolémées. » On voit que, pour un peuple qui n'était pas exclusivement trafiquant, la Grèce tient une large place dans l'histoire du commerce antique. Nous bornons là ces indications sur les Grecs, pour ne pas dépasser les limites de ce volume consacré exclusivement à l'ancien Orient.

FIN.

TABLE DES CHAPITRES

ATLAS ET CARTES A CONSULTER :

Atlas de Géographie historique Ancienne, Grecque et Romaine, composé de **10** belles Planches et contenant **17 cartes**, par M. H. Chevallier, professeur agrégé d'histoire et de géographie; 1 vol. in-folio. — Chaque Planche se vend séparément.

Les Cartes suivantes sont plus spécialement à consulter :

Monde connu des anciens, Monde connu des Hébreux.
Egypte ancienne, Arabie Pétrée, pays de Chanaan, Palestine, Royaume des Israélites sous David et Salomon.
Empire de Carthage.
Empire de Darius.

OUVRAGES A CONSULTER :

La Bible, *Ancien Testament.*
Josèphe, *Histoire des Juifs.*
Hérodote, les *Histoires.*
Xénophon, *Anabase* et *Cyropédie.*
Aristote, la *Politique.*
Polybe, *Histoire.*
Tite-Live, *Histoires.*
Strabon, *Géographie.*
Plutarque, *Vies des Hommes illustres.*
Diodore de Sicile, *Histoire universelle.*
Bossuet, *Discours sur l'Histoire universelle.*
Heeren, *Idées sur la Politique et le Commerce des Peuples anciens.*
Ph. Lebas, *Histoire ancienne.*
Maspéro, *Histoire ancienne des Peuples de l'Orient.*
Lenormant, *Manuel d'Histoire ancienne de l'Orient.*
Maurice Block, *Dictionnaire de la Politique.*
L'*Égypte ancienne*, dans la collection de l'*Univers pittoresque.*

www.ingramcontent.com/pod-product-compliance
Ingram Content Group UK Ltd.
Pitfield, Milton Keynes, MK11 3LW, UK
UKHW020553180726
13838UKWH00001B/213